中国与世界高新技术产品贸易发展报告

主编　顾学明　张　威

中国商务出版社

图书在版编目（CIP）数据

中国与世界高新技术产品贸易发展报告／顾学明，
张威主编. —北京：中国商务出版社，2014.5
ISBN 978-7-5103-1048-5

Ⅰ.①中… Ⅱ.①顾… ②张… Ⅲ.①高技术产品—
贸易发展—研究报告—中国 Ⅳ.①F752.654

中国版本图书馆 CIP 数据核字（2014）第 103492 号

中国与世界高新技术产品贸易发展报告
ZHONGGUO YU SHIJIE GAOXIN JISHU CHANPIN MAOYI FAZHAN BAOGAO
主编　顾学明　张　威

出　版：中国商务出版社
发　行：北京中商图出版物发行有限责任公司
社　址：北京市东城区安定门外大街东后巷 28 号
邮　编：100710
电　话：010—64515141（编辑三室）
　　　　010—64283818（发行部）
　　　　010—64263201（零售、邮购）
网　址：www. cctpress. com
邮　箱：cctpress@163. com
照　排：北京开和文化传播中心
印　刷：北京密兴印刷有限公司
开　本：700 毫米×1000 毫米　1/16
印　张：23　字　数：337 千字
版　次：2014 年 6 月第 1 版　2014 年 6 月第 1 次印刷

书　号：ISBN 978-7-5103-1048-5
定　价：50.00 元

《中国与世界高新技术产品贸易发展报告》

编 写 组

主 编 顾学明　张威

成 员 （按姓氏首字母排序）

崔卫杰　林梦　叶欣　张丹

前　言

　　自 20 世纪 70 年代后期，伴随着高新技术产业的快速发展，主要工业化国家的对外贸易开始向高新技术产业贸易方向发展，高新技术产品贸易比重在全球贸易比重中不断提升，高新技术产品出口逐渐成为全球贸易新的增长点和重要推动力量。2000 年，全球高新技术产品出口规模约 9 000 多亿美元，到 2012 年，全球高新技术产品出口规模超过 28 000 亿美元，增长 2 倍有余。高新技术产品贸易已成为一国优化外贸商品结构和提升全球价值链地位的重要途径。

　　改革开放以来，我国高新技术产品贸易实现高速增长，高新技术产品贸易规模持续扩张，贸易结构优化稳步推进，我国高新技术产品在国际市场份额比重不断提升。2012 年，我国高新技术产品出口额与进口额分列全球高新技术产品第一、第二位，在全球高新技术产品出口、进口份额中分别为 19.2%、14.9%，在全球高新技术产品贸易格局中的地位不断提升。同时，高新技术产品对我国外贸发展的拉动作用日益增强，高新技术产品进、出口年均增幅均超过全国商品进、出口增幅，外贸商品中近三成为高新技术产品。

　　在全球新一轮科技革命的背景下，各国加紧发展新兴产业。我国将加快培育和发展战略性新兴产业作为推动经济发展方式转变和产业结构调整的重大举措。新形势下，战略性新兴产业进一步丰富了高新技术产业的内涵，促进战略性新兴产业国际化发展成为推动高新技术产业在更高层次上参与国际合作、不断提升产业国际竞争力的重要途径，为未来深入研究高新技术产业及高新技术产品贸易发展增添了新的研究方向与研究内容。

基于高新技术产品贸易在我国对外贸易发展和国民经济增长中的关键作用，学术界对于高新技术产品贸易的研究从未止步，但以专著的形式、系统研究中国与世界高新技术产品贸易问题尚属首次。本书在对高新技术产品贸易情况开展系统分析的同时，旨在为推动高新技术产品贸易发展的政策取向奠定更加扎实的基础。

本次出版的研究报告共分为五大部分。第一部分为热点聚焦，集中分析中国与世界高新技术产品贸易摩擦现状、主要原因、产生影响及解决机制等问题，重点分析我国高新技术产品所遭遇的贸易救济措施、知识产权摩擦和技术性贸易壁垒等问题。第二部分为综合篇，分析了中国高新技术产品面临的形势，中国及全球高新技术产品发展总体情况。第三部分为领域篇，围绕高新技术产品的计算机与通信技术、电子技术、计算机集成制造技术、生命科学技术、生物技术、光电技术、航空航天技术、材料技术等领域分析我国高新技术产品贸易情况及进出口结构特征。第四部分为专题篇，重点研究了中国与美国、欧盟、东盟等主要贸易伙伴的高新技术产品贸易情况。第五部分为数据篇，系统整理了中国与世界高新技术产品贸易发展的相关数据。

本报告的编写工作得到了商务部外贸司机电和高新技术产品出口处、原机电和科技产业司高新技术产品进出口处各位领导的大力支持，在此表示衷心的感谢。

编写组

2014 年 6 月

目　录

图目录

表目录

热点聚焦

全球高新技术产品贸易摩擦现状、
主要特征与发展趋势

20 世纪 90 年代，随着科技化和信息化的飞速发展，世界经济逐渐进入了以知识为核心的知识经济时代。技术的不断发展带动了高新技术产品的发展，将国际贸易推向了一个新的阶段。同时，各国也大力发展高新技术产品贸易，将之视为培育未来国家竞争力和抢占产业分工领导地位的必要措施，国际贸易的竞争领域已由传统的工业制成品（纺织品、汽车等）过渡到以信息产品为主的高新技术产品，高新技术产品成为国际贸易竞争的焦点。尤其是随着后危机时代的到来，世界经济格局、世界贸易治理结构已开始发生重大变化，在这些新背景、新形势下，高新技术产品国际贸易摩擦表现出与传统贸易摩擦不同的新特征、新趋势，需要对此进行分析和总结，从而作出正确的认识和判断。

一、全球高新技术产品贸易摩擦总体现状

本文所描述的贸易摩擦不仅包括 WTO 规则所规定的三大合规性贸易壁垒措施：反倾销、反补贴和保障措施构成的贸易救济措施，还包括对高新技术产品影响较大的技术性贸易壁垒和知识产权壁垒。同时，为了对贸易摩擦作出更全面的判断，还涉及了限制性采购政策这一较不常见的贸易摩擦措施。

（一）全球高新技术产品贸易救济措施总体呈曲折之势

2003—2012 年 10 年之间，全球高新技术产品贸易救济措施发展总体呈现曲折发展之势。10 年间，全球针对高新技术产品共发起贸易救济措施 85 起，实施了 66 起。2005 年和 2009 年是高新技术产品贸易救济措施发展的两个转折期，2005 年开始，全球高新技术产品贸易救济措施发起数量呈下降趋势，

但好景不长，2008 年金融危机爆发后，贸易救济措施实施数量出现剧烈增长，在 2009 年达到历史性高点，全年针对高新技术产品共实施 16 起贸易救济措施。值得一提的是，2009 年不仅是全球金融危机形势最严峻的一年，更是 G20 领导人峰会作出反对贸易保护主义的一年，但正是在这一年，针对高新技术产品贸易救济措施数量达到了高点。金融危机影响逐渐减弱之后，贸易救济措施数量开始有所减少，但依然处于高位。

从贸易救济措施的类别看，2003—2012 年间，针对高新技术产品，主要采取的是反倾销措施，全球共发起 79 起反倾销调查，实施 63 起反倾销措施。与反倾销相比，反补贴案件数量明显偏少，2008 年金融危机爆发之后，才开始有针对高新技术产品的反补贴措施，2003—2012 年间，全球共发起 6 起反补贴调查，实施 3 起反补贴措施。这主要是因为反倾销的调查对象是企业，而反补贴的调查对象是各国政府。虽然针对政府补贴行为的调查对行业打击范围更广、效果更大，但对政府行为进行调查手续烦琐，实施起来比较困难，因此一般较少利用反补贴措施。但从另一方面看，金融危机之后，针对高新技术产品的反补贴措施出现，说明全球高新技术产品贸易形势急剧恶化。此外，目前尚未发起和实施针对高新技术产品的保障措施，这是由于保障措施比较特殊，是非歧视地针对所有成员发起和实施的，相对于反倾销和反补贴，各国实施保障措施更为谨慎。

从贸易救济措施的发起国来看，新兴经济体已成为高新技术产品贸易救济措施主要发起国。2003—2012 年 10 年之间，印度发起 32 起，实施 33 起，是全球发起贸易救济措施最多的国家。此外，中国发起 17 起，实施 11 起，阿根廷发起 4 起，实施 3 起。而发达国家和地区中，发起贸易救济措施最多的是美国和欧盟，10 年之间，美国发起 10 起，实施 7 起，欧盟发起 8 起，实施 5 起。但是，金融危机后高新技术产品反补贴措施都是由美国和欧盟发起，其中欧盟发起 2 起，美国发起 4 起，实施 3 起。

从贸易救济措施的实施比率看，高新技术产品反倾销实施比率要稍高于一般商品。2003—2012 年间，高新技术产品反倾销实施比率为 79%，高于一般商品的 63%。这说明针对高新技术产品的反倾销措施更为激烈，贸易摩擦更为严重。同期高新技术产品反补贴实施比率为 33%，低于一般商品的

50%，这与反补贴措施在高新技术产品领域实施时间不长，尚未成熟应用有关。

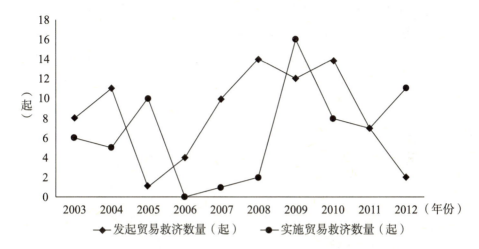

图 1.1　2003—2012 年全球高新技术产品贸易救济措施情况

资料来源：WTO 数据库。

（二）全球高新技术产品技术性贸易壁垒实施数迅猛发展

2003—2012 年间，全球高新技术产品技术性贸易壁垒发起数量呈稳定态势，每年发起数量保持在 40～60 起左右；实施数量呈现突发性上升势头，2009 年以后呈现出迅猛发展的趋势。10 年之间，全球针对高新技术产品共发起 539 起技术性贸易壁垒措施，实施 43 起。2008 年之前，每年仅有零星几起技术性贸易壁垒得以实施，在某些年份实施数量甚至为零。但 2008 年金融危机爆发之后，技术性贸易壁垒的发起数量虽然没有出现较大增长，但实施数量却出现爆发性增长，2012 年达到实施 13 起的历史性高点。

从技术性贸易壁垒措施的类别看，2003—2012 年间，针对高新技术产品，主要采取的是技术性贸易壁垒（TBT）措施。共发起 407 起 TBT 措施，实施 26 起。与 TBT 措施相比，动植物和卫生检疫（SPS）措施发起数量相对较少，共发起 132 起，实施 17 起。

从贸易救济措施的发起国来看，发达国家仍旧是高新技术产品领域实施技术性贸易壁垒的主角。美国发起技术性贸易壁垒 60 起，实施 1 起，日本发起技术性贸易壁垒 55 起，实施 2 起。近几年来，新兴经济体也越来越重视技术性贸易壁垒的引进与实施，如中国 10 年间发起技术性贸易壁垒 73 起，实施 1 起，巴西发起 58 起，实施 1 起。

从技术性贸易壁垒的实施比率看，2003—2012 年，TBT 措施平均实施率为 6%，SPS 措施平均实施率为 13%。相对于贸易救济措施，技术性贸易壁垒实施比率偏小。但 2008 年金融危机之后，针对高新技术产品的技术性壁垒实施比率总体上呈现明显上升态势。2009—2012 年，TBT 措施实施比率分别为 7%、22%、11% 和 16%，SPS 措施实施比率分别为 11%、57%、0% 和 45%。

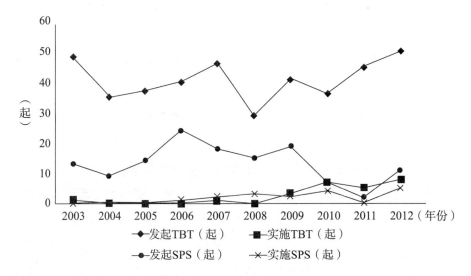

图 1.2 2003—2012 年全球高新技术产品技术性贸易壁垒发起和实施情况
资料来源：WTO 数据库。

（三）全球高新技术产品知识产权壁垒由发达国家主导

发达国家是全球高新技术产品知识产权壁垒的主要发起国家。具体来说，发达国家凭借其领先的科技水平、完善的知识产权立法和高效的知识产权执法，通过过度保护知识产权和滥用知识产权保护，扭曲产品正常国际贸易，维护自身产业优势地位，即把对知识产权保护、对创新的保护变成为构筑贸易壁垒、瓜分国际市场、保持产业领先的工具。特别对高新技术产业来说，其贸易效益更多地取决于技术创新能力、水平和知识产权的掌握，因此，知识产权壁垒对高新技术产品更具有效性和针对性。

目前，全球构建高新技术产品知识产权壁垒较为积极的发达国家（地区）有日本、美国和欧盟。

日本知识产权的主管机构是经济产业省下属的特许厅（JPO），与知识产权相关的法律法规主要有《专利法》、《专利法实施规则》、《商标法》、《商标法实施规则》等。金融危机后，日本进一步强化了知识产权保护力度。2011年6月，日本专利厅宣布修改《专利法》，主要进一步强化了知识产权保护力度，如加强对许可协议的保护和保护共同研究和共同开发成果。同时，还在制度上保证了知识产权无效性判决更难生效，确保在裁决专利为无效的审判阶段有改正的机会。

美国"337条款"是美国《1930年关税法》第337节的简称，现被汇编在《美国法典》第19卷第1337节，其前身是美国《1922年关税法》第316条，后经过《1974年贸易法》、《1988年综合贸易与竞争法》以及1994年《乌拉圭回合协议法案》等多次修改，逐渐形成系统的主要管制外国厂商对美输入侵犯美国知识产权产品的法律规则。目前适用的"337条款"是指经1994年修订的1988年美国《综合贸易与竞争法》第1337节，其标题为"进口贸易中的不公平做法"。随着历次贸易立法不断对"337条款"的修正与发展，"337条款"的保护功能不断强化，且由于其具有起诉条件低、结案时限短、应诉费用高、应诉法律技术复杂、救济措施严、对相关企业乃至整个行业影响大的特点，越来越成为美国国内企业在高新技术产品领域对付国外竞争者的主要手段。该条款已成为美国具有代表性且非常重要的知识产权贸易壁垒。

欧盟关于知识产权保护的法令主要有《关于统一欧盟内部各成员国知识产权执法的建议》和《关于海关查处侵犯知识产权货物措施的条例》，体现了欧盟知识产权壁垒保护范围广、以进口环节保护为主、保护措施实行申请制度、简化对货物侵权事实的调查程序、强化海关执法主动权等特点。同时在司法方面，欧盟知识产权司法制度努力谋求保证其知识产权壁垒的最大化、高效化和便利化，如专利无效诉讼和专利侵权诉讼由不同法院分别审理；当被告向联邦专利法院提起专利无效诉讼后，州法院的专利侵权诉讼并不当然中止；无效申请不能作为侵权案件被告的抗辩理由；专利侵权诉讼与侵权赔偿诉讼分开等。

（四）全球高新技术产品限制性采购政策开始出现

限制性采购政策是指各国政府为了保护本国企业的利益，而规定限制或者减少从他国购买某种产品的措施。这一贸易保护措施更多地被运用于纺织、钢铁等传统劳动密集型产业。2008 年金融危机后，各国在以往的基础上再次提出了新的限制性政府采购政策，开始涉及高新技术产品。如 2013 年，依据南非优先采购政策财政修改案，南非贸工部将本地产的电子管、制动器、通讯电缆和太阳能热水器列入最新的公共采购名单；德国、挪威等欧盟国家规定，采购金额达到 500 万欧元以上的工程、20 万欧元以上的货物和服务，都必须在欧盟范围内采购；美国以国家安全为由，禁止政府部门进口中国 IT设备。

二、高新技术产品国际贸易摩擦主要特征

（一）高新技术产品贸易摩擦发起国和涉案金额增多

目前，美国、欧盟、日本等发达国家和地区仍然是高新技术产品国际贸易摩擦的发起方，但中国、印度、巴西、阿根廷等新兴国家发起的高新技术贸易摩擦数量已逐渐超过发达国家，增势明显，成为主要发起国。2003—2012 年 10 年之间，中国针对高新技术产品共发起技术性贸易壁垒和反倾销反补贴等贸易摩擦措施 90 起，实施 22 起；美国发起 63 起，实施 7 起；欧盟发起 14 起，实施 6 起。但是，发达国家发起的贸易摩擦涉及金额巨大，且涉及范围较广，美国针对中国风塔产品的"双反"调查涉及金额 30 亿美元，欧盟针对中国光伏产品的"双反"调查涉及金额 210 亿欧元，这两起案件不仅对相关企业产生影响，更严重的是影响到中国新能源产业的生存和发展。

（二）高新技术产品贸易摩擦影响范围扩大

除了贸易摩擦数量和涉案金额不断增加外，各国发起高新技术产品贸易摩擦的力度越来越大，不利影响越来越严重，在最终制裁方式上也从部分驱逐进口产品向关闭整个国内市场转变，以便将中国产品挤出进口国市场。金融危机发生以来，高新技术产品贸易摩擦对象从产品、企业等微观领域逐渐

向产业等宏观政策领域扩张，甚至有向政策和体制机制等更加宏观的领域扩张的趋势。在金融危机发生之前，针对高新技术产品的贸易摩擦多是个案行为，往往是企业自身行为，贸易摩擦的频率以及涉案的金额对整个高新技术产业还没有产生直接的影响。例如，最初高新技术产品贸易摩擦的制裁方式多数采用进口数量限制，尽管减少了涉案产品的出口规模，但是在进口国市场上的中国涉案产品仍然具有一定的市场空间。但近几年，特别是金融危机后，高新技术产品贸易摩擦的制裁措施日益严苛，如被美国用"337条款"阻碍的产品，不仅是涉嫌侵权产品，而且整个企业的其他产品乃至相关的上下游产品都将被排除出美国市场。

（三）高新技术产品贸易摩擦手段加强

随着后危机时代的到来，高新技术产业在全球各国经济中的地位越来越高，影响越来越大，高新技术产品贸易摩擦也不仅仅针对具体涉案企业，而是对整体行业、产业造成直接的冲击。虽然目前反倾销依然是高新技术产品遭遇贸易摩擦的主要形式，但针对整个产业发展的反补贴措施开始在高新技术产品领域出现。自2008年美国实施针对高新技术产品的首次反补贴调查以来，欧盟或美国几乎每年都会发起一起反补贴调查。如2012—2013年，美欧对中国风电产品、光伏产品等高新技术产品发起和实施的反倾销反补贴措施，均对相关产业造成了严重的损害。同时，值得注意的是，目前在高新技术产品领域使用的反补贴措施，都是与反倾销结合使用的"双反"措施，对相关企业和产业影响更加全面和广泛。

（四）中国已成为高新技术产品贸易摩擦最大受害国

随着中国高新技术产业发展壮大，高新技术产品出口增加，中国高新技术产品遭遇的贸易摩擦也大幅度增长。特别是国际金融危机后，中国高新技术产品贸易面临更频繁的贸易摩擦，且占比不断提高。2008—2012年间，中国高新技术产品遭遇贸易救济措施发起数为24起，占全球数量的50%，遭遇实施数为15起，占全球数量的40.5%，也就是说，金融危机后全球几乎有一半高新技术产品贸易救济措施是针对中国发起和实施的。

三、全球高新技术产品贸易摩擦发展趋势

（一）全球高新技术产品贸易救济措施发展趋势分析

从未来发展趋势看，只要金融危机影响没有彻底消失，世界经济形势没有得到根本性好转，高新技术产品贸易救济措施发起和实施数量将不会出现根本性降低，反而会因为高新技术产业重要性的愈加突出而进一步上升。

从贸易救济措施手段看，反倾销仍将是高新技术产品贸易救济措施的主要手段，反补贴发起和实施数量将会有所上升，未来可能成为发达国家用来阻碍发展中国家高新技术产业发展的有力武器。

从贸易救济措施主体看，新兴经济体仍将是高新技术产品反倾销的实施主体，但发达国家将更倾向于采取影响全行业的反补贴措施。

此外，反补贴实施比率将会有所上升，并超过一般商品50%的实施比率，可能成为对高新技术产业影响更大的贸易救济措施。

（二）全球高新技术产品技术性贸易壁垒发展趋势分析

从发展趋势看，由于技术性贸易壁垒具有广泛性（从研发到消费贯穿整个产品生产周期，初级产品、中间产品、工业制成品都受影响，从有形商品到金融、信息、环境保护等服务，保护措施涉及法律、法令、规定、要求、制度等各方面）、隐蔽性（各国价值观、科技水平、消费水平不一样以及以保护人类、保护动植物、保护生态等面目出现）、歧视性（发展中国家科技水平落后，被拒之门外，或被迫采取其技术标准，增加成本，绝大多数其他国家检测机构结果得不到承认，检测费用企业自己承担，某些标准精心制定针对某一国家）、可操作性（行政性进口措施，政府制定，不需要国际组织批准）等优势，将越来越成为高新技术产品贸易保护的有效手段，甚至可能超过贸易救济措施成为高新技术产品贸易摩擦实施最多的措施。

同时，TBT措施和SPS措施实施数量均表现出上升趋势，但TBT措施实施数量的增加速度要大于SPS措施，TBT措施仍将是今后技术性贸易壁垒的主要实施手段。

此外，发达国家在针对高新技术产品实施技术性贸易壁垒上仍然占据主

导地位。这是由发达国家具有较高的经济和技术水平所决定的，发达国家从开始实施技术性贸易壁垒起就居于主导地位。科学技术发展的不平衡，造成在国际贸易中技术领先的发达国家总会设立有利于本国利益的技术法规和标准，往往对产品出口国提出相对更高的技术要求，造成对出口国的技术壁垒。可以预见，随着针对高新技术产品的技术性贸易壁垒措施的日趋规范和成熟，实施比率仍将继续逐步上升。

（三）全球高新技术产品知识产权壁垒发展趋势分析

从全球高新技术产品知识产权壁垒发展看，知识产权与技术标准相结合构成的新型知识产权壁垒已成为未来发展必然趋势。后危机时代，随着新兴经济体技术水平的提高、对知识产权保护的重视和对国际贸易规则了解的加深，发达国家运用传统知识产权壁垒越来越难以限制高新技术产品贸易发展。但是，新兴经济体在国际标准方面仍落后于发达国家，存在着标准制定时限过长、标准制定水平落后和标准不被国际认可等问题。因此，掌握和主导高新技术产品标准的发达国家，也越来越倾向于将知识产权同技术标准相结合，形成知识产权壁垒新形态，以继续发挥知识产权壁垒对新兴经济体发展高新技术产业的遏制作用。

（四）全球高新技术产品限制性采购政策发展趋势分析

限制性采购政策毕竟影响范围太广，不仅会招致其他国家的反对和报复，甚至也会引起国内的反对声音。因此，短期内，对高新技术产品的限制性采购政策将不会成为贸易摩擦的主流，也不会成为常规化的针对高新技术产品的贸易摩擦手段。但是，随着新兴经济体技术水平的进一步提升，如果发达国家采取其他贸易摩擦手段无法限制新兴经济体高新技术产业发展，那么限制性采购政策将会越来越多的成为高新技术产品贸易摩擦的新措施。

（本部分由叶欣撰写）

中国高新技术产品遭遇的贸易救济摩擦现状、主要原因与政策建议

贸易救济包括反倾销、反补贴和特别保障措施，本是 WTO 允许各国在遭遇不公平进口行为时保护国内产业不受损害的正当措施，但因被滥用而成为制造贸易摩擦的主要手段。随着我国高新技术产品对外贸易的迅速发展，高新技术产品贸易摩擦也逐渐增加与激化，尤其是 2008 年金融危机之后，我国遭遇的贸易救济案件开始由传统制造业向高新技术产业转移，高新技术产品逐步取代钢铁、农产品、鞋类、纺织品等传统大宗出口产品，成为中国遭遇贸易救济案件新的重灾区。

高新技术产业是实现经济转型的突破口，是拉动经济增长的重要引擎，是先进制造业竞争力发源点，是产业升级增长点，决定着未来经济发展的制高点。高新技术产业的性质意味着高新技术产品贸易摩擦已不是单纯的产品竞争和企业之间的问题，也不是单纯的贸易问题，而是国与国角力未来经济发展的着力点、抢占未来产业发展的制高点，决定着未来高新技术产业国际竞争格局，关系着一国经济发展新的增长极的确立。因此，研究高新技术产品贸易摩擦对扩大我国高新技术产品出口、加快我国高新技术产业转型升级、抢占未来经济发展制高点具有一定的理论和现实意义。

本文仅从高新技术产品贸易摩擦中的贸易救济角度出发，回顾我国高新技术产品遭遇的贸易救济措施情况，探索其发展趋势，并在分析我国高新技术产品频繁遭遇贸易救济的原因基础上，对高新技术产品应对贸易救济措施作进一步探讨。

一、中国高新技术产品遭遇的贸易救济措施主要特征

（一）我国已成为遭遇高新技术产品贸易救济措施最多的国家

根据 WTO 的相关统计数据，2003—2012 年 10 年间，我国高新技术产品遭遇贸易救济措施的发起数为 33 起，实施数为 22 起。在此期间，全球针对高新技术产品的贸易救济措施发起数和实施数仅为 82 起和 64 起。可见，我国已成为全球高新技术产品遭遇贸易救济措施最多的国家和最大的受害者。

我国高新技术产品遭遇的贸易救济措施同世界经济形势息息相关。因此，金融危机之后，我国高新技术产品遭遇的贸易救济措施大幅度增多，且占比不断提高。2003—2007 年间，我国高新技术产品遭遇贸易救济措施发起数为 9 起，占全球数量的 26.47%，遭遇的实施数为 7 起，占全球数量的 25.93%。在金融危机发生后的 2008—2012 年间，我国高新技术产品遭遇贸易救济措施发起数迅速增加到 24 起，占全球数量的 50%，遭遇的实施数也增加到 15 起，占全球数量的 40.54%。即金融危机后，全球几乎有一半高新技术产品贸易救济措施是针对我国发起和实施的。由此可见，我国高新技术产品面临的贸易形势正日渐严峻，这既和世界经济低速增长的形势有关，更和中国高新技术产业日益发展壮大、引起世界其他国家警惕有关。

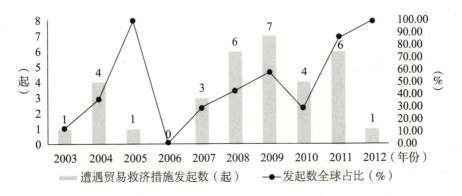

图 1.3　2003—2012 年中国高新技术产品遭遇贸易救济措施发起情况

资料来源：WTO 数据库。

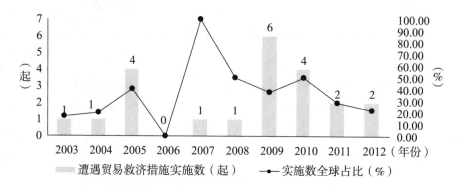

图 1.4　2003—2012 年中国高新技术产品遭遇贸易救济措施实施情况

资料来源：WTO 数据库。

（二）反倾销仍是我国高新技术产品面临的主要贸易救济措施

从贸易救济措施类别看，2003—2012 年间，我国高新技术产品主要面临的是反倾销措施。在此期间，其他国家针对我国高新技术产品发起反倾销 30 起，占全球高新技术产品反倾销发起量的 37.97%，占我国高新技术产品遭遇的贸易救济发起量的 90.91%；其他国家针对我国高新技术产品实施反倾销 21 起，占全球高新技术产品反倾销实施量的 33.33%，占我国高新技术产品遭遇的贸易救济实施量的 95.45%。

与反倾销措施相比，高新技术产品面临的反补贴措施数量明显偏少，但也不能因此忽视我国高新技术产品面临的严峻的反补贴形势。金融危机发生后，其他国家针对我国高新技术产品发起反补贴 3 起，占全球高新技术产品反补贴发起量的 100%，其他国家针对我国高新技术产品实施反补贴 1 起，占全球高新技术产品反补贴实施量的 100%。也就是说，全球范围内的高新技术产品的反补贴措施，全部都是针对我国发起和实施的。这充分说明了我国高新技术产品贸易形势已急剧恶化。

此外，目前我国高新技术产品尚未面临保障措施的发起和实施，这是由于保障措施比较特殊，是非歧视地针对所有的成员发起和实施的，相对于反倾销和反补贴，各国在实施保障措施方面更为谨慎。

（三）新兴经济体和欧美发达国家是贸易救济措施主要发起国

新兴经济体是针对我国高新技术产品实施反倾销的主体。同为金砖国家的印度，是全球范围内针对我国高新技术产品发起贸易救济措施最多的国家：2003—2012 年间，其针对我国高新技术产品共发起 10 次反倾销调查，实施反倾销措施 8 起，占我国遭遇的贸易救济措施的 1/3 左右。此外，同为新兴经济体的阿根廷针对我国高新技术产品发起反倾销调查 3 次，实施反倾销措施 2 起。

欧美发达国家是针对我国高新技术产品实施反补贴的主体。2003—2012 年间，针对我国高新技术产品，美国发起贸易救济措施 6 起，实施 4 起，其中发起反补贴措施 2 起，实施 1 起。欧盟针对我国高新技术产品发起贸易救济措施 7 起，实施 5 起，其中发起反补贴措施 1 起。发达国家将更倾向于采取影响全行业的反补贴措施。

（四）我国抵御高新技术产品贸易摩擦能力高于全球平均水平

从贸易救济措施的实施比率看，我国已具有一定的抵御高新技术产品贸易摩擦能力。2003—2012 年间，我国高新技术产品贸易救济措施实施比率为 0.67，低于全球高新技术产品贸易救济措施实施比率的 0.79；我国高新技术产品反倾销实施比率 0.7，也低于全球高新技术产品反倾销实施比率的 0.78。这说明了我国协调解决高新技术产品贸易摩擦能力较强，能较好地维护高新技术产业利益。

二、中国高新技术产品频繁遭遇贸易救济原因分析

（一）我国与发达国家高新技术产品贸易顺差扩大

随着我国高新技术产业的发展，高新技术产品贸易额不断增加，在世界贸易中的比重也越来越大。但同时，我国高新技术产品也面临着贸易顺差持续扩大的问题，特别是与发达国家的贸易顺差增加过快，有引起相关产业贸易格局和利益分配格局发生重大变化的可能。为保护国内相关产品、企业和产业的发展，寻求更多经济利益，与我国高新技术产品贸易产生逆差的发达国家往往倾向于采取贸易救济措施，这就导致了我国高新技术产品频繁遭遇贸易救济。

以我国同美国的高新技术产品贸易为例，根据美国人口普查局的数据

（见表1.1），美国对我国高新技术产品贸易总体上处于逆差状态，贸易差额呈逐年扩大的趋势，且在金融危机发生后逆差额增长速度加快。从分类看，在生物科学、生命科学、电子电机、柔性制造、高新材料、航空航天技术和核技术贸易上，美国一直保持对我国的贸易顺差，在电子电机、柔性制造和航空航天技术贸易上美国对我国贸易顺差相对较大。美国对我国高新技术产品逆差主要产生于光电技术和信息通讯，其中最主要的是信息通讯，2012年，美国对中国高新技术产品贸易逆差1 190.5亿美元，但仅信息通讯一类贸易逆差就达到1 230.4亿美元。

表1.1 2007—2012年美国对中国高新技术产品贸易（百万美元）

高新技术产品分类	2007 年			2011 年			2012 年		
	出口	进口	差额	出口	进口	差额	出口	进口	差额
生物科学	62	47	15	206	49	157	284	67	217
生命科学	1 126	785	340	2 318	1 763	555	2 782	2 034	748
光电技术	329	5 813	− 5 484	326	7 915	− 7 589	328	7 026	− 6 698
信息通信	3 360	77 855	− 74 495	3 803	114 520	− 110 717	3 920	126 964	− 123 044
电子电机	6 573	2 393	4 180	4 714	3 232	1 482	4 004	3 099	905
柔性制造	1 442	540	902	2 054	749	1 305	1 995	860	1 135
高新材料	237	123	114	219	179	40	294	211	83
航空技术	7 200	350	6 850	6 418	626	5 792	8 440	696	7 744
武器	2	98	− 96	2	161	− 159	1	165	− 164
核技术	18	3	15	74	292	− 218	109	85	24
合计	20 349	88 006	− 67 657	20 133	129 488	− 109 355	22 157	141 207	− 119 050

资料来源：美国人口普查局 www. census. gov。

再如我国同欧盟的高新技术产品贸易，根据商务部的统计数据（见表1.2），2003—2012年10年间，我国同欧盟的高新技术产品贸易顺差从82.52亿美元迅速上升到534.47亿美元，增长了6.48倍。其中，2010年这一贸易顺差数额达到了725.20亿美元的阶段高峰，较2003年增长了8.79倍。

从比较优势理论上说，欧美等占据技术优势的发达国家，在与我国的高新技术产品贸易中理应保持顺差。但事实上的逆差使得发达国家不断针对我国高新技术产品发起贸易救济措施，期望通过贸易保护减少贸易顺差。究其逆差根源，主要是由于发达国家对我国采取出口管制政策，主动限制高新技术产品的出口。由此可见，欧美发达国家不从自身出发寻找逆差原因，仅仅盯住我国高新技术产品贸易不平衡现象，频频发起高新技术产品贸易救济措施，扰乱高新技术产品正常国际贸易，既有害于我国高新技术产业的发展，也不利于其自身高新技术产业发展。

表1.2　2003—2012年中国对欧盟高新技术产品贸易（百万美元）

年份	出口	进口	进出口差额
2003	19 533. 609	11 282	8 251. 608 96
2004	29 185. 734	15 220. 51	13 965. 223 8
2005	38 875. 575	17 297. 594	21 577. 981 6
2006	47 596. 675	21 230. 962	26 365. 713 1
2007	85 087. 745	26 778. 543	58 309. 202 1
2008	97 924. 9	30 488. 459	67 436. 441
2009	80 275. 613	29 504. 81	50 770. 803 4
2010	108 672. 53	36 152. 269	72 520. 260 9
2011	112 489. 66	45 633. 387	66 856. 270 6
2012	101 555. 87	48 108. 54	53 447. 332 6

资料来源：商务部统计数据。

（二）我国高新技术产品加工贸易模式比重过大

从长期来看，高新技术产业贸易模式取决于一个国家所进行的 R&D 投入。近年来，在科技兴贸战略、产业技术创新战略联盟和创新型国家战略推动下，我国 R&D 投入持续增加，但高新技术产业的 R&D 经费支出占工业总产值比例依然远远低于发达国家和部分新兴经济体水平，投入明显不足，差距依然十分巨大。R&D 投入的不足，使得我国高新技术产业贸易模式局限于加工贸易为主（见表1.3）。

表1.3 部分国家高新技术产业 **R&D** 经费占工业总产值比例（%）

国家	高新技术产业	航空航天制造业	生物医药制造业	办公、会计及计算机制造业	广播、电视及通信设备制造业	医疗、精密仪器及光学设备
中国（2011）	1.63	7.82	1.41	0.75	1.81	1.91
美国（2007）	16.89	9.90	26.57	10.69	15.72	18.34
日本（2008）	10.50	2.90	16.40	7.61	8.90	16.98
德国（2007）	6.87	8.65	8.27	4.46	6.28	6.28
英国（2006）	11.10	10.70	24.92	0.38	7.56	3.63
法国（2006）	7.74	5.20	8.69	7.94	12.24	7.08
韩国（2006）	5.86	9.02	2.51	3.93	6.65	2.16

资料来源：《中国高新技术产业统计年鉴 2012》。

需要强调的是，我国高新技术产品加工贸易比重过大不仅仅是因为我国 R&D 投入不足，更与发达国家大量利用我国生产加工优势、转移生产加工环节有关。为享受我国劳动力优势带来的红利，发达国家在产业转移中，把高新技术产业中劳动密集度高、技术含量低、技术溢出少的加工装配等生产环节转移到我国；同时，为减少高新技术产品贸易技术溢出，把技术密集的研发中心和关键零部件生产以及资本密集的品牌营销等高附加值部分留在了国内。发达国家把大量高新技术产品的生产加工放在我国，造成了我国高新技术产品加工贸易比重居高不下。

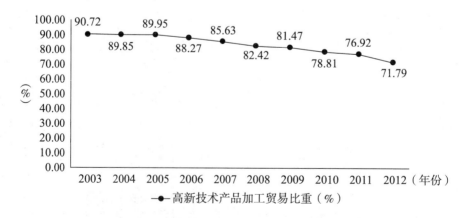

图1.5 2003—2012 年我国高新技术产品加工贸易比重

资料来源：商务部统计数据。

2003—2012 年，我国高新技术产品贸易中的加工贸易比重虽然从 90.72% 下降到 71.79%，但仍处于结构失调的状态。加工贸易比重过大，导致我国高新技术产品难以实现市场份额和利润最大化，难以在国际贸易中拥有话语权和决定权，难以在遭受贸易救济措施时拥有有效的反击手段。同时，高新技术产品加工贸易比重过大导致我国自主开发能力欠缺，产品以模仿为主。加工贸易为主的贸易模式和模仿为主的生产模式，使我国高新技术产品贸易难以实现较高的附加值，往往局限于低水平的价格竞争，容易给其他国家实施贸易救济措施提供借口。

（三）我国与新兴经济体高新技术产品竞争激烈

由于我国与新兴经济体经济的高度近似性和竞争性，经济发展水平比较接近，经济结构和高新技术产业结构也十分趋同，且贸易模式又以加工贸易模式为主。因此，我国出口的高新技术产品对其他新兴经济体同类产品便具有高度的替代性，直接导致我国同其他新兴经济体在高新技术产品国际市场上竞争较为激烈。

同时，我国对发达国家贸易救济措施研究较多，也较为重视，而忽视其他新兴经济体的贸易救济措施研究。长期以来，尽管我国对新兴经济体的高新技术产品出口贸易迅速增长，但由于新兴经济体在中国整个出口贸易中的地位依然较为有限，因而中国出口企业对其贸易救济政策及实践也没有给予足够的重视。加上新兴经济体贸易救济调查及裁决的透明度较低，不利于我国企业应诉。以上原因导致了新兴经济体在同我国高新技术产品竞争失利时，倾向于滥用贸易救济措施这一手段保护国内高新技术产业。

此外，在世界经济增长普遍停滞、新兴经济体经济增长速度也开始放缓的今天，新兴经济体之间，特别是其他新兴经济体同我国的贸易冲突将会更加显现，其对我国高新技术产品发起和实施的贸易救济措施也将明显增加。

三、中国应对高新技术产品贸易救济的建议

从长期看，营造良好市场环境、培育创新环境、促使高新技术产业结构升级转型、提升产品技术层次、提升高新技术产品出口竞争力是应对高新技

术产品贸易救济的根本途径。而从短期看，我国应对高新技术产品贸易救济措施时，政府、协会和企业都应积极发挥自身作用。

（一）充分利用 WTO 多边规则

WTO 争端解决机制是世界各国、尤其是发展中国家化解贸易摩擦、维护自身正当权益的有效途径。尽管 WTO 争端解决机制还存在许多不足和缺陷，但它仍不失为有效解决国家之间贸易摩擦的一个重要途径。因此，一是要对 WTO 的具体规则、条款和《中国入世议定书》进行深入研究，扩大 WTO 知识普及范围，寻求避免和应对贸易摩擦的有效方式。二是要培养精通 WTO 规则和争端解决机制程序的高端人才。三是要尽快走出见招拆招的误区，充分利用 WTO 争端解决机制，主动从机制、规则角度探索避免贸易摩擦的长效机制，避免艰难的胜诉只能维护几种产品、几家企业的短期利益，而是要以一场胜诉从规则和机制上遏制贸易摩擦发生的可能性，保护整个行业乃至整个产业的利益。

（二）搭建高新技术产品国际贸易摩擦预警机制

一方面，完善高新技术产品贸易数据库。建立持续性的、详细的高新技术产品进出口数据库、重点产业数据库、主要贸易伙伴高新技术产品相关政策法律法规资料库，实现对高新技术产品进出口运行的测量与监控；另一方面，建立高新技术产品进出口运行监测指标。在完善数据库基础上，建立一套完整的国外对华高新技术产品贸易摩擦的指标体系，通过构建科学的模型对高新技术产品进出口平衡状况、产品结构、方式结构、主体结构、区域结构、国别结构、重点行业进出口数量及金额、与重要贸易伙伴的贸易平衡状况等指标的变化进行观察和判断，实现快速对国外对华高新技术产品贸易摩擦的情况进行预测和分析，迅速发布警示信息，及时出台相应措施。

（三）提升行业协会服务企业能力

首先，行业协会应为企业提供多元化的行业信息。一是加大和国外商会、协会等组织的合作，积极参加国际行业组织，与其建立一种长期的互惠关系。并以此为平台，获取行业最新发展消息，发表自身观点，维护中国相关行业利益。只有提高自身国际化水平，构建畅通的信息获取渠道，在应对贸易摩擦时才能具有前瞻性。二是必须对所处行业以及会员企业有全面、正确的认识，深入研究影响行业发展的主要因素，提高应对贸易摩擦的针对性。三是建立和完善公共信息平台，对行业数据进行全面搜集，及时更新，提高应对贸易摩擦的有效性。

其次，行业协会应加强企业出口自律工作，积极组建同类产品利益联盟，制定所在行业产品最低限价，协调行业产品价格，避免企业采用低价战略打入国际市场，形成恶性价格竞争，引起进口国贸易救济调查。对于擅自以价格战在国际市场发起恶性竞争的企业，行业协会必须制定相应规章制度，给予处罚。

最后，行业协会应积极帮助、指导企业应对贸易摩擦。在发生贸易摩擦的情况下，协会应主动出面组织和协调出口企业填写调查问卷，并就出口产品是否存在倾销和是否对进口国同类产业造成实际损害进行答辩。同时，协助企业取得进口商帮助、了解进口国的实际情况。协会应设立应诉基金，协会企业按出口金额的一定比例认购应诉基金，一旦出口产品遭受贸易摩擦时，由应诉基金支付高额的律师费等相关应诉费用，减轻单个企业应诉成本负担。此外，协会还应组织及发动包括企业、律师事务所、会计师事务所等中介组织在内的社会力量，形成应诉合力，提高企业应诉能力。

（四）引导企业提高自身综合能力

一方面，高新技术出口企业应积极应诉。贸易摩擦是我国高新技术产品贸易快速发展过程中的正常现象，也将是一个长期现象，这一点我国外贸企业需要有一个长期准备，一旦涉案应积极应诉。组织应诉不及时或决策太慢，往往错过抗辩的最佳时机，并可能引起贸易摩擦的连锁反应，影响该类产品的正常出口；另一方面，高新技术企业应努力提高自身创新能力。要充分依托科技、人才、信息等资源优势，坚持技术创新，不断提高自主创新能力。只有这样才能推动其产品和产业结构升级，实现技术的跨越式发展，从而最大程度上避免遭遇知识产权壁垒。一是增加企业的研发投入，在推动科研成果产生的同时促进科研成果及时转化，加快成果的产业化、市场化进程。二是应注意挖掘、培养研究人才，加强产学研结合，提升技术水平，提高创新能力。

（本部分由叶欣撰写）

中国高新技术产品遭遇的知识产权摩擦问题研究

高新技术产业代表着科技创新和产业升级的方向，是实现经济转型的突破口，是拉动经济增长的重要引擎，是先进制造业竞争力发源点，是产业升级增长点，决定着未来经济发展的制高点，所以全球针对中国高新技术产品的贸易摩擦开始从部分产业升级到对相关经济运行机制、发展制度或者体制安排层面的发难。美欧对华实施贸易保护的领域从具体产品日益扩大到中国国内经济政策层面，除了对中国的自主创新、政府采购政策频频发难，更是在中国知识产权保护等问题上加大施压力度。这种局面如果继续发展下去，中国高新技术产品出口形势将变得异常严峻。因此，对中国高新技术产品遭遇的知识产权摩擦问题进行深入研究，具有十分紧迫的意义。

一、中国高新技术产品遭遇的知识产权壁垒情况

根据已有的案例，中国高新技术产品遭遇的知识产权壁垒可以分为以下三大类：一是大型跨国公司垄断知识产权，二是发达国家相关法律法规，尤其以美国"337条款"最为典型，三是海关边境措施和临时措施滥用。

（一）跨国公司通过知识产权壁垒提高市场准入门槛

发达国家的大型跨国公司利用其研发优势，在高新技术产业中垄断知识产权，削弱中国高新技术企业国际市场竞争力。一方面，跨国公司在全球范围内申请核心技术专利和本产品的外围专利。这本是保护知识产权的正当行为，但跨国公司通过外围专利同核心专利的结合，打击缺乏核心专利甚至追随国际主流技术的高新技术产品，这不仅提高了专利的许可费用，更是在相当大的程度上遏制了中国高新技术企业的自主创新。以目前在中国高新技术

产品出口中份额最高的计算机与通信技术产品为例，仅高通、诺基亚、西门子等少数几家跨国公司就掌握着 80% 以上的通信专利技术，因此，当中国的产品出口到国外时，如果某项技术被认定与某跨国公司的专利存在一定的相似度，即使这种相似只是外观上的也会被判定为侵权，正常的贸易因而遭到扭曲。另一方面，跨国公司对于商标的恶意抢注也为中国高技术企业进入海外市场造成了较大的市场障碍。以海信商标侵权案为例，海信的企业名称与商标是 Hisense，1999 年被认定为中国驰名商标。在这之后只有 6 天，博西公司就在德国注册了商标 HiSense，两个商标只有一个 S 大小写的差别。2001年，海信决定进入欧洲市场，就在此时，博西公司提出了海信侵权，导致海信错过了进入欧洲市场的机会。

（二）发达国家极不合理的知识产权法规阻碍公平贸易

发达国家极不合理的知识产权保护法律法规，不仅违背 WTO 相关贸易原则，更是与其所谓维护公平贸易的目的相悖，给中国高新技术产品出口造成了很大障碍，阻碍了公平贸易的开展。这其中尤其是以美国的 337 条款最为突出。337 调查申请门槛低，但制裁措施严厉，相对于反倾销调查的 5 年，其耗时更短，只需要 12 ~ 18 个月就可以让胜诉企业永久地把某种产品排除在美国市场之外，不用像反倾销法一样，需要证明该种产品对美国的高新技术产业造成了损害或损害威胁。而且按照 337 条款规定，即使中国企业赢得了诉讼，也不会有任何补偿和对败诉的外国企业硬性的赔款约束。最严重的是，如果一个企业被裁定涉嫌侵权，它的侵权产品和整个企业的其他产品都有可能将被排除出美国市场。这不仅给中国高新技术企业应诉造成了很大的压力，也使美国企业越来越倾向于使用 337 条款遏制中国高新技术产品进入美国市场。金融危机爆发前，美国共对中国发起 76 起 337 调查，但金融危机爆发后几年内，美国就对中国发起了 66 起 337 调查，且每年发起的 337 调查数量持续增加。

（三）滥用海关临时措施和边境措施恶意争夺市场

制度层面上，部分国家滥用《与贸易有关的知识产权协议》规定的临时措施和进口边境措施对中国高新技术产品出口设置知识产权壁垒。该项措施原本的目的在于进口国对于在海关发现的侵权产品必须进行扣押，以保护知识产权人的利益。然而，当发达国家的跨国公司作为权利人时，其主观动机往往是恶意的，即为了推迟中国高新技术产品进入一国市场的时间，即使产品不涉及侵犯知识产权，也故意向海关申请该项措施，利用海关对相关产品的扣押调查，给出口企业造成时间、产品成本的损失。例如在欧盟，权利人只需提交一次专利证明即可获得海关一整年的保护，而且申请边境措施的程序极其简单方便，对中国高新技术产品出口影响较大。

二、中国高新技术产品遭遇的知识产权壁垒新特证

随着人类的科技进步，知识产权广泛地存在于现有各类高新技术产品中，新技术运用于传统产业带来传统产业升级非常普遍，知识产权壁垒的实施主体、打击目标、打击手段都呈现出多元化的特征，因此，中国高新技术产品遭遇的知识产权壁垒也呈现出新的特征。

（一）知识产权标准化形成标准壁垒

专利和标准结合形成的标准壁垒极大程度上改变了传统知识产权壁垒作用日益弱化的局面，使权利人的权利进一步扩大，维护了知识产权壁垒的有效性。因此，尤其是在高新技术产业，发达国家及跨国公司利用强大的技术优势，将专利和国际标准结合，形成标准化的知识产权壁垒。由于高新技术产品制定技术标准时没有成熟国际公认的技术可供使用，高新技术领域的技术成果几乎都被专利技术覆盖，这就使得高新技术产品贸易无法绕开标准化的知识产权壁垒：产品的生产和贸易，不仅不能在知识产权上构成侵权，还要按产业标准进行生产，否则产品无法进入他国市场。而因为标准是和知识产权紧密结合在一起的，按产业标准生产就要采用相关的专利，就必须要缴纳高额的专利费用，以取得生产和销售的权利，不然就构成典型的专利侵权。尤其是随着我国高新技术产品贸易的迅速发展，我国遭受专利壁垒的行业在不断的扩大，几乎所有的行业都遭受巨大的不利影响。

（二）知识产权内部化限制正常竞争

知识产权不仅与标准结合在一起形成标准化的知识产权壁垒，更是开始出现内部化的趋势。跨国公司利用自身巨大的经济实力，将一些专利技术转

移到自己国外控股的子公司，以此将贸易对象限定在一个很小的范围内。即使跨国公司所拥有的知识产权与其经营范围不相吻合，也不会轻易地单方出让该项技术成果，而是将它作为交叉许可的筹码以换取自己所需要的其他企业的技术成果，也就是说只有当交易对手也拥有自己所必须需要的关键技术时，才愿意与其进行交叉许可授权，否则就开出一个离谱的高价吓退潜在的竞争对手，阻碍新竞争对手的形成。以下数据说明了知识产权内部化这一趋势对高新技术产品贸易造成阻碍和扭曲的严重程度：跨国公司控制了国际技术贸易的60%，国际投资额的90%，研究和开发的80%，电子行业跨国公司内部技术转让的比重为95.46%。

三、中国高新技术产品遭遇的知识产权壁垒发展趋势

随着中国高新技术产业自主创新能力和研发能力的提升，随着中国高新技术企业逐渐掌握自主的核心知识产权，普通的知识产权贸易壁垒已无法有效遏制中国高新技术产品出口，因此与技术标准相结合的知识产权壁垒将是中长期内中国高新技术产品出口面临的新挑战。

（一）知识产权壁垒垄断性增强

一方面，知识产权与技术标准相结合，增强了知识产权的垄断性。知识产权本身是在一定期限和范围内的垄断权利，在知识产权进入标准之前，标准的使用人具有一定的选择权，他既可以选择使用知识产权人的相关知识产权，也可以使用不具有知识产权的技术，或者具有知识产权的其他技术，只要使用该技术生产的产品能够达到相应的技术标准即可。但是，如果一项知识产权被纳入技术标准，成为技术标准的组成部分，那么，标准的使用人就失去了选择的机会，这意味着只有选择该项有知识产权的技术才能够达到技术标准的要求，这就使得知识产权人的垄断性权利得到强化，增加了知识产权人滥用知识产权的可能性。例如，专利权人知道标准设定组织已选定其专利技术作为优先的方法后，可在标准设定前进行的谈判中索取更高的许可费，增加了技术标准的遵守者和使用者的生产成本。

（二）知识产权壁垒效力范围扩大

另一方面，知识产权与技术标准相结合，扩大了知识产权的效力范围。

在进入标准之前，知识产权人要想利用知识产权阻止竞争对手的进入，一般可以通过诉讼等救济方式，但是，这样的救济一般情况下针对的是单个的企业和单一的产品，其贸易壁垒的作用是极其有限的，是事后的，被动的，并且会耗费知识产权人的大量精力和财力。当知识产权人的知识产权被采纳为标准之后，情况就发生了明显变化。首先，竞争者要想进入某国市场，必须达到某项技术标准，标准的使用人为了达到标准要求，必须主动与知识产权人进行协商，要求许可，并且支付足够的许可费用；其次，对于达不到技术标准的相关产品，进口国的行政机关本身就会对进口的相关产品进行查封、扣押，无须知识产权人付出任何的代价；最后，纳入技术标准的知识产权所针对的是相关产业，不再局限于单个企业或单一产品，知识产权的垄断性扩大到对整个行业的控制，融入标准的知识产权成为单个企业或企业联盟垄断整个市场的工具。

此外，知识产权与标准相结合，在知识产权人拒绝许可的情况下，使用人可能无论如何也不能达到标准，只能进行自主标准开发或者退出市场。而目前，中国企业仍缺乏自主建立国际标准的能力。即使具有自主开发能力，也需要相当长的时间，这时市场往往已经被别的企业占领。

四、中国高新技术产品应对知识产权壁垒的对策与建议

从中国高新技术产品遭遇的知识产权壁垒总体发展趋势及特征看，在相当长一段时期内，知识产权壁垒所造成的贸易摩擦将持续并有进一步趋于激烈的可能。因此，中国在应对高新技术产品知识产权壁垒时，应构建政府、协会、企业三位一体的应对机制。

（一）政府层面的宏观战略

对中国政府来说，为有效应对高新技术产品遭遇的知识产权壁垒，应积极探索建立贸易摩擦利益平衡机制，以求缓和贸易摩擦程度，以创新驱动促进贸易增长模式转型升级。

首先是探索建立贸易摩擦利益平衡机制。一方面，推动建立高新技术产品进出口平衡机制。积极扩大高新技术产品进口规模，在发挥进口对产业发

展和结构调整的重要作用的同时，发挥进口在整体高新技术产品贸易结构中的平衡作用。无论是国际贸易历史还是实践都早已证明，出口大国在国际贸易中拥有的话语权远远不如进口大国，只有进口大国才具有强大的贸易谈判权，才能在建立贸易机制中占据主动。同时，在扩大进口规模的同时也要优化进口结构，避免盲目扩大进口引起产品倾销，对产业造成冲击和损害；另一方面，积极探索建立高新技术产品利益捆绑机制。通过与贸易伙伴互相投资、共同开发、技术共享、资金援助等方式，建立利益捆绑机制，在合作与竞争中平衡高新技术产品贸易利益，紧密各经济体高新技术产业联系程度，消除贸易摩擦。例如，在面对新兴经济体与我国的高新技术产品贸易摩擦时，可以积极实施"走出去"战略，通过投资增加对方出口能力，缓解国际贸易摩擦。

其次是积极与贸易伙伴合作对话。与贸易伙伴加强合作、对话、沟通与协调，是有效化解高新技术产品知识产权壁垒的重要途径之一。即使在经济全球化发展暂时受阻的今天，贸易伙伴国之间经济和贸易相互依存关系不断强化，相互合作成为互惠互利之举，因此，中国要积极与各国开展对话合作，如积极开展并构建政府间贸易对话机制，并以此机制为契机，解决贸易摩擦争端，这对那些因发达国家对我国存在猜忌而不是单纯贸易本身程序规则制度导致的贸易摩擦行为尤为有效。例如发达国家针对我国高新技术产品扭曲的知识产权壁垒，就是防范我国的心理而制定的。对此，最可行最有效的做法就是加强与发达国家的战略对话、沟通和协调，并适时从战略上增加自身在高新技术产品贸易中的对话地位，例如美国在为其新能源出口商品寻找和开发中国市场之时，我国就能够以为美国的新能源贸易品开放市场为筹码开展战略对话，缓解国际贸易摩擦。

最后是创新驱动促进贸易增长模式转型升级。一是加强知识产权保护力度。多年以来，美国一直把我国列为知识产权"黑名单的重点观察国"，虽然我国在保护知识产权方面近年来已经做了大量工作，但客观上，在这一方面我国的确还有许多需要加强的地方，这就必须加大技术力量投入力度，加强员工培训，强化对侵权行为的刑事处罚。二是要培养自己的核心技术，发展自主知识品牌，提高出口产品的技术含量和附加值，从模仿创新走向自主创新。三是促进加工贸易转型升级，我国高新技术产品贸易顺差过大有一部分原因在于加工贸易。加工贸易虽然对我国高新技术产业发展有着一定贡献，但随着国际国内形势的变化，我国必须主动对高新技术产品的加工贸易进行升级转型，由外资主导、"外技"依赖的加工工厂向内资主导、自主研发的民族产业转型，由加工装配为主逐步向采购、分销服务、售后服务以及研发、信息资讯等产业链上其他重要节点升级，由低附加值加工向高附加值生产升级。

（二）行业协会层面的中观战略

知识产权壁垒并非单个企业面对的难题，而是中国高新技术产业整体面临的挑战，只有通过行业协会加强企业之间的战略协作，整合整个行业的资源才能有效应对这一挑战。

一方面，协会要提高服务企业的能力。一是加大和国外商会、协会等组织的合作，积极参加国际行业组织，与其建立一种长期的互惠关系。并以此为平台，获取行业最新发展消息，发表自身观点，维护中国相关行业利益。只有提高自身国际化水平，构建畅通的信息获取渠道，在应对贸易摩擦时才能具有前瞻性。二是必须对所处行业以及会员企业有全面、正确的认识，深入研究影响行业发展的主要因素，提高应对贸易摩擦的针对性。三是建立和完善公共信息平台，对行业数据进行全面搜集，及时更新，提高应对贸易摩擦的有效性。

另一方面，在遭遇国外知识产权诉讼时，行业协会应牵头联合应诉、联手抗争，以降低每个企业的应诉成本，分散风险。其中一个有效方法就是设立应诉基金，协会企业按出口金额的一定比例认购应诉基金，一旦出口产品遭受贸易摩擦，由应诉基金支付高额的律师费等相关应诉费用，减轻单个企业应诉成本负担。此外，协会还应组织及发动包括企业、律师事务所、会计师事务所等中介组织在内的社会力量，形成应诉合力，提高企业应诉能力。

（三）企业层面的违规战略

企业是市场竞争的主角，也是直面知识产权壁垒的主体。企业的知识产权实力、国际竞争力及对知识产权的认知程度决定了中国高新技术产品受知识产权壁垒的影响程度。

首先，企业要提高自身创新能力。高新技术企业要充分依托科技、人才、信息等资源优势，坚持技术创新，不断地提高自主创新能力。只有这样才能推动其产品和产业结构的升级，实现技术发展的跨越，从而最大程度上避免遭遇知识产权壁垒。一方面要增加企业的研发投入，在推动科研成果产生的同时促进科研成果及时转化，加快成果的产业化、市场化进程。另一方面应该注意挖掘、培养研究人才，加强产学研结合，提升技术水平，提高创新能力。

其次，企业还应多元化开拓市场，减少知识产权壁垒造成的损失。现阶段中国高新技术产品出口主要面向美国、日本、欧盟等发达国家，出口过分集中导致一旦遭遇贸易摩擦，就会对高新技术产业、企业造成巨大冲击。因此，高新技术企业必须要有多元化开拓市场意识，在巩固和发展主要贸易伙伴市场的同时，也要大力开拓遭遇贸易摩擦较少的市场。一是逐步降低发达国家的市场份额，提高新兴市场国家和发展中国家的市场份额，降低对发达国家市场的依赖，力争实现出口国别市场多元化；二是平衡在发达国家间的出口市场份额，避免过分依赖少数几个发达国家。

（本部分由叶欣撰写）

高新技术产品国际贸易摩擦对中国的影响及解决机制探究

近年来，高新技术产品贸易规模不断扩大，对中国外贸增长的拉动作用日益增强。但同时，高新技术产品国际贸易摩擦愈演愈烈，不仅影响了高新技术产业自身的发展，也对中国贸易和经济增长造成越来越大的影响。理清影响的范围和程度，对高新技术产品国际贸易摩擦有完整的认识和判断，并结合贸易摩擦解决机制，才能明晰这些解决机制各自的优劣性。

一、高新技术产品国际贸易摩擦对中国影响总体分析

诚然，高新技术产品国际贸易摩擦对中国确有积极影响，诸如推动中国高新技术产品技术创新，加速技术改造和提高产品技术含量，促进高新技术产业转型升级，推动中国标准化进程，促进绿色产业和绿色产品发展，加快经济发展方式转变等。但是，总体来说，高新技术产品国际贸易摩擦负面影响较大。因此，本研究课题着重分析其对中国造成的消极影响。

（一）对中国整体经济影响

一般衡量高新技术产品出口对经济增长拉动效应的测度指标为拉动度和贡献度。前者反映了高新技术产品出口增长在中国 GDP 总量中所占的比例，可以看出高新技术产品出口变化对中国经济总量的拉动程度；后者反映了高新技术产品出口增量在中国 GDP 增量中所占的比例，可以看出高新技术产品出口变化在促进中国经济增长中的贡献程度。

表1.4　历年高新技术产品出口拉动度和贡献率（％）

年份 项目	1999	2000	2005	2006	2007	2008	2009	2010	2011	2012
拉动度	0.45	1.14	2.11	2.08	5.32	1.38	−0.85	2.32	0.95	0.72
贡献率	7.14	10.7	12.93	10.01	18.10	4.62	−8.97	12.50	4.01	5.72

注1：GDP 和高新技术产品出口量根据当年美元平均汇率作统一处理。
　　2：拉动度＝高新技术产品出口增量/上年国民生产总值。
　　　贡献率＝高新技术产品出口增量/国民生产总值增量。
资料来源：根据统计局 GDP 数据和商务部高新技术产品出口数据计算。

从上表我们可以发现，自1999 年中国实行科技兴贸战略以来，高新技术产品出口量明显扩大，其增长速度远高于国民生产总值的增长速度，高新技术产品出口的拉动度显著上升，2007 年达到5.32％。但自金融危机后，高新技术产品出口的拉动度明显下降，从 2007 年的5.32％直接下降到2012 年的0.72％，2009 年甚至出现了负效应，而这恰好与中国高新技术产品遭遇的贸易摩擦数值曲线相吻合，虽然并不能把出口拉动度和贡献度下降完全归因于贸易摩擦，但也说明了贸易摩擦在一定程度上影响了中国高新技术产品对经济发展的拉动作用。

中国高新技术产品出口增长对 GDP 的贡献度呈曲折发展之势。1999 年以来，中国高新技术产品出口增长对 GDP 的贡献度不断提升，2007 年中国高新技术产品出口增长对 GDP 增长的贡献度高达18.10％。金融危机后，高新技术产品所遇到的国际贸易摩擦激增，减弱了其对 GDP 增长的贡献，2012 年高新技术产品出口对 GDP 的贡献度跌到5.72％。

（二）对中国贸易的影响

贸易摩擦使中国高新技术产品生产成本大大提高，产品价格优势减弱。具体来说，反倾销、反补贴等贸易救济措施，通过实施惩罚性关税，直接提高了中国高新技术产品出口到国外的价格。限制性采购政策直接拒绝中国高新技术产品进入国外市场，减少了出口量。知识产品壁垒导致中国高新技术产品被收取高额专利费，成本大幅上升，价格优势丧失，出口竞争力减弱。技术性贸易壁垒迫使出口企业必须在软硬件方面增加投入，增加了经营成本，降低了产品的价格竞争力；此外，中国的检测、评估结果得不到国外的认可，为进入国际市场，仍需得到国外权威机构的认证。国外的各项认证和检验不仅程序复杂，而且费用很高。可见，以上种种贸易摩擦都不同程度地影响了中国高新技术产品对外贸易的可持续发展。

同时，贸易摩擦还使得中国高新技术产品贸易条件恶化。一方面，受贸易壁垒影响的产品被拒之门外，只能滞留在国内市场，造成国内市场供大于求，产品价格下降。另一方面，如果坚持将产品出口到设置贸易壁垒的发达国家，那么或为达到要求而增加投入，提高产品附加值；或为知识产权纠纷支付高额专利使用费用；或缴付巨额惩罚性关税，损失贸易利益，最终结果都导致了中国高新技术产品贸易条件恶化。

（三）对中国相关产业的影响

高新技术产品贸易摩擦不仅影响中国经济发展，恶化中国贸易条件，更在一定程度上威胁中国高新技术产业安全。这种影响可分为直接影响和间接影响两大方面。

从直接影响看，由于中国高新技术产业发展离不开国际市场，离不开高新技术产品对外贸易，因此，一旦发生中国高新技术产品贸易摩擦，将对产业安全直接产生影响。这种影响主要体现在两个方面：一方面，如果面临的是诸如反倾销、反补贴和特别保障措施的非制度性贸易摩擦，中国高新技术产业将面临出口订单减少、出口税费增高和出口价格优势丧失、市场竞争条件恶化的不利环境，将导致出口产品滞销，存货压力巨大；如果出口商品转入国内市场，就会形成同类产品供给增加，竞争激烈；如果因此导致国内市场爆发价格战争，就会出现行业整体利润下降、企业倒闭等一系列连锁效应，最终导致高新技术产业结构严重扭曲，发展面临停滞，又无法在短期内向更高层次转型，可持续发展能力受到严重制约。另一方面，如果面临的是诸如知识产权壁垒、技术性贸易壁垒等制度性贸易摩擦，中国高新技术产业核心技术发展将受到制约，后发优势荡然无存；产业核心原料受制于国外出口的限制，技术差距扩大，产业逐渐落后于国外发展水平，甚至沦为国外高新技术产业组装工厂。

在间接影响方面，高新技术产品国际贸易摩擦通过自上而下、自下而上或双向作用影响整个产业链，进而对中国高新技术产业产生间接影响。一是贸易摩擦冲击高新技术产业链上游，形成前向关联效应（即主导产业在进行生产之前，有许多产业为其提供原料、燃料和生产设备等而产生的部门关联效应），间接影响中下游产业安全。二是贸易摩擦冲击高新技术产业链中游，形成旁侧关联效应（指主导产业在进行生产过程当中，有许多产业为其提供相关的服务而产生的部门关联效应），间接冲击上下游产业安全；三是贸易摩擦冲击高新技术产业链下游，形成后向关联效应（指主导产业在进行生产之后，其产品成为许多产业的原料、燃料或生产设备，或直接进入消费部门而产生的部门关联效应），间接冲击上中游产业安全。

（四）对中国相关企业的影响

高新技术产品贸易摩擦对企业影响巨大，不仅增加企业出口难度，削弱企业国际市场地位，甚至会给企业带来灭顶之灾，迫使其转型或关闭。

企业一旦面临国际贸易摩擦，会面临两难选择：不应诉就会丧失国外市场，一旦应诉却又因为应诉费用高、程序复杂、时间冗长造成成本过高，同样丧失市场占有率。尤其是中小企业，一般缺乏专业的国际化法律人才，对处理这种纠纷并不熟悉，即使想要积极应诉往往也是力不从心，最后不得不放弃，导致损失惨重。从更深层次看，高新技术企业遭遇贸易摩擦还会导致其经济效益和市场地位随之降低：一是出口企业利润水平降低，导致企业难以快速成长。二是人才技术流失，导致企业创新能力减弱。三是部分出口企业丧失投资吸引力，企业前景堪忧。四是部分企业研发成本和市场开拓成本增加，短期效益急剧下降。

二、高新技术产品国际贸易摩擦对中国影响的案例分析

（一）华为、中兴被阻止进入美国市场（对贸易影响的典型案例）

案情：

2013 年 1 月 31 日，美国国际贸易委员会宣布对中国的华为、中兴，韩国三星和芬兰诺基亚公司的 3G 和/或 4G 无线设备发起"337 调查"，以确定这些产品是否侵犯美国公司专利权。华为、中兴是全球领先的 IT 产业中的知识产权拥有者，是全球 PCT（专利合作条约）专利申请的主要的申请人，其所

拥有的知识产权，在数量和质量方面都不亚于任何一个西方国家的跨国企业，其经营也符合国际商业规则和各国安全规则，却遭遇美国的知识产权调查。因此，此事被认为是2012年10月18日美国就国家安全问题对华为、中兴发难的延续。

结果：

目前，针对3G和/或4G无线设备发起的"337调查"刚刚启动，按照程序，最终结果的出台尚需时日，但华为和中兴对此已回应，公司不存在侵权行为，并将积极应诉。

而2012年，美国以国家安全为借口，阻止华为和中兴的产品进入美国市场的案件结果是，2013年3月28日，美国国会在总统奥巴马签署的减支法案中加入网络间谍新审查流程，禁止NASA、司法部和商务部购买中国IT系统——除非联邦执法官员首肯。这项240页的开支法案规定，有关机构考虑购买IT系统时须向执法机关咨询"网络间谍或破坏"风险，必须包括中国"所有、领导或补贴的一个或多个实体生产、制造、装配IT系统的任何风险"评估。

总结：

这是一起典型的通过贸易壁垒阻止中国高新技术产品进口的案例。其发起的深层次原因是，随着中国的产品出口结构发生变化，华为等公司的高新技术产品增多，且逐步减少对价格战的依赖，于是，美国开始以保护知识产权和国家安全的名义禁止中国企业的产品进入美国市场。

近几年，美国扩大"337条款"使用范围，哪怕只是怀疑或者有美国企业无中生有的举报，美国海关就会动用"337条款"，将中国产品扣留在美国海关，制止中国产品进入美国市场，进而封杀中国企业。在"337条款"无法生效的情况下，美国还会利用国家安全审查手段，将外国投资委员会（CIFUS）审查作为新的干涉手段。例如，华为和三叶的交易本质上是华为已经避开了"337条款"，而美国政府采取此手段继续阻挠华为进入美国市场。

随着美国贸易保护主义的不断升级，华为、中兴等公司迫不得已将贸易重点放在欧洲和新兴市场国家。但华为和中兴也在欧盟陷入贸易纠纷。可以预见，随着美国和欧盟针对中国高新技术产品设置的贸易壁垒增多，华为、中兴等公司将不得不放弃大部分发达国家市场，将直接导致中国高新技术产品贸易条件恶化，贸易可持续发展受阻。

（二）美国对中国彩电反倾销案（对产业影响的典型案例）

案情：

2003 年 5 月 2 日，美国五河电子创新有限公司、美国电气工人国际兄弟会、美国工人联合会产业部对来自中国和马来西亚的 52 厘米及以上 CRT 彩电向美国商务部和国际贸易委员会提出反倾销调查申请。调查期为 2002 年 10 月至 2003 年 3 月，调查对象产品为来自中国和马来西亚的对角线为 52 厘米及以上（21 英寸及以上）阴极射线管彩色电视接收机（对应于美国海关编码 85281228、85281232、85281236、85281240、85281244、85281248、85281252、85281256 项下产品）。2003 年 5 月 7 日，美国国际贸易委员会正式立案，开始就我输美彩电是否对其造成产业损害进行调查。2003 年 5 月 22 日，美国商务部正式立案。2003 年 5 月 23 日，美国国际贸易委员会召开初裁阶段听证会。2003 年 6 月 16 日，美国国际贸易委员会作出来自中国的彩电存在实质性损害的初裁决定。2003 年 7 月 23 日，美国商务部确定长虹、康佳、厦华、TCL 四家企业为单独调查对象。

结果：

2003 年 11 月 24 日，美国商务部就倾销幅度作出初裁决定，其中，长虹 45.87%、康佳 31.35%、厦华 27.94%、TCL31.70%，海尔、海信、苏州飞利浦、创维、上广电集团、星辉等应诉企业为 40.84%，其他未应诉企业为 78.45%。2004 年 4 月 13 日，美国商务部作出终裁决定，终裁税率相对初裁税率有所调整，其中，长虹 24.48%、康佳 11.36%、厦华 4.35%、TCL22.36%，海尔、海信、苏州飞利浦、创维、上广电集团、星辉等应诉企业为 21.49%，其他未应诉企业税率为 78.45%。2004 年 4 月 15 日，美国国际贸易委员会就行业损害终裁召开听证会，美国卫理律师所代表中国彩电业参加了听证会。2004 年 5 月 14 日，美国国际贸易委员会以 5∶0 裁定中国彩电对美造成实质性损害。2004 年 5 月 14 日，美国商务部发布公告，对终裁税率进行调整，调整后的税率分别为：长虹 26.37%、康佳 9.69%、厦华 5.22%、TCL21.25%，海尔、海信、苏州飞利浦、创维、上广电集团、星辉等应诉企业为 22.94%，其他未应诉企业为 78.45%。2004 年 6 月 3 日，美海关发布反倾销令，正式对中国输美相关彩电征收反倾销税。

总结：

这起反倾销案败诉给中国彩电业带来了沉重打击，如此高的反倾销税率基本上扼杀了中国 21 英寸以上传统显像管彩电出口美国的可能性，而此前欧盟反倾销措施又把中国彩电几乎赶出了欧盟市场。加上中国国内缺乏需求弹性，产能过剩，欧美两大国外市场的丧失给中国彩电业造成了致命打击。此后，虽然通过推行"家电下乡"、"节能补贴"等拉动内需政策，在一定程度上拉动了彩电业增长、挽救国内彩电业。但是目前中国彩电行业在全球彩电行业竞争格局中仍然处于跟随和弱势地位，可见高新技术产品贸易摩擦对相关产业产生的严重影响。

（三）通领科技在美诉讼案（对企业影响的典型案例）

案情：

2004 年 1 月，通领科技生产的漏电保护断路器（简称 GFCI）开始销往美国。这类产品必须严格遵循美国政府强制推行的安全标准，而且每两年就必须更换一次，这类产品在当时美国的市场销售总额为 30 亿至 40 亿美元。刚进入美国市场的前 5 个月，通领科技的产品就以销售额月均 1 000 万美元的速度增长，市场前景非常好。这也引起了当时独占美国市场的莱伏顿和帕西西姆公司等 4 家大公司的警觉。

2004 年 4 月至 7 月，占据了美国 GFGI 市场 60% 份额的莱伏顿公司首先发难，以其拥有的 2 件美国专利（US6246558、US6864766）受侵权为由，分别在美国 3 个州的地方法院起诉通领科技的 4 家美国经销商，通领科技产品的订单因此迅速下滑。为了保住市场，通领科技主动以第二被告身份申请介入诉讼。

结果：

2005 年 3 月 28 日，美国新墨西哥州联邦地方分区法院下达了对案件结果具有决定性作用的马克曼命令，明确了通领科技的产品不在莱伏顿"558"专利的权利要求保护范围，判定通领科技的产品不侵权。这是中国企业首次胜诉的马克曼命令。通领科技取得了首个回合的胜利。

2005 年 3 月 18 日，莱伏顿以侵犯其"766"专利权为由在美国新墨西哥州地方法院再次起诉通领科技。2007 年 3 月 5 日，美国新墨西哥州地方法院下达了第二份马克曼命令，再次明确通领科技产品不侵犯莱伏顿"766"专利权。

2007 年 7 月 10 日，美国新墨西哥州地方法院下达了判决书，判定通领科技的 GFCI 产品不侵犯莱伏顿公司的专利权。随即在莱伏顿公司的要求下，通领科技与莱伏顿公司达成了和解协议，同意放弃反诉莱伏顿公司，给予其民事赔偿机会。

但距第三轮和解仅仅 36 天之后，2007 年 8 月 16 日，帕西西姆公司将通领科技等 4 家中国企业告上美国国际贸易委员会，要求对来自中国的 GFCI 产品进行专利侵权的"337 调查"。2009 年 3 月，美国国际贸易委员会裁定中国企业侵权成立，颁布有限禁止令，通领科技等中国企业生产的涉案产品无法进入美国。2009 年 9 月，通领科技向美国联邦巡回法院起诉美国国际贸易委员会。2010 年 8 月 28 日得到了胜诉判决。美国联邦巡回上诉法院驳回美国国际贸易委员会对通领集团等 4 家中国企业"337 调查"的错误裁决。

2010 年 10 月 4 日，莱伏顿向美国国际贸易委员会申请对通领科技等 4 家中国企业展开"337 调查"。为了改变长期被诉的被动局面，10 月 28 日，通领科技采取以攻对攻的策略，作为原告在美国新墨西哥州联邦地方法院，主动起诉莱伏顿违反 2007 年 7 月双方在美国新墨西哥州联邦地方法院达成的和解协议，并要求赔偿损失。12 月 2 日上午，新墨西哥州联邦地方法院召开了电话听证会，驳回了莱伏顿的动议，判令莱伏顿必须在一周内撤销其在美国国际贸易委员会的"337 调查"和加州北区联邦法院的暂缓诉讼案。至此通领科技取得了在美专利诉讼的五连胜。

总结：

通领科技虽然在这起知识产权案中获胜，但截至 2010 年 12 月，支付了 1 100 万美元的诉讼费用。案件极大影响了企业所获利润和市场份额。通领科技在海外维权的道路上一直单打独斗，饱尝艰辛，在积累了大量经验的同时，也付出了巨大的代价。可以说通领科技虽然最终赢得了官司，却输掉了在美国市场宝贵的发展时间和发展空间。

三、高新技术产品国际贸易摩擦解决机制简析

在理清高新技术产品国际贸易摩擦对中国的影响后，我们也应该对解决机制作一探索，这里的解决机制是一般意义上的，并不涉及中国具体的应对策略。但是，全面探究贸易摩擦解决机制涉及的利益主体职能定位以及相互间的协调互动，对中国构建健全高效的贸易摩擦解决机制，具有重要的理论意义。

（一）单边行动

所谓单边行动有两层含义，一是指贸易摩擦受害国采取贸易报复手段，通过进口抵制迫使被报复国取消贸易保护，打开国内市场。二是指贸易摩擦受害国从自身出发采取措施化解乃至避免贸易摩擦。

第一种含义的贸易报复是当两国之间发生贸易争端时，一国为迫使另一国改变其对外贸易政策，而采取的一种报复性的经济手段。国际间的贸易报复主要是通过关税和非关税壁垒进行的，如征收关税、进口配额、许可证制等。其中加征高额关税是最主要和最直接的一种方式。这是因为加征高额关税与其他报复措施相比具有以下优点：一是能更直接和明确地表达报复国政府对被报复国对外贸易政策的不满；二是能为报复国政府带来额外的税收收益；三是更易引起国际社会的关注，关税方式是最明显的发起贸易战的方式，在国际贸易领域中也是最引人注目的。

第二种含义的单边行动是指受害国主动从自身经济、产业、制度出发，力图找出化解贸易摩擦的根本途径。一般采取的措施有提高出口产品竞争力、促进产业升级转型、鼓励企业对外直接投资等。提升出口产品竞争力是指从提高创新能力入手，在管理能力、生产效率、服务水平等多方面提高产品品质，建立自身特有的品质优势，从价格竞争转为质量竞争，避免反倾销、技术贸易壁垒等贸易摩擦，提高抵御贸易摩擦的能力；促进产业升级转型是通过提升技术层次、出台产业支持政策、培育创新环境等措施，促使本国产业结构转型变化，避免因与贸易伙伴产业结构趋同、产品相似而引发贸易摩擦，减少竞争、增加互补，从而使相互依赖增强；鼓励企业对外投资是指政府为

企业营造良好的国内宏观环境，包括提高审批效率、引导投资方向、提供信息支持服务等，促使企业通过对外直接投资的方式直接去当地生产和经营，绕开国际贸易壁垒，避免国际贸易摩擦。

（二）双边协商

双边协商是指贸易摩擦双方通过谈判等措施，在互利原则的前提下相互作出让步和妥协，达成解决贸易摩擦的协议。双边协商以谈判和威胁的形式改变贸易双方博弈的收益矩阵，达到破解"囚徒困境"、化解贸易摩擦的目的。贸易伙伴国之间经济和贸易相互依存关系不断强化，相互合作成为互惠互利之举，因此，双边协商化解贸易摩擦也就有了可行性。

贸易摩擦受害国要利用双边协商达到维护自身利益的目的，离不开正确的贸易谈判策略、措施和方法。一方面要运用科学合理的谈判策略，在既定条件下提高谈判效果。另一方面适度使用贸易安抚措施，让渡部分利益，能够缓解贸易摩擦对象国国内压力，为谈判和解决摩擦争端打下良好的基础。同时还要加强政企配合，通过外交手段、政府间谈判和加强政企间沟通等方式，为企业提供政治支持，提高谈判效率，为协商谈判奠定基础和赢取空间。此外，在双边协商之余，通过动员各主体的力量，对发起国的政府和官员实施政治游说，影响该国的贸易政策制定，使其主动放弃贸易摩擦或形成较为有利于受害国的贸易摩擦解决方案。

此外，在区域经济一体化蓬勃发展的今天，双边协商还可在区域一体化框架内进行。区域一体化框架内双边协商更接近 WTO 争端解决机制，通常分为磋商、调解、仲裁以及第三方制度等步骤，进行贸易摩擦争端的协调与谈判。或者以磋商、对话的形式解决贸易国之间的贸易摩擦和争端，抵制贸易大国的单边制裁和威胁。区域性贸易摩擦仲裁、调解和协商机制能够大大降低和减少区域内部贸易壁垒，从而避免贸易摩擦。

（三）WTO 争端解决机制

WTO 争端解决机制是国际贸易治理机制中一种权威的、相对公平的和平解决国际争端的机制。从关贸总协定争端解决办法发展起来的 WTO 争端解决机制是 WTO 的重要法律制度之一，包括解决争端的基本原则、管辖范围、规则、程序以及效力等内容。WTO 争端解决机制为小国维护自身利益、化解贸易摩擦提供了一个相对公平的平台。在 WTO 争端解决机制中，成员国无论大小强弱，都可以通过援引争端解决机制来为自己谋求公正的待遇，任何成员若违反 WTO 的协议设置贸易壁垒，也将受到争端解决机制的质疑和纠正。

WTO 争端解决机制的基本程序包括五个阶段：

协商或磋商。协商和磋商是 WTO 争端解决机制的最初和首要程序。WTO 鼓励争端双方先通过谈判或协商的方式化解贸易摩擦。如果双方在规定的 60 天内未能达成一致，则申请方可以申请成立专家组。

斡旋、和解或调解。争端双方可以在自愿的基础上，通过谈判自行和解或将争议提交第三方斡旋、调解解决，调解程序可以随时开始，随时结束。但是，该程序一旦被终止，申请方就有权提出成立专家组的请求。

成立专家组。在磋商和调解都失败后，申请方可以申请成立专家组。专家组一般由三位专家组成，如果争端双方有发展中国家，则至少有一名专家要来自于发展中国家。专家以个人身份参加工作，而不代表其所属国家或组织。专家组原则上应于 6 个月内完成对争端的调查和审议，最长不超过 9 个月，紧急情况下应 3 个月内完成。对专家组审议事项有相关利益的 WTO 成员，可于这一阶段以第三方身份加入。

上诉审查。争端任何一方不服专家组审议结果的，交由上诉机构审理，上诉的内容仅限于报告中 WTO 争端解决机制及专家组作出的有关法律解释。争端解决机构设立常设的上诉机构负责审理有关上诉请求。如果上诉机构的结论认为某项措施不符合某一有关协议，该机构应建议有关成员方停止违反义务的活动或者修改与协定内容不符的规定。

裁决或建议的执法。在专家组报告或上诉审查报告通过后 30 日内，有关当事国必须就其是否执行裁决或建议作出声明。如果有关当事国认为立即执行裁决或建议是不切实际的，争端解决机构应当给予该国一段合理的期限，并允许该国在合理期限内执行，仍然没有执行裁决的，则必须在合理期限届满前与胜诉方进行磋商，以达成一个向胜诉方进行赔偿的方案。如果在合理期限届满后 20 日内，双方未能就赔偿达成协议的，胜诉方可以请求争端解决机构授权其终止实施对败诉方所作的减让或其他义务。

四、国际贸易摩擦解决机制的优势与缺陷

(一) 单边行动机制的优势与缺陷

单边行动的第一层含义是贸易报复，具有直接、快捷、激烈、集中、明确的优势，无须跟摩擦发起国协商，且具有较强的威慑性，可以调动对方国内因贸易报复而利益受损的集团，直至使对方政府改变贸易政策。此外，也可以借机向除被报复国以外的第三国提出警示：不要对其采取与被报复国相同的贸易政策，否则必将受到相同的惩罚。

贸易报复机制具有特殊优势的同时也存在着突出的问题。表面上贸易报复只会使被报复国遭受一定损失，并不影响报复国自身的经济利益。但从现实情况看，贸易报复使当事双方都遭受了经济损失。近些年来，国际社会中发生的贸易报复案例清楚地表明，贸易报复难以实现报复国打破贸易保护、打开被报复国市场的经济目标。相反，贸易报复使得被报复国进一步封闭其国内市场，并对报复国展开反报复行动，对双方都造成严重损失。

单边行动的第二层含义，从某种意义上说，正是化解国际贸易摩擦的根本途径。针对贸易摩擦的原因，改变现有状况，最终达到解决贸易摩擦的目的。因为贸易摩擦从本质上说是两国内部经济结构矛盾所引起的，任何谈判或协商只是对利益的讨价还价和相互交换，最终解决贸易摩擦还是需要从自身出发采取单边行动措施。如果由于出口产品大量冲击国外市场引起摩擦，则采取提高产品竞争力措施；如果由于两国产业结构趋同产品相似引起摩擦，则采取产业结构转型升级措施；如果由于贸易不平衡引起摩擦，则采取鼓励对外直接投资的措施。

虽然第二层含义的单边行动是化解贸易摩擦的根本途径，但在实际操作中，单边行动往往不能发挥理论上的效果。这是因为贸易摩擦的存在是由贸易伙伴间的经济产业状况决定的。即使找到了化解贸易摩擦的根本途径，经济产业状况的改变仍是一个长期行为，如产品竞争力提升、产业升级转型、对外直接投资取代出口的实现都需要较长一段时期。而贸易摩擦所带来的损害却是短期内立竿见影，在实施单边行动时期内，国内相关产业可能已遭受

巨大损失，因此，其理论效果难以在实践中真正实现。此外，在产业转型升级过程中，由于要扶持保护相关产业，可能还会引发新一轮贸易摩擦。

（二）双边协商机制的优势与缺陷

双边体制下的贸易摩擦与争端解决机制具有灵活性、高效性的特征，某一摩擦或争端议题通过双边对话和磋商更容易得到解决。贸易摩擦毕竟是贸易双方之间的矛盾，因此，双边协商是解决国际贸易摩擦最直接也是最有效率的机制。只要双方具有共同利益，在国际贸易中能获得好处，就一定能够通过恰当的双边协商，解决国际贸易摩擦。此外，由于双边协商机制只涉及贸易双方，并不涉及第三国或国际组织，也就不存在复杂的程序和规章制度，较为灵活简便快捷。

但是，双边协商机制不是所有的时候都能产生效果。由于国际贸易摩擦直接涉及各国经济利益，关系到产业的发展壮大，甚至影响一国的国际竞争力和未来发展空间，因此，双边协商双方都希望自身利益最大化，双边协商在现实中很难有实质性的进展。尤其是在贸易利益分配严重不均衡的情况下，双边协商多以谈判破裂告终。总之，双边协商机制虽然有着最有效率地解决贸易摩擦的优势，但往往只能在贸易双方利益分歧并不巨大的情况下起作用。

（三）WTO 争端解决机制的优势与缺陷

WTO 贸易争端解决机制是目前最为权威和最有效的贸易摩擦协调机制，被越来越多的国家所使用，其解决机制也在不断完善之中。对于 WTO 争端解决机制，其优点是效果较好，能够充分发挥多边体制的权威性约束力作用来解决贸易争端。特别是对发展中国家而言，WTO 具有的公平性和透明度，为其提供了解决贸易摩擦的平台，不仅使得发达国家在程序上难以剥夺发展中国家的权利，而且有利于发展中国家了解和参与世界贸易规则制定，限制贸易壁垒的滥用。因此，在国际贸易摩擦解决中，WTO 争端解决机制发挥着独特、巨大并且不可替代的作用。

当然，WTO 争端解决机制也存在着自身的缺陷和不足，主要缺点是效率低、耗时长且解决成本太高，结果往往缺乏强制性。一是执行期限过于冗长。虽然 WTO 解决了 GATT 没有规定争端解决期限这一问题，但合理时间仍可长达 27 个月。但在实际操作中，由于受各种因素影响，争端解决所需要的时间可能会更长。所以当严重滞后的最终救济手段得以落实时，旷日持久的延误往往已使有关国家的进出口受到了实质性影响。二是仍存在不公正的现象。WTO 争端解决机制存在由发达国家操纵和主导的现象，广大发展中国家在争端解决中相对而言处于较弱势的地位。三是报复制度存在缺陷。虽然 WTO 允许合理程序下的报复措施，但实际上只有在大国对小国或水平相当的成员国之间实施报复才会奏效。因为任何贸易报复本身都含有经济成本，报复的结果往往只会对弱小国家自身带来较大的负面影响。因此，即使发展中国家胜诉，所得到的贸易救济可能也只是杯水车薪。四是 WTO 争端解决裁决不具有强制性。虽然，理论上 WTO 争端解决机制作出的任何裁决或建议，各当事国必须接受并执行。但是，WTO 争端解决机构不是国际执法机构，对于那些不执行裁决或建议的国家，特别是设置贸易壁垒的发达国家，也没有切实可行的制裁方式。

但尽管如此，在双边、区域协调机制解决无果的情况下，WTO 贸易争端解决机制仍不失为具有较高权威性和有效性的贸易摩擦协调解决机制。

（本部分由叶欣撰写）

中国高新技术产品遭遇的技术性贸易壁垒现状、趋势与对策建议

一、引 言

十六大以来，随着中国特色新型工业化不断推进和深入发展，我国新型工业化提速转型发展，工业化和信息化加速深度融合，工业制成品产业结构升级优化，产品技术含量持续提高，高新技术产品对外贸易也随之迅速发展。我国高新技术产品对外贸易的激增伴随的是贸易摩擦的增加与激化，尤其是2008年金融危机之后，高新技术产品逐步取代钢铁、农产品、鞋类、纺织品等传统大宗出口产品，成为中国遭遇贸易救济案件新的重灾区。

此外，高新技术产品贸易摩擦对我国经济、贸易、产业发展产生的影响较传统产品贸易摩擦更为严重。高新技术产业的性质意味着高新技术产品摩擦已不是单纯的产品竞争和企业之间的问题，也不是单纯的贸易问题。高新技术产业，尤其是战略性新兴产业，代表着科技创新和产业升级的方向，是实现经济转型的突破口，是拉动经济增长的重要引擎，是先进制造业竞争力的发源点，是产业升级增长点，决定着未来经济发展的制高点。高新技术产品贸易摩擦是国与国角力未来经济发展的着力点、抢占未来产业发展的制高点，决定着未来高新技术产业国际竞争格局，关系着一国经济发展新的增长极的确立。

因此，从国家产业及经济发展安全的高度研究高新技术产品国际贸易摩擦这一问题，不仅能为我国高新技术产品贸易持续发展提供支持和指导，而且对发展我国高新技术产业、加快产业转型升级、抢占未来经济发展制高点、推动新型工业化进程具有一定的理论和现实意义，更能通过解决高新技术产品贸易摩擦为中国创造参与国际治理和国际秩序重构的机遇。

本文从高新技术产品贸易摩擦中的技术性贸易壁垒角度出发，回顾我国高新技术产品遭遇的技术性贸易壁垒情况，探索其发展趋势，并给出对策与建议。

二、中国高新技术产品遭遇的技术性贸易壁垒情况

从 WTO 非关税措施的数据看，2003—2012 年间，中国高新技术产品尚未遭遇技术性贸易壁垒，这说明中国的高新技术产品出口到国外时，尚未发生因违反各国设置的技术法规、卫生法规、认证措施、标准和评定程序等，而使得产品被扣押或退回。但这并不意味着中国高新技术产品贸易没有受到技术性贸易壁垒的影响。遵守国外技术法规标准等，需要对产品进行相应的升级、改造和监测，不仅涉及产品的整个生产过程，还涉及原材料、初级材料、包装等上下游行业，使中国出口产品成本增加，对中国产品的竞争力产生较大的负面影响。具体来说，由于欧盟、美国和日本是中国高新技术产品的主要出口市场，且它们的技术要求最为纷繁复杂，对中国产品出口影响最大，因此主要对这三个国家和地区高新技术产品的技术性贸易壁垒进行研究。

（一）欧盟：完善的指令认证要求

欧盟针对高新技术产品设置的技术性贸易壁垒主要有：欧盟 CE 认证、双绿指令、ERP 指令、欧盟新能源标识框架指令等。欧盟 CE 认证是一种管理产品使其符合相关指令要求的标志制度，是目前欧盟实施市场监督的一种重要手段，某一产品一经加贴 CE 标志后，便表明该产品符合欧盟新方法指令中关于安全、卫生、健康或环境保护等基本要求，可以在欧盟市场自由流通。双绿色指令，即欧盟于 2003 年 2 月公布的 WEEE 指令和 ROHS 指令。2012 年 7 月 24 日，欧盟议会和理事会在官方公报上正式公布新的 WEEE 指令，规定了电气电子设备（EEE）生命周期内涉及的所有经营者（例如生产商、经销商和消费者）的环保责任。ROHS 指令要求各成员确保 2006 年 7 月 1 日以后投放市场的所有电气电子产品不能含有铅、汞、福、六价铬、聚嗅联苯（PBB）和聚澳二苯醚（PBDE）6 种有害物质。ERP 指令是 EUP 指令的升级版，将 EUP 指令的产品范围由耗能产品扩展到了所有使用中会影响能源消耗

的能源相关产品，从产品的设计环节就规定了环保要求，并在产品生产、销售、消费以及回收的整个过程中增加环保控制要求。欧盟新能源标识框架指令产品范围从家用产品到商用和工业设备以及门窗等能源相关产品，规定产品的广告和技术宣传资料上要显示能效等级。

（二）美国：分散在各法规中的技术法规

美国的技术法规比较健全，但不存在独立的技术法规类别，而是分散在各个法规之内，如对电子产品进口的限制规定主要体现在《控制放射性的健康与安全法》中。同时，美国要求进口产品要接受强制性的第三方评定，即由专门独立的实验室测试后，才能获准进入美国市场。美国没有统一的国家质量认证管理机构，除政府部门可进行质量认证工作外，地方政府、民间组织也可以进行，因此，质量认证体制比较自由分散。比较权威的认证有美国保险商实验室（UL）认证和美国联邦通讯委员会（FCC）认证等，此外三大国际标准化组织系列标准为美国等效采纳。

（三）日本：复杂繁多的认证标准

日本大部分技术法规是以"通告"、"省令"形式发布的，除此之外还有条例、规则等形式。日本高新技术产品方面的法规有《电气用品取缔法》、《劳动安全与健康法》、《日本工业规格（JIS）》、《废气排放检验法》及《电器和材料法》等。技术标准方面，进入日本市场的产品除了要满足国际标准和要求之外，还要保持与日本标准的一致性，主要包括：JIS认证、VCCI认证、PSE标准认证、JATE标准认证等复杂繁多的认证标准。

三、中国高新技术产品遭遇的技术性贸易壁垒发展趋势

目前，中国高新技术产品出口尚未因技术性贸易壁垒原因而受阻，但由于技术性贸易壁垒具有合理性、隐蔽性、歧视性、灵活性、双重性、针对性等特点，天然适合作为高新技术产品贸易保护手段。因此，世界各国，特别是发达国家，必然会对技术性贸易壁垒措施的制定和实施不断进行强化。中期内中国高新技术产品出口所面对的技术性贸易壁垒将向强制性、多内容、多领域方向发展。

（一） 自愿性私营标准与强制性法规结合日趋紧密

近年来，行业协会、企业和非政府组织制定的自愿性倡议或标准越来越多，这些非官方机构制定的标准通常被称为私营标准，通过市场的方式不断推广。虽然这些私营标准是自愿性标准，但发达国家却逐渐将自愿性措施与强制性措施结合，并有向强制性法规方向转化的趋势。如美国规定进入美国的机电产品须获 UL 认证，药品须获 FDA 认证。加拿大规定进入加拿大的大部分商品须获 CSA 认证。日本规定进入日本的很多商品须获 G 标志、SG 标志或 ST 标志。欧盟规定进入欧盟的产品要通过 CE、CS 等产品质量认证。从目前情况看，这个趋势正在加强，发达国家的强制性技术法规的要求也在水涨船高。

（二） 技术性贸易壁垒涉及内容进一步拓展

单纯的技术性法规已难以阻止中国高新技术产品出口。因此，环境保护、劳工权益、动物福利等内容受到发达国家越来越多的关注，并积极推动这些领域的技术性贸易壁垒出台。低碳经济领域是技术性贸易壁垒的重要方向。目前，低碳领域的标准和技术法规越来越多，各个国家都在积极推进。更重要的是，各国在低碳领域标准的不统一也将使中国高新技术产品面临更严峻的技术性贸易壁垒形势。

（三） 技术性贸易壁垒向高新技术服务贸易领域扩张

高新技术产品技术性贸易壁垒已逐渐从有形商品的生产、贸易领域扩张到高新技术服务领域。越来越多的国家开始着手制定服务相关的技术法规和标准，并用于合格评定。由于服务贸易领域的技术法规、标准和合格评定程序与货物贸易还是有一定的差别，并且中国的服务贸易领域相对货物贸易领域更加落后于发达国家。因此，技术性贸易壁垒向高新技术服务领域扩张，将给中国的高新技术产业带来更多的困扰。

四、中国高新技术产品应对技术性贸易壁垒的对策建议

从长期看，积极推动全球贸易治理改革是应对高新技术产品技术性贸易壁垒的根本途径。从短期看，应积极参与产品标准制定、鼓励企业实施标准

化战略、引导企业通过直接投资的方式规避贸易壁垒。

（一）积极推动全球贸易治理改革

我国加入 WTO 10 年中，经济实力发生了巨大变化，在世界贸易中的排名由第六位跃升为世界第二位，经济总量也上升到世界第二，已成为全球贸易治理不可或缺的力量。在世界经济格局和贸易格局急剧变化的形势下，我国的立场和行动对全球贸易治理的影响重大。因此，我国应积极承担国际责任，应以成员国的共同利益为基础，充分尊重新兴经济体的利益，提升新兴经济体在国际贸易组织中的话语权，妥善处理全球贸易治理机制灵活性和有效性的关系，阻止以邻为壑的贸易保护主义的蔓延，并以协调和包容为手段，有步骤、有目标地推进全球贸易治理体系改革。

（二）积极参与国内外标准制定

一是鼓励有创新力的高新技术企业参与各种国际标准化组织活动，建立实质性参与国际化标准的机制，通过设立专项资金，在财政上支持各方积极参与国际化标准活动；二是制定与国际标准一致的国家标准。广泛宣传推广国际质量认证标准和发达国家先进的质量管理方法，让高新技术企业按照国际标准组织生产，使产品尽可能符合国际标准；三是加强对认证机构、实验室的管理，建立互认机制，尽快培育一批能得到发达国家权威机构认可和授权、具有国际一流水平的实验室和认证机构，减少中国高新技术产品出口所面临的烦琐检验程序。

（三）鼓励企业实施标准化战略

积极鼓励高新技术企业实施标准化战略，将"科研—标准—产业"同步发展模式纳入到企业的整体战略之中，在开展科研创新工作的同时启动标准研制工作和产业化准备，以标准为纽带，加强标准与科研工作的融合，促进科研成果转化为生产力，实施规模化生产，实现科研成果产业化的同时，不断完善企业内部标准化运行机制、标准体系和参与外部标准化活动，实现"科研—标准—产业"同步发展。

（四）引导企业通过直接投资的方式规避贸易壁垒

鼓励资金实力相对雄厚的中国高新技术企业到海外开展直接投资，以投资替代贸易，规避可能发生的贸易摩擦。一方面，对于发达国家，中国高新技术企业可以以跨国投资的形式进入，建立合资企业，分享当地经济、市场、政策红利，不仅能避免贸易摩擦，更能使中国高新技术企业吸收学习先进的技术和管理经验，真正成长为一流的跨国企业；另一方面，对于新兴经济体和发展中国家，中国高新技术企业可以将适用的技术和成熟的产业转移到这些国家，在当地建立生产制造企业，不仅能满足东道国对资金、先进技术和管理经验的需要，更能缓解与发展中国家的贸易摩擦，紧密双方的经济关系。还能够借船出海，适度分散、转移贸易摩擦的风险。

（本部分由叶欣撰写）

基于案例分析的国外应对高新技术产品
贸易摩擦经验及其启示

随着中国高新技术产品面临的国际贸易摩擦日益增多,中国应对贸易摩擦是否有效直接关系到中国高新技术产业发展空间和发展前景。因此,通过分析中国和国外应对高新技术产品贸易摩擦的案例,理清中国应对贸易摩擦不足之处,具有十分重要的现实意义。

一、中国应对高新技术产品贸易摩擦案例分析: 美国对中国彩电的反倾销案

2003年4月底和5月初,美国五河电子创新有限公司、美国电气工人国际兄弟会、美国工人联合会产业部向美国商务部和国际贸易委员会提出反倾销调查,申请列举大量事实和数据,中心议题是向政府说明中国向美国出口彩电对美国本土生产厂商的威胁,希望政府加强对本土企业的保护。美国的议员依赖于来自美国制造业的选票,导致的直接后果就是美国的法律和政策倾向于保护国内的制造企业。因此美国本土生产商在大选年即将来临之际在美国议会召开的听证会上强烈要求政府加强保护其利益,限制外国尤其是来自于中国的产品进口。美国对华彩电反倾销案件就是在这样的背景下立案的。这场涉案金额高达4.8亿美元的彩电反倾销案件涉及美国五河电子公司和电子工人国际兄弟会和电子产品、家具与通讯国际工会,这两个劳工组织涉案人员超过17万人,为美国反倾销史上罕见。原告方还认为中国彩电的低成本优势来源于中国国内的低劳工标准,同时还造成了美国彩电制造业大量工人失业,影响了美国社会的稳定。

2003年5月7日,美国国际贸易委员会正式立案,开始就我有关输美彩

电对其造成产业损害与否进行调查。2003 年 5 月 22 日，美国商务部正式立案。2003 年 5 月 23 日，美国国际贸易委员会召开初裁阶段听证会。2003 年 6 月 16 日，美国国际贸易委员会作出来自中国的彩电存在实质性损害的初裁决定。2003 年 7 月 23 日，美国商务部确定长虹、康佳、厦华、TCL 4 家企业为单独调查对象。2003 年 11 月 24 日，美国商务部就倾销幅度作出初裁决定，其中长虹 45.87%、康佳 31.35%、厦华 27.94%、TCL 31.70%，海尔、海信、苏州飞利浦、创维、上广电集团、星辉等应诉企业为 40.84%，其他未应诉企业为 78.45%。2004 年 4 月 13 日，美国商务部作出终裁决定，终裁税率相对初裁税率有所调整，其中长虹 24.48%、康佳 11.36%、厦华 4.35%、TCL 22.36%，海尔、海信、苏州飞利浦、创维、上广电集团、星辉等应诉企业为 21.49%，其他未应诉企业税率为 78.45%。2004 年 4 月 15 日，美国国际贸易委员会就行业损害终裁召开听证会，美国卫理律师所代表中国彩电业参加了听证会。2004 年 5 月 14 日，美国国际贸易委员会以 5∶0 裁定中国彩电对美造成实质性损害。2004 年 5 月 14 日，美国商务部发布公告，对终裁税率进行调整，调整后的税率分别为：长虹 26.37%、康佳 9.69%、厦华 5.22%、TCL 21.25%、海尔、海信、苏州飞利浦、创维、上广电集团、星辉等应诉企业为 22.94%，其他未应诉企业为 78.45%。2004 年 6 月 3 日，美国海关发布反倾销令，正式对中国输美相关彩电征收反倾销税。

二、国外应对高新技术产品贸易摩擦案例分析：美国对韩国随机存储器的反倾销案

1992 年 4 月，美国 micron 公司向美国国际贸易委员会和商务部递交了对自韩国进口的随机存储器征收反倾销税的申请。1993 年 5 月 10 日，美国商务部作出仲裁，并发布征收反倾销税的命令。韩国三星、金星半导体、现代等涉案企业被裁定的倾销幅度为 0.82%、4.97%、11.16%，其他企业为 3.85%。对于上述裁定韩国企业表示不服，并上诉到美国国际贸易法庭，美国国际贸易法庭将该案件发回商务部重审以纠正某些错误。1995 年 8 月 24 日，商务部作出重审裁定，认为三星的倾销幅度为 0.22%、金星半导体为

4.28%、现代为5.15%，其他企业为4.55%。

1994年6月，美国商务部对该案进行了第一次年度复审，于1996年5月作出仲裁，认定金星半导体和现代两公司在调查期间没有继续倾销。1995年6月，美国对该案进行第二次年度复审，于1997年1月7日作出仲裁，认定金星半导体和现代两公司在调查期内没有倾销。应金星半导体和现代两公司要求撤销反倾销税的申请。1996年6月，美国商务部发起第三次年度复审，调查期为1995年5月1日至1996年4月30日，同时，美国商务部根据商务部规章的353.25（a）（2）的规定进行复审。1997年7月，商务部作出仲裁，决定不撤销征收反倾销税令，裁定金星半导体和现代在第三次复审调查期内不存在倾销。

1997年8月14日，韩国就美国没有撤销对韩国随机存储器（DRAMS）采取反倾销措施一事，向世贸组织争端解决机构提出与美国进行磋商的要求。1997年10月9日，两国在日内瓦进行了磋商，但没有达成双方都能接受的解决办法。

1997年11月6日，根据《关于争端解决规则与程序的谅解》第6条和反倾销措施协议的第11条，韩国要求按《关于争端解决规则与程序的谅解》第7条的规定成立专家小组。1998年1月16日，争端解决机构决定设立专家小组。1998年3月19日，该专家小组组成。1998年6月18、19日和7月21、22日，专家小组分别与争端方举行了会议，1998年10月23日，专家小组向争端解决机构提交了本案的中期报告。1998年11月6日，美、韩双方向专家小组递交了对中期报告进行复审的书面要求，但没有要求同专家小组举行会谈。1998年12月4日，专家小组向争端方提交了本案的最终报告。1999年3月19日，争端解决机构通过了专家小组报告。

专家小组报告最终裁定：美国商务部规章353.25（a）（2）（ii）的"不可能标准"不能等同于，也不可能确定反倾销撤销后倾销行为是否还会重新发起，因而，353.25（a）（2）（ii）与反倾销措施协议的第11条第2款的要求不符。根据353.25（a）（2）（ii）作出的第三次年度复审报告也与反倾销措施协议的第11条第2款的要求不符。据此认为，该规定的第三次最终复审与美国据反倾销协议第11条第2款的义务不符，要求进行更改。

三、国外应对高新技术产品贸易摩擦的启示

对以上两个应对高新技术产品国际贸易摩擦的典型案例进行对比分析，可以发现无论是在应对国际贸易摩擦的主体和解决机制方面，还是在应对国际贸易摩擦的效果方面，国外应对高新技术产品贸易摩擦的做法都能给中国有效应对贸易摩擦带来一定启示。

（一）主体：企业、行业协会、政府应诉意识强烈，沟通有效

在美国对中国彩电反倾销案中，美国的原告主体包括了五河电子公司、两大工会以及其背后的飞利浦、汤姆逊等欧洲彩电巨头。而中国应诉的被告方长虹、康佳、TCL、厦华四大彩电生产商和众多的小型生产厂商各自为战，既不能同舟共济，更谈不上齐心协力。对国内实力雄厚的四大彩电业巨头而言，对抗美国五河电子公司和美国的两大工会两方力量还算均衡，但是众多的小型企业本身资金不足，再加上参与国际贸易争端缺乏实战经验，在该诉讼中大多穷于应付，根本无法与美国的两大工会抗衡，有些企业甚至干脆放弃应诉。由此可见，工会在企业发展过程中的重要作用，而中国每个企业的工会之间也是独立的，无法发挥出工会联合起来的力量。

此外，在这起反倾销案中，企业为一己之利而损害行业利益的状况也是中国企业败诉的原因之一。2003 年 7 月末，即美国针对中国的彩电反倾销案立案大约两个月后，长虹内部有关人士在接受新华社采访时曾明确表示，厦华公司与对中国彩电实施反倾销诉讼的五河电子公司达成了合资协议，从而为它留下了进入美国市场的通道。正是由于厦华公司为五河电子公司提供了"损害存在"的证据，令中国彩电企业在应诉的最后关头陷入极大被动。这不仅反映出中国企业应对贸易摩擦时的素质薄弱，不能很好地形成应诉合力，更是从另一个角度反映出应对贸易摩擦时，中国行业协会职能的欠缺：对于企业的不规范行为，多数行业协会都没有足够的实力和意愿去控制和协调。

反观美国对韩国征收反倾销税案，企业、行业协会乃至政府对此都非常重视，应诉意识强烈：在美国商务部作出反倾销裁决后，韩国企业立即上诉到美国国际贸易法庭，迫使美国商务部作出对韩国企业较有利的重审裁定。

虽然在此反倾销案中韩国企业败诉，但韩国并未就此放弃，在美国两次年度复审表明韩国企业不再存在倾销后，随即申请撤销反倾销税，美国拒绝这一要求后，韩国政府主动介入、诉至 WTO 争端解决机构，最终获得理想的结果。

（二）解决机制：充分利用双边协商、WTO 争端解决等多种机制

在美国对中国的彩电反倾销案前，2000—2002 年间，中国彩电对美国出口增长了 1 166%。中国彩电出口企业在美国正式提起反倾销诉讼之前，对如此迅猛的增长速度并没有一点警觉，更没有采取积极有效的预防性措施调整出口价格。中介组织协调不足，在得知美国准备立案反倾销时，没有赶在对方起诉之前及时做好协调工作，没有与美国进口商合作，防止事态扩展。在反倾销案件发生之前，由于预警机制不完善，导致判断失误、信息不通，未能提前采取应对措施。在反倾销案件发生之后，企业并没有积极应诉，直到长虹、康佳、TCL 和厦华被美国商务部裁定作为强制性应诉人后，才一步一步按照美国商务部的要求填写问卷。中国政府在案件中虽然也曾向美方表态，希望美国政府在调查中公正地对待中国企业，并且对美国原告的指控表示过质疑，但应急机制乏力，外交攻势不够。在反倾销案件终裁后，企业并没有利用 WTO 争端解决机制，积极维护自身正当权益，直到 2009 年 7 月 30 日，美国商务部才主动取消对产自中国的 52 厘米（合 21 英寸）以上的 CRT 彩色电视机征收反倾销税措施。

反观美国对韩国存储器征收反倾销税案，虽然韩国在之前的反倾销案中败诉，但之后积极与美国进行双边协商。在双边协商未果的情况下，充分利用 WTO 争端解决机制，要求专家小组裁定：美国根据 GATT 1994 第 1 条、第 6 条、第 10 条下的义务及实施 GATT 1994 第 6 条协议（反倾销措施协议）中的第 2 条、第 3 条、第 5 条第 8 款、第 6 条、第 11 条第 1 款和第 2 款下的义务不一致，要求专家小组建议美国采取以下措施：（1）撤销对韩国随机存储器征收反倾销税的命令；（2）改变反倾销税令复审的最低标准；（3）删除商务部规章中 353.25（a）（2）（ii）中的"不可能"标准，并将其修改后的法令与世贸组织反倾销措施协议的第 11 条一致起来。

（三）效果：从规则和机制上保护整个行业乃至整个产业的利益

美国对中国彩电反倾销案最终以中国败诉告终。但即使当时中国企业侥幸胜诉，也只能维护几家企业、几种产品的短期利益，美国完全可以再以诸如知识产权等方式对中国彩电行业设置贸易壁垒，中国彩电企业仍会失去所获利润和市场份额。这与中国偏爱谈判和磋商等外交手段解决贸易摩擦问题这一传统观念也有很大关系。诚然，从中国需要一个稳定的贸易外部环境的全局考虑，我们可以采取这种做法。但是，在必要的时候动用 WTO 争端解决机制，与我们追求的这一目标并无矛盾。反而，如果中国一味地单方面妥协让步，则可能会使美国、欧盟等 WTO 成员错误地认为只要其威胁进行 WTO 诉讼，中国总会让步。实践证明，无论是主动还是被动，中国都无法避免利用 WTO 争端解决机制，只有正确认识这一点，中国才可能从根本上应对贸易摩擦，而不是一味疲于应对。

反观美国对韩国存储器征收反倾销税案，韩国在深入了解和研究 WTO 相关规则基础上，敢于对美国相关法律进行驳斥，并最终取得成功：专家小组争端解决机构要求美国修改其商务部规章 353.25（a）（2）（ⅱ）的有关规章及由此裁定的对韩国进行第三次年度复审的决定，使上述美国国内法与反倾销协议第 11 条第 2 款的义务相一致。韩国以一场胜诉从规则和机制上遏制了贸易摩擦发生的可能性，保护了整个行业乃至整个产业的利益。

（本部分由叶欣撰写）

我国光伏产品进出口现状、
制约因素及对策建议

近年来，在国际市场拉动和国内政策支持的双重作用下，我国光伏产业实现了加速发展，进出口规模不断扩大。2012 年，我国太阳能光伏产品进出口总额 289.5 亿美元，其中出口额 233.0 亿美元，进口额 56.6 亿美元，连续 6 年成为全球第一大太阳能电池生产和出口大国。但是，我国光伏产品贸易发展中也存在一些制约因素，阻碍了产业国际化进一步发展，需要加以积极引导和战略扶持。

一、我国光伏产品进出口现状

（一）进出口产品结构单一，太阳能电池及组件占光伏产品进出口主体

从光伏进出口产品结构来看，占主导地位的是太阳能电池及组件。2012 年，我国太阳能电池及组件出口额 149.7 亿美元，占全部光伏产品出口的 64.2%。其中，太阳能电池出口 127.75 亿美元，占比 54.8%，其他光敏半导体器件出口 22.0 亿美元，占比 9.4%。从光伏产品进口来看，2012 年我国太阳能电池及组件进口额 28.14 亿美元，占全部光伏产品进口的 49.7%。其中，太阳能电池进口 12.81 亿美元，占比 22.6%，其他光敏半导体器件进口 15.33 亿美元，占比 27.1%。

2013 年一季度，太阳能电池及组件出口 32.20 亿美元，占全部光伏产品出口的 55.67%，进口 7.85 亿美元，占全部光伏产品进口的 38.15%，进出口占比较 2012 年有所下滑，仍占据了光伏产品进出口的主要份额。

表1.5　2012年光伏分类产品进出口情况（亿美元，%）

商品名称	海关编码	出口额	出口占比	进口额	进口占比
太阳能电池	85414020	127.75	54.8	12.81	22.6
未列名具有独立功能的电气设备及装置	85437099	72.54	31.1	22.90	40.5
其他光敏半导体器件	85414090	22.0	9.4	15.33	27.1
其他逆变器	85044030	5.99	2.6	2.58	4.5
其他P<10KW交流稳压电源，精度低于千分之一	85044015	3.65	1.6	1.07	1.9
未列名发电机组	85023900	1.05	0.5	1.88	3.3
合计		232.98	100.0	56.56	100.0

资料来源：海关统计。

（二）产品贸易"两头在外"，进料加工贸易方式占光伏产品进出口主体

由于光伏产业发展缺乏核心技术和基础原料，多数光伏企业尚未建立自主研发和创新体系，主要依赖引进国外生产线或生产设备。目前，我国光伏产品贸易仍呈现较明显的"两头在外"特征。从光伏产品出口看，2012年进料加工贸易方式出口的光伏产品133.02亿美元，占光伏产品出口总额的57.1%，来料加工贸易方式出口的光伏产品6.4亿美元，占出口总额的2.8%。全部加工贸易出口139.42亿美元，占全部光伏产品出口的59.8%。一般贸易方式出口82.58亿美元，占比35.5%，低于加工贸易方式出口比重约24个百分点。

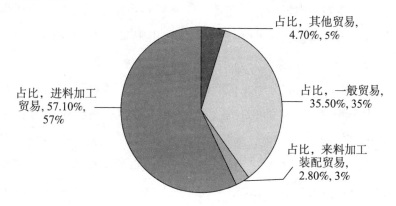

图1.6　2012年光伏产品出口的贸易方式占比情况

资料来源：海关统计。

从光伏产品进口看，2012 年进料加工贸易方式进口的光伏产品 25.13 亿美元，占光伏产品进口总额的 44.4%，来料加工贸易方式进口的光伏产品 0.85 亿美元，占进口总额的 1.5%，全部加工贸易进口 25.98 亿美元，占比 45.9%，较一般贸易方式进口所占比重高 6 个百分点。

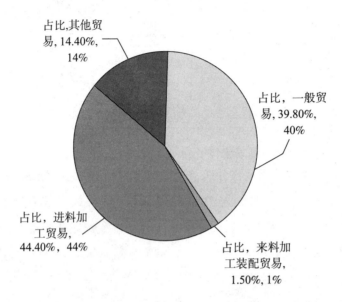

图 1.7　2012 年光伏产品进口的贸易方式占比情况

资料来源：海关统计。

（三）出口企业分布相对集中，东部省份为我国光伏产品出口主要货源地

从光伏出口的国内区域分布来看，东部省份占据了光伏产品主要提供地的主要份额，出口额排名前 10 位的省份均位于东部地区，2012 年，前 10 位省份合计出口 216.55 亿美元，占全部光伏出口比重的 92.9%。其中，江苏、广东、浙江、上海、河北分列光伏产品出口前五位，2012 年合计出口 191.79 亿美元，占全部省份出口的 82.3%，2013 年一季度，前五位省份合计出口 45.63 亿美元，占比 82.56%，地区分布密集度有增无减。在各出口大省中，江苏省光伏产品出口排名第一，2012 年占全部出口的 40% 以上，2013 年一季度，全国多数省份出口呈下降趋势，江苏省出口同比下降 14.68%，拉低全国平均值，省份出口占比有所下滑，但仍为全国出口第一大省，占全部省份出口 3 成以上。

表1.6　光伏产品出口额前五位省份出口情况（亿美元，%）

排序	省份	2012 年		2013 年 1 月至 3 月	
		出口额	出口占比	出口额	出口占比
1	江苏	96.08	41.2	20.43	34.68
2	广东	48.61	20.9	19.29	32.75
3	浙江	18.31	7.9	3.10	5.27
4	上海	16.37	7.0	3.00	5.09
5	河北	12.42	5.3	2.81	4.77
	合计	191.79	82.3	45.63	82.56

资料来源：海关统计。

（四）欧美传统市场为主体，亚洲市场份额在我国光伏贸易中日益提升

从光伏产品出口的全球分布来看，2012 年，我国出口到欧洲的光伏产品 111.90 亿美元，占全部光伏产品出口的 48.0%，出口到北美洲光伏产品 40.47 亿美元，占比 17.4%，欧美市场合计占比 6 成以上。2013 年一季度，受传统市场萎缩影响，我国对亚洲市场出口快速增长，亚洲市场份额占比迅速提升，出口占比由 2012 年的不到 30% 提高到 2013 年一季度的一半以上。

表1.7　光伏产品出口的全球分布情况（亿美元，%）

	2012 年		2013 年 1 月至 3 月	
	出口额	出口占比	出口额	出口占比
亚洲	64.09	27.5	29.67	50.37
非洲	3.25	1.4	1.88	3.2
欧洲	111.90	48.0	17.83	30.26
拉丁美洲	3.42	1.5	0.69	1.17
北美洲	40.47	17.4	7.25	12.3
大洋洲	9.86	4.2	1.58	2.69
所有国家（地区）	232.98	100.00	58.90	100.00

资料来源：海关统计。

从具体国别/地区来看，荷兰、美国、中国香港、德国、日本分列我国光伏产品出口前五位。2012 年，我国出口到上述五国/地区光伏产品分别为 47.05 亿、38.75 亿、26.08 亿、22.34 亿、16.84 亿美元，分别占我国光伏产品出口的 20.2%、16.6%、11.2%、9.6%、7.2%。2013 年一季度，我国对日本、印度等亚洲国家出口快速增长，对日本、印度出口增速高达 3 位数以上，较同期整体出口增速高出 100 个百分点以上。

二、我国光伏产品进出口发展的制约因素

（一）光伏国内市场应用与供给不平衡，行业对外依存度高

尽管我国积极推动光伏国内市场发展，特别是在金太阳示范工程和西部大型电站的带动下，国内光伏发电市场规模不断扩大，但国际市场仍是我国光伏产业发展的重要支撑。根据我国光伏产业联盟统计，2012 年我国光伏电池产量约 2 300 万千瓦，同比增长 15%，约占全球太阳能电池产量的 7 成以上，已经是名副其实的太阳能电池生产制造大国。但同期国内光伏应用市场仍未完全打开，截至 2012 年，我国光伏发电新增装机 350 万千瓦，约占当年全球新增装机的 10% 左右，累计装机占全球累计装机比重仅为个位数，造成国内市场严重滞后于光伏产业发展，光伏太阳能电池产量中约 85% 以上用作出口，其中欧美市场占我国光伏产品市场的 6 成以上，给光伏产品开拓国际市场带来巨大风险，特别是受欧债危机、欧洲光伏补贴下调等不利因素影响下，国际光伏市场需求萎缩，我国光伏产业面临的国际形势更加严峻。

（二）光伏技术设备与产业发展速度不适应，关键设备原料进口依赖度高

近年来，随着我国太阳能光伏行业快速成长，太阳能光伏产业专用设备、仪器的研发生产取得长足进步，从硅片制造、电池生产到组件封装，许多仪器和设备已经形成商品化、规模化生产，本土设备供应商数量不断增长，国内光伏设备的国产率达到约 70%，极大地节省了企业投资成本。但是，光伏产业上游的高纯度多晶硅提炼、硅片切割等核心技术仍掌握在美、日等少数国家手中，关键的技术装备，例如 PECVD 镀膜设备、全自动丝网印刷机、多线切割机等仍依赖进口，高端核心装备进口率仍维持在 60% 以上，一些关键设备技术与国内光伏产业发展不适应，形成"出口石英砂—进口高纯度多晶硅料—出口光伏电池及组件"的不良局面，主要原料和制造装备逆差约百亿美元。2012 年，我国对高纯多晶硅需求规模进一步扩大，根据海关统计，

28046190 项下硅量不少于 99.99% 的高纯多晶硅进口量 8.28 万吨，较 2011 年的 6.46 万吨增长 28.16%，约合 20.96 亿美元，全年出口 0.17 万吨，约合 0.42 亿美元，仅高纯度多晶硅一项贸易逆差就达 21 亿美元。

（三）国外产业政策和贸易政策存在不确定性，产品出口波动率高

在全球光伏市场总体维持增长的同时，主要国家和地区在光伏产业发展政策方面出现了新的变化，以欧盟为代表的传统市场调低上网电价，西班牙、捷克、德国等纷纷采取将上网电价与安装量挂钩、设置补贴上限等方式抑制光伏发电，2012 年深受主权债务危机拖累的欧洲，再次展开新一轮光伏电价补贴下调，其中欧洲安装大国德国下调 20%～30% 的光伏补贴。从贸易政策来看，随着全球经济萎缩，国际光伏产业竞争加剧，贸易保护主义抬头，欧美等发达国家相继对我国光伏产品提起"双反"调查。2012 年 10 月，美国对我国光伏双反案作出终裁决定，征收 18.32%～249.96% 的反倾销税以及 14.78%～15.97% 的反倾销税，2013 年 6 月，欧盟委员会宣布对产自中国的光伏产品征收 11.8% 的临时反倾销税。受国外产业政策和贸易政策不确定性的影响，2012 年，我国光伏产品在连续 7 年增长后首次出现负增长，出口增速由 2009 年的 212.97% 下滑到 2012 年的 -35%，其中对欧美市场深度下跌，对欧盟市场出口下跌幅度超过全部市场下跌幅度约 12 个百分点。2013 年一季度，在整体光伏市场同比呈现正增长的情况下，对欧美市场继续下跌，同比下降达到 40% 以上。

三、对策建议

（一）积极应对光伏贸易摩擦

一是发挥各利益相关方的合力。在政府相关部门指导和支持下，充分调动行业协会、行业联盟在应对贸易摩擦中的作用，协助企业积极应诉，加强与国外企业、行业组织的对话沟通，争取以磋商化解摩擦；二是积极开拓光伏新兴市场。在传统市场受挫的情况下，坚持传统市场与新兴市场共同开拓的原则，选择自然条件适合、产业基础良好的新兴国家，挖掘光伏发展潜力，通过市场多元化保住国际市场份额；三是加强光伏产品进出口预警体系建设。

建立光伏产品进出口年度数据和月度数据监测体系，进行实时监测，对进出口数量增长较快、市场份额变动较快的国外市场开展动态跟踪，从中发现可能对我国进行倾销或反倾销的国别倾向。

（二）加速国内光伏市场应用

一是完善相关部门协调管理。针对目前太阳能产业存在的多头管理的问题，加强政府政策引导，统筹相关机构政策，形成合力，建立国家层面的行业协调机构；二是着力解决太阳能光伏大规模并网发电等瓶颈问题。加强光伏并网技术研发，组织并引导行业加大对储能技术研发支持力度，积极推动应用示范项目的开展和产业化发展，完善光伏发电并网的行业和国家标准；三是加大金融财税支持力度。完善促进光伏产业健康发展的税收优惠、财政补贴和金融扶持政策，鼓励大规模开发利用太阳能光伏发电，扩大国内市场需求，为太阳能光伏发电提供明确稳定的市场，通过政府扶持降低企业进入市场的不确定性，推动国内市场健康快速发展。

（三）培育光伏外贸竞争新优势

一是加强企业技术创新能力。重点推动光伏高端装备制造、零部件等领域的技术引进、吸收和消化能力，针对我国装备技术与产业发展不匹配的状况，加快光伏企业设备更新改造的步伐，制定差别化激励政策，推动光伏企业提高自主创新能力，支持优势企业并购重组，积极淘汰行业落后企业；二是推动光伏对外技术交流合作。积极引进产业高端人才，尤其是高纯度硅料提纯等方面的技术人才，推动光伏产业标准与国际标准接轨，建立产业认证认可制度，建立国际认可的光伏产业检验检测机构；三是推进光伏产品出口模式创新。改变单一光伏产品出口的局面，形成光伏产品带动设备、服务联合出口，鼓励光伏企业建立自主品牌，提升出口产品服务含量，培育以"技术、质量、品牌、服务"为核心的光伏产品出口竞争新优势。

（本部分由张丹撰写）

综合篇

高新技术产品贸易发展形势分析

一、发展机遇

一是全球经济贸易呈现缓慢复苏迹象，主要贸易伙伴需求不振，整体贸易形势维持弱势复苏。2013 年，全球经济低增长态势没有根本改变，主要发达经济体复苏乏力，新兴市场和发展中国家继续温和增长，国际货币基金组织 2013 年 4 月发布的《世界经济展望》预测，2013 年世界经济增长 3.3%，较 2012 年提高 0.1 个百分点，预计发达国家经济增长与 2012 年持平，维持在 1.2%，预计新兴市场和发展中国家增长 5.3%。从全球贸易来看，2013 年全球贸易维持弱势复苏局面，世界贸易组织预计，2013 年世界贸易量增长 3.3%，其中，发达经济体出口和进口均增长 1.4%，发展中国家出口增长 5.3%。受外需不振影响，2013 年一季度，我国与主要贸易伙伴高新技术产品进出口增长不乐观，其中对美国和日本高新产品出口均为个位数增长，分别为 3.5% 和 6.94%，对欧盟出口维持负增长，同比下降 6.83%。

二是新一轮产业技术革命不断发酵，各国加大高技术研发力度，新兴产业加速孵化并不断创造新的进出口需求点。2008 年开始的国际金融危机使全球经济陷入增速放缓阶段，各国重新思考经济增长模式，并推动新一轮产业技术革命在全球兴起。为在新一轮产业技术革命中赢得竞争优势，各国加快培育新兴产业，力争通过发展新技术、培育新产业，抢占世界经济科技战略制高点，美国推出"美国创新战略：确保经济增长与繁荣"，欧盟推出"欧洲2020 战略"，俄罗斯推出"俄罗斯联邦 2020 年创新发展战略"，日本推出"新成长战略"，韩国推出"2020 年产业技术创新的战略思路"。在这轮革命中，高端智能软件、云计算、新型显示与存储方式将为全球市场带来新的商机,新一代信息技术、新材料与新能源等战略性新兴产业将创造新的进出口需求与增长点,不断推动外贸进出口和高技术产品进出口结构优化。

三是国家积极推动创新驱动发展战略,工业转型升级步伐不断加快,宏观政策累积效应加快显现,高新技术产业出口增长获得政策支撑。2012 年,我国政府积极推动创新驱动发展战略,高新技术企业更加注重提升创新能力,国内工业转型升级步伐不断加快,占高新技术产业比重较大的战略性新兴产业投资力度加大,"十八大"报告指出"使经济发展更多依靠战略性新兴产业带动"。从地方来看,多数省市均积极推进战略性新兴产业加快发展,截至 2012 年 5 月,全国 31 个省市区都不同程度地进行了战略性新兴产业布局。2013 年,随着《战略性新兴产业重点产品和服务指导目录》及各项政策措施的不断出台和实施,一批重点工程和重大项目将陆续启动,政策累积效应将加速显现,不断推动高端装备制造、节能环保、新能源等重点产业加快发展,高技术产业出口获得强大的政策支撑。

二、面临挑战

一是高新技术产品贸易结构仍不尽合理,出口方式仍以加工贸易为主,传统比较优势未变,贸易发展对国内产业结构带动效应微弱。在外贸方式转变的带动下,高新技术产品出口中加工贸易方式份额继续缩减,由 2000 年的 88% 下降到 2012 年的 72%,10 年下降约 16 个百分点,推动贸易结构趋向优化。但整体上,我国高新技术产品出口比较优势总体未变,整体上从事的仍属于劳动密集型特征的加工贸易,进口以出口为导向,贸易规模发展与国内产业发展不相适应,与国内高新技术产业相分离,对国内产业发展带动效应微弱,我国高新技术产品贸易面临培育出口竞争力新优势尤为迫切。

二是国内原材料、劳动力成本上升,跨国公司产业链布局调整,高新技术产业稳定利用外资难度加大,高新技术产业出口面临严峻挑战。由于原材料、人力资源等成本不断攀升,我国作为高新技术领域跨国公司外包重要生产加工基地的优势正在丧失,劳动力成本以每年约 20% 的速度增长,如果考虑到物流、关税、工业用地及其他成本要素,制造业优势不断受到削弱,一些跨国公司重新调整全球产业链布局，采取"中国加一"战略，在其他成本更低的亚洲国家另外设立制造基地，将生产转移到孟加拉国、柬埔寨、印度尼西亚和越南等东南亚地区。外资在中国的投资力度呈下降趋势，高新技术领域稳定利用外资规模的难度加大，高新技术产业出口面临严峻挑战。

三是欧美国家贸易保护主义向新兴产业蔓延，高新技术领域贸易摩擦加剧，高新技术产品开拓国际市场难度加大。为遏制我国新能源等战略性新兴产业发展，近年来欧美贸易保护主义向新兴产业领域蔓延，2011 年年底和 2012 年，欧美向我国晶体硅光伏电池产品和风塔发起"双反"调查，并征收高额反倾销、反补贴税，推动贸易争端加剧。由于我国新能源产品出口对欧美等发达市场依存度高，且欧美贸易保护主义对部分新兴市场国家可能产生示范效应，导致我国高新技术产品开拓国际市场难度进一步加大。

三、进出口展望

2013 年我国高新技术产品进出口面临的形势更加复杂，有三大不确定因素。

一是外需回暖程度的不确定。进入 2013 年，表征国际贸易领先指标的波罗的海干散货指数（BDI）在 800 点上下振荡徘徊，春节后持续上涨，说明随着节后需求恢复、企业开工率回升及补库存需求等因素带动，全球贸易呈复苏回暖迹象。但整体来看，全球经济复苏步伐艰难，经济回暖的不确定性和脆弱性增强。进入 4 月份，该指数有所下降，说明全球贸易增长乏力，国际货币基金组织将 2013 年全球贸易增幅的预期从 3.8% 下调到 3.6%。

二是新兴产业贸易发展的不确定。尽管 2012 年风电、生物医药等新兴产业领域总体表现不俗，成为高新技术领域和外贸发展的新亮点。但新兴产品进出口规模十分有限，目前新兴产业还未成为支撑高新技术产品出口的增长引擎。

三是贸易保护主义措施的不确定。2013 年，高新技术领域的贸易保护主义仍是我国产品开拓国际市场的重要挑战之一。高新技术领域贸易壁垒走向复杂化、隐蔽化，并不断向新兴产业领域蔓延，发达国家的贸易保护措施产生的示范效应也加重了开拓新兴市场的难度，2013 年贸易保护主义的形式、发起国别、发起频率、可能裁定的结果存在着诸多不确定因素。

综合考虑各种因素，预计 2013 年我国高新技术产品进出口将保持增长态势，增速较 2012 年有所提高，但总体增幅将趋于平缓。

（本部分由张丹撰写）

中国高新技术产品贸易发展情况

一、2012年高新技术产品进出口整体情况

（一）全年进出口增幅高于外贸和机电产品

2012年我国高新技术产品进出口总额 11 079.47 亿美元，同比增长 9.5%，增长幅度高于外贸和机电产品进出口（分别为 6.2% 和 6.7%），占外贸进出口总额的 28.7%。其中，高新技术产品出口 6 011.96 亿美元，同比增长 9.55%，增长幅度高于外贸和机电产品出口（7.9% 和 8.7%），占外贸出

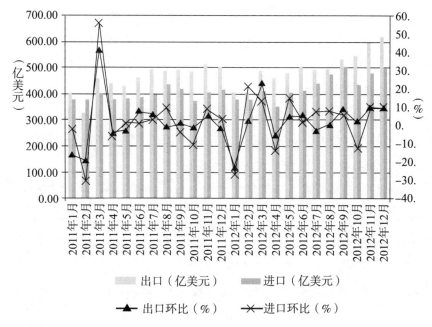

图 2.1 2011—2012 年高新技术产品进出口月度数据

资料来源：海关统计。

口总额的 29.3%；进口 5 067.51 亿美元，同比增长 9.45%，增长幅度高于外贸和机电产品进口（分别为 4.3% 和 3.8%），占外贸进口总额的 27.9%。

（二）进出口月度前低后高，下半年出口稳步回升

2012 年 1 月至 2 月，受季节性和春节等节日影响，高新技术产品进口金额、出口金额为全年最低。3 月起，进出口缓慢回升，出口环比 22.54%，进口环比 13.04%，4、5 月份进出口略有回调，下半年高新技术产品出口稳步回升，12 月出口达到月度峰值，当月出口 620.2 亿美元。

二、2012 年高新技术产品进出口结构分析

（一）高新技术产品出口结构特征

一是计算机与通信技术类仍居主导地位，多数领域产品出口保持增长。从行业领域上分析，计算机与通信技术类仍是高新技术产品出口的主要领域，全年出口额 4 192.69 亿美元，同比增长 6.70，占高新技术产品出口总额的 69.74%，排第二位的是电子技术类，出口额 1 015.26 亿美元，同比增长 17.28%，占高新技术产品出口总额的 16.89%。在高新技术产品 9 大领域中，其他技术、材料技术、航空航天技术类出口下降；其他技术类跌幅最大，同比下降 12.23%，航空航天技术类降幅次之，同比下降 3.47%。材料技术类同比下降 2.40%。除此 3 类领域外，其他 6 类技术领域出口保持增长。其中光电技术类出口增幅最高，同比增长 23.04%，生命科学技术类 17.30%，生物技术类 14.00%，计算机集成制造技术类 0.62%。

从单类出口产品来看，便携数字式自动数据处理设备、手持式无线电话机、液晶显示板分别居全部高新技术单类产品前三位。其中，便携式自动数据处理设备出口 1 137.84 亿美元，同比增长 7.46%，占高新技术产品出口的 18.93%；手持式无线电话机出口 1 015.26 亿美元，同比增长 17.28%，占高新技术产品出口的 16.89%；液晶显示板出口 362.54 亿美元，同比增长 22.88%，占高新技术产品出口的 6.03%。

表 2.1　2012 年高新技术产品各领域出口情况

	累计金额（亿美元）	同比（%）		占比（%）	
		2012 年同比	较 2011 年变动	2012 年占比	较 2011 年变动
生物技术	4.72	14.00	↓2.5	0.08	↓0.02
生命科学技术	209.25	17.30	↓11.4	3.48	↑0.18
光电技术	395.01	23.04	↑10.84	6.57	↑0.67
计算机与通信技术	4 192.69	6.70	↓3.7	69.74	↓1.86
电子技术	1 015.26	17.28	↑5.48	16.89	↑1.09
计算机集成制造技术	98.65	10.62	↓5.08	1.64	↓0.04
材料技术	46.07	−2.40	↓9.1	0.77	↓0.13
航空航天技术	44.37	−3.47	↓35.07	0.74	↓0.06
其他技术	5.94	−12.23	↓72.53	0.10	↓0.02

资料来源：海关统计。

表 2.2　2012 年高新技术产品前五位出口产品

序号	产品	出口（亿美元）	同比（%）	占比（%）
1	［8471300000］重量≤10 公斤的便携数字式自动数据处理设备	1 137.84	7.46	18.93
2	［8517121000］手持（包括车载）式无线电话机	810.25	29.11	13.48
3	［9013803000］液晶显示板	362.54	22.88	6.03
4	［8517703000］手持式无线电话机的零件（天线除外）	287.34	2.84	4.78
5	［8542310000］处理器及控制器	270.57	59.48	4.5

资料来源：海关统计。

二是进料加工贸易仍是高新技术产品出口的主要方式，一般贸易出口增幅高于加工贸易增幅。从贸易方式上分析，全年进料加工贸易方式出口高新技术产品为 3 978.35 亿美元，同比增长 4.02%，占高新技术产品出口总额的 66.17%。来料加工贸易方式出口高新技术产品 339.00 亿美元，同比下降 14.52%。加工贸易总体出口 4 317.36 亿美元，同比增长 2.28%，占高新技产品出口总额的 71.81%。一般贸易方式出口 944.88 亿美元，同比增长 5.18%，较加工贸易方式出口增幅高出 2.9 个百分点，占高新技术产品出口总额的 15.72%。

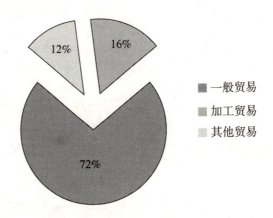

图 2.2　2012 年高新技术产品出口占比（按贸易方式）

资料来源：海关统计。

从贸易方式结构变化来看，相比于 2011 年，2012 年高新技术产品的贸易方式结构趋向优化，一般贸易和加工贸易方式累计比重均有所下降，但加工贸易方式占比下降幅度较大，较 2011 年下降了 5 个百分点。

表 2.3　2012 年高新技术产品出口（按贸易方式）

	累计金额 （亿美元）	同比增长 （%）	贸易方式占累计 总额比重（%）	贸易方式累计 比重增减（%）
一般贸易	944.88	5.18	15.72	−0.65
加工贸易	4 317.36	2.28	71.81	−5.11
其他贸易	749.73	103.51	12.47	5.76

资料来源：海关统计。

2012 年，以其他贸易方式出口的高新技术产品合计 749.73 美元，同比增长 103.51%，占高新技术产品出口的 12.47%，较 2011 年占比提高了 5.77 个百分点。其中，特殊监管区域物流货物出口的高新技术产品 666.06 亿美元，同比增长 145.46%，占高新技术产品出口的 11.08%，较 2011 年 4.94% 提高 6.14 个百分点；以国家间、国际组织无偿援助和赠送的高新技术产品物资 1.96 亿美元，同比增长 87.47%，占高新技术产品出口的 0.03%，较 2011 年的 0.02 提高了 0.01 个百分点；以出料加工贸易①方式出口的高新技术产品增长迅猛，出口 0.32 亿美元，同比增长 2456.83%，占高新技术产品出口的 0.01%。

表 2.4　2012 年其他贸易方式出口的高新技术产品（亿美元，%）

	出口	同比	占高新比重
特殊监管区域物流货物	666.06	145.46	11.08
保税监管场所进出境货物	65.67	−20.52	1.09
对外承包工程出口货物	8.19	12.54	0.14
边境小额贸易	5.76	15.43	0.1
国家间、国际组织无偿援助和赠送的物资	1.96	87.47	0.03
其他	1.69	64.22	0.03
出料加工贸易	0.32	2 456.83	0.01
其他贸易合计	749.73	103.51	12.47

资料来源：海关统计。

三是外资企业仍是我高新技术产品出口的主体，其他企业出口保持两位数增长。从企业性质上分析，外资企业仍是我高新技术产品出口的主体。全年外资企业出口高新产品 4 706.02 亿美元，同比增长 3.94%，占高新技术产品出口总额的 78.28%，较 2011 年下降 4.22 个百分点，说明高新技术产品出口的主体结构趋向优化。其他企业出口增速达 50.08%，出口额 963.85 亿美元，占高新技术产品出口总额的 16.03%，较 2011 年提高了 4.33 个百分点。国有企业出口 342.09 亿美元，同比增长 7.53%，占高新技术产品出口总额的 5.69%，较 2011 年下降了 0.11 个百分点。

---

① 出料加工贸易指将我境内原辅料、零部件、元器件或半成品交由境外厂商按我方要求进行加工或装配，成品复运进口，我方支付工缴费的交易形式。

表 2.5　2012 年高新技术产品出口（按企业性质）

企业性质	累计金额（亿美元）	同比增长（%）	企业性质占累计总额比重（%）	企业性质累计比重增减（%）
外资企业	4 706.02	3.94	78.28	−4.22
国有企业	342.09	7.53	5.69	−0.11
其他企业	963.85	50.08	16.03	4.33

资料来源：海关统计。

四是东部沿海地区是我高新技术产品出口主要货源地，部分中西部省市出口增速突出。从地域分布上分析，东部沿海地区是我高新技术产品出口主要货源地。全年东部地区出口 5 334.95 亿美元，同比增长 4.52%，占高新技术产品出口总额的 88.74%，中部地区出口 304.23 亿美元，同比增长 77.56%，占高新技术产品出口总额的 5.06%，西部地区出口 372.79 亿美元，同比增长 75.44%，占高新技术产品出口总额的 6.02%。2012 年，中西部地区加快承接东部地区高新技术产品转移步伐，中西部省份出口的高新技术产品合计占全国高新技术产品出口比重首次超过 10%。

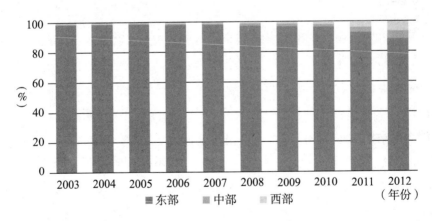

图 2.3　2003—2012 年不同地域高新技术产品出口占比情况

资料来源：海关统计。

从具体省份来看，广东省出口 2 265.05 亿美元，同比增长 12.04%，占全国高新技术产品出口总额的 37.68%，继续保持第一。江苏、上海、天津、四川依次排在二至五位，上述 5 省高新技术产品出口总额达到 4 857.72 亿美元，占全国高新技术产品出口总额的 80.80%。河南、重庆、山西、青海等中西部省市高新技术产品出口增长突出，分别达到 185.79%、151.55%、231.72%、208.67%。

表 2.6　2012 年各省市高新技术产品出口情况

金额排序	省（市）	金额（亿美元）	同比（%）	省市占比（%）
1	广东省	2 265.05	12.04	37.68
2	江苏省	1 329.11	2.00	22.11
3	上海市	900.37	−3.25	14.98
4	天津市	190.10	9.53	3.16
5	四川省	173.09	51.99	2.88
6	河南省	164.42	185.79	2.73
7	浙江省	148.76	−4.29	2.47
8	重庆市	148.32	151.55	2.47
9	山东省	147.12	−5.01	2.45
10	福建省	138.37	2.91	2.30
11	北京市	133.74	0.20	2.22
12	辽宁省	50.04	−14.15	0.83
13	湖北省	49.90	15.48	0.83
14	江西省	33.76	−14.32	0.56
15	河北省	32.28	−16.61	0.54
16	陕西省	27.96	35.14	0.47
17	山西省	19.52	231.72	0.32
18	湖南省	14.63	70.67	0.24
19	广西壮族自治区	14.28	64.00	0.24
20	安徽省	12.76	35.43	0.21
21	海南省	3.56	14.11	0.06
22	吉林省	2.94	14.21	0.05
23	黑龙江省	2.73	68.67	0.05
24	云南省	2.44	20.45	0.04
25	内蒙古自治区	2.05	−48.15	0.03

续　表

金额排序	省（市）	金额（亿美元）	同比（%）	省市占比（%）
26	甘肃省	1.28	-0.58	0.02
27	新疆维吾尔自治区	1.24	-16.92	0.02
28	贵州省	0.91	36.90	0.02
29	宁夏回族自治区	0.87	28.42	0.01
30	西藏自治区	0.21	99.85	0.00
31	青海省	0.14	208.67	0.00

资料来源：海关统计。

　　五是中国香港仍是我国高新技术产品第一出口市场，对部分新兴市场出口保持快速增长。从贸易国别上分析，中国香港是我高新技术产品第一出口市场。2012年我对香港出口1 701.64亿美元，同比增长25.1%，占高新技术产品出口的28.3%。美国、欧盟、东盟、日本依次排在二至五位。我对上述5个贸易伙伴共出口4 646.27亿美元，占高新技术产品出口的77.0%。

　　2012年，我国对主要发达经济体高新技术产品出口低迷，对欧、美、日出口增速分别为-9.74%、8.02%、9.42%，均低于9.55%的平均增长水平；对俄罗斯出口高新技术产品67.22亿美元，同比增长15.73%，高于出口平均增速6个百分点。

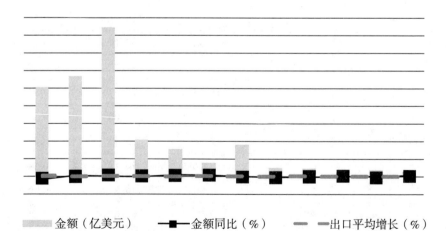

图2.4　2012年我国对主要贸易伙伴高新技术产品出口情况

资料来源：海关统计。

（二）高新技术产品进口结构特征

一是电子技术类产品是我国高新技术类主要进口产品，9 个领域中有 7 个领域进口增长。我国高新技术产品主要进口产品是电子技术类产品。全年电子技术类进口为 2 383.74 亿美元，同比增长 11.40%，占高新技术产品进口总额的 47.04%，计算机与通信技术类进口额处于第二位，进口 1 224.49 亿美元，同比增长 15.89%，占高新技术产品进口总额的 24.16%。高新技术产品 9 个领域中 2 个领域进口下降，其中跌幅较大的是其他技术类，同比下降 22.70%，占高新技术产品进口总额的 0.20%，其次是计算机集成制造技术类，同比下降 22.63%，占高新技术产品进口总额的 7.16%。增速最快的是航空航天技术类，累计进口 242.05 亿美元，同比增长 28.99%，其次是生命科学技术类，累计进口 193.57 亿美元，同比增长 22.49%。

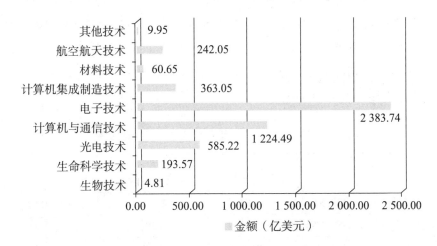

图 2.5　2012 年各类高新技术产品进口情况

资料来源：海关统计。

从单类进口产品来看，处理器及控制器、液晶显示板、存储器分别居全部高新技术单类产品前三位。其中，处理器及控制器进口 1 083.35 亿美元，同比增长 10.45%，占高新技术产品进口的 21.38%；液晶显示板进口 503.01 亿美元，同比增长 6.59%，占高新技术产品进口的 9.93%；存储器进口 379.77 亿美元，同比增长 8.14%，占高新技术产品进口的 7.49%。

表2.7　2012年高新技术产品进口前五位产品

序号	产 品	进口（亿美元）	同比（%）	占比（%）
1	［8542310000］处理器及控制器	1 083.35	10.45	21.38
2	［9013803000］液晶显示板	503.01	6.59	9.93
3	［8542320000］存储器	379.77	8.14	7.49
4	［8542390000］其他集成电路	365.79	16.76	7.22
5	［8517703000］手持式无线电话机的零件（天线除外）	266.10	40.2	5.25

资料来源：海关统计。

　　二是进料加工贸易是高新技术产品进口的主要方式，一般贸易方式进口增幅低于加工贸易进口增幅。全年进料加工贸易方式进口的高新技术产品为2 019.84亿美元，同比增长6.67%，占高新技术产品进口总额的39.86%，来料加工贸易方式进口高新技术产品339.42亿美元，同比下降16.40%。加工贸易总体进口2 359.27亿美元，同比增长2.59%，占高新技术产品进口总额的46.56%。一般贸易方式进口1 239.37亿美元，同比增长0.85%，占高新技术产品进口总额的24.46%。

表2.8　2012年高新技术产品进口（按贸易方式）

	金额（亿美元）	同比（%）	贸易方式占累计总额比重（%）	贸易方式累计比重增减（%）
一般贸易	1 239.37	0.85	24.46	−2.09
加工贸易	2 359.27	2.59	46.56	−3.11
其他贸易	1 468.87	33.37	28.99	5.2

资料来源：海关统计。

　　2012年，以其他贸易方式进口的高新技术产品1 468.87亿美元，同比增长33.37%，占高新技术产品进口的28.99%，较2011年提高了5.2个百分点。其中，特殊监管区域物流货物进口的高新技术产品1 118.73亿美元，同比增长52.06%，占高新技术产品进口的22.08%，为其他贸易方式高新技术产品中进口最多的贸易方式，从增长速度来看，出料加工贸易方式高新技术产品进口增长迅猛，同比增长3 118.48%，占高新技术产品进口的0.01%。

表 2.9　2012 年以其他贸易方式进口的高新技术产品情况（亿美元，%）

	金额	同比	占比
特殊监管区域物流货物	1 118.73	52.06	22.08
保税监管场所进出境货物	158.48	− 11.35	3.13
租赁贸易	65.08	24.99	1.28
外商投资企业作为投资进口的设备、物品	59.65	− 28.2	1.18
特殊监管区域进口设备	48.67	29.7	0.96
其他	8.56	42.51	0.17
加工贸易进口设备	6.37	12.42	0.13
其他捐赠物资	2.81	16.47	0.06
出料加工贸易	0.41	3 118.48	0.01
国家间、国际组织无偿援助和赠送的物资	0.10	11.39	0.
边境小额贸易	0.02	− 22.52	0.
免税外汇商品	0.00	308.03	0.
其他贸易合计	1 468.87	33.37	28.99

资料来源：海关统计。

三是外资企业是我国高新技术产品进口的主要主体，其他企业进口两位数增长。全年外资企业进口高新产品 3 656.33 亿美元，同比增长 4.85%，占高新进口总额的 72.15%。其他企业进口高新产品 900.98 亿美元，同比增长 42.66%，占高新技术产品进口的 17.78%。国有企业进口 510.20 亿美元，同比下降 0.18%，占高新技术产品进口的 10.07%。

表 2.10　2012 年我国高新技术产品进口（按企业性质）

企业性质	累计金额（亿美元）	同比增长（%）	企业性质占累计总额比重（%）	企业性质累计比重增减（%）
外资企业	3 656.33	4.85	72.15	− 3.17
国有企业	510.20	− 0.18	10.07	− 0.97
其他企业	900.98	42.66	17.78	4.14

资料来源：海关统计。

四是东部地区仍是我国高新技术产品进口的主要目的地，部分中西部省市呈 3 位数增长。从地域分布上分析，我国高新技术产品进口目的地主要集中在东部地区。全年东部地区进口 4 542.43 亿美元，同比增长 6.84%，占高新技术产品进口总额的 89.64%，中部地区进口 257.26 亿美元，同比增长 45.9%，占高新技术产品进口总额的 5.08%，西部地区进口 267.83 亿美元，同比增长 32.68%，占高新技术产品进口总额的 5.29%。

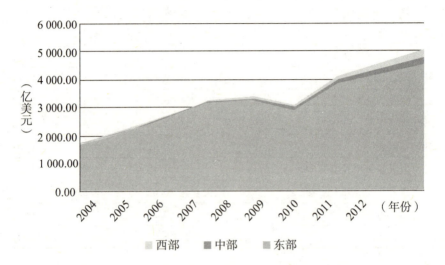

图 2.6　2012 年不同区域高新技术产品进口情况

资料来源：海关统计。

从具体省份来看，广东省进口 1 878.23 亿美元，同比增长 12.09%，占全国高新技术产品进口总额的 37.06%。江苏、上海、北京、天津依次排在二至五位，上述 5 省高新技术产品进口总额达到 4 097.70 亿美元，占全国高新技术产品进口总额的 80.86%。河南、重庆等省市高新技术产品进口出现了 3 位数增长，分别为 179.48%、111.55%。

表 2.11　2012 年各省区市高新技术产品进口情况

金额排序	省（市）	金额（亿美元）	同比（%）	省市占累计总额比重（%）
1	广东省	1 878.23	12.09	37.06
2	江苏省	905.57	0.46	17.87
3	上海市	837.85	8.66	16.53
4	北京市	250.66	-6.94	4.95
5	天津市	225.38	19.62	4.45

续 表

金额排序	省（市）	金额（亿美元）	同比（％）	省市占累计总额比重（％）
6	山东省	158.51	5.34	3.13
7	福建省	133.99	6.82	2.64
8	河南省	129.30	179.48	2.55
9	四川省	125.13	15.79	2.47
10	浙江省	89.04	−7.95	1.76
11	重庆市	83.34	111.55	1.64
12	辽宁省	50.18	−7.97	0.99
13	陕西省	34.75	−0.86	0.69
14	湖北省	32.32	−3.48	0.64
15	吉林省	21.18	27.19	0.42
16	海南省	15.43	−18.31	0.30
17	江西省	14.69	−17.94	0.29
18	山西省	14.60	21.97	0.29
19	安徽省	13.22	−25.25	0.26
20	河北省	13.01	−30.38	0.26
21	湖南省	11.92	21.78	0.24
22	广西壮族自治区	11.85	60.27	0.23
23	黑龙江省	4.60	24.88	0.09
24	云南省	3.49	36.63	0.07
25	甘肃省	2.04	61.20	0.04
26	内蒙古自治区	2.04	45.17	0.04
27	贵州省	1.60	23.40	0.03
28	新疆维吾尔自治区	1.60	−43.26	0.03
29	宁夏回族自治区	0.77	−23.95	0.02
30	青海省	0.73	145.62	0.01
31	西藏自治区	0.47	−63.66	0.01

资料来源：海关统计。

五是韩国位居我国高新技术产品第一大进口货源地。2012年我自韩国进口857.83亿美元，同比增长11.57％，占我高新技术产品进口的16.93％。中国台湾、东盟、日本和欧盟依次排在二至五位。我自上述5个贸易伙伴共进口 3 560.47 亿美元，占我高新技术产品进口的 70.0%。

2012 年，我国自日本进口高新技术产品降幅较大，全年进口 549.6 亿美元，同比下降 6.08%，国别占比 10.85%，累计占比下降 1.79 个百分点。同期，我国自欧盟高新技术产品进口增速下降，由 2011 年的 26.3% 下降到 2012 年的 4.66%，国别累计占比由 2011 年的 9.9% 下降到 2012 年的 9.43%，下降了 0.43 个百分点。

表 2.12　2012 年高新技术产品进口情况（按国别/地区）

	累计金额（亿美元）	同比增长（%）	国别占比（%）	国别占比增减（%）
韩国	857.83	11.57	16.93	0.32
中国台北	844.62	14.61	16.67	0.75
日本	549.60	−6.08	10.85	−1.79
欧盟 27	477.71	4.66	9.43	−0.43
美国	324.83	12.14	6.41	0.15
香港	24.62	−25.6	0.49	−0.23
加拿大	20.02	−12.38	0.39	−0.1
墨西哥	19.36	−4.62	0.38	−0.06
俄罗斯	4.04	−39.03	0.08	−0.06

资料来源：海关统计。

三、2012 年部分重点行业进出口情况

近年来，全球以太阳能、风能为代表的可再生能源发展迅速，我国可再生能源在国际市场的拉动下也得到迅猛发展，特别是进出口保持较快增长，值得关注。2012 年，太阳能光伏产业贸易受内外交困影响，呈现量价齐跌局面。

（一）太阳能行业

2012 年，我国太阳能光伏产品进出口总额 289.5 亿美元，同比下降 32.0%。其中出口额 233.0 亿美元，同比下降 35.0%，出口数量同比下降 8.1%，出口价格同比下降 29.2%；进口额 56.6 亿美元，同比下降 16.1%，

进口数量同比下降9.2%，进口价格同比下降7.6%。

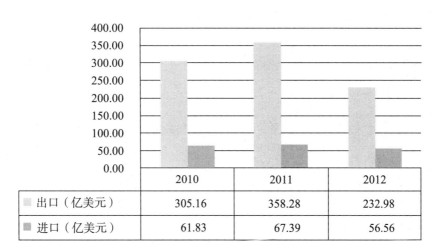

	2010	2011	2012
■ 出口（亿美元）	305.16	358.28	232.98
■ 进口（亿美元）	61.83	67.39	56.56

图 2.7　2010—2012 年我国太阳能光伏产品进出口情况

资料来源：海关统计。

一是太阳能电池片及组件仍占据主导地位，进出口同比降幅高于光伏产品整体降幅。2012 年，我国太阳能电池片及组件出口额 149.7 亿美元，占全部光伏产品出口的 64.2%，同比下降 42.1%，高出光伏整体出口降幅 7.1 个百分点。从进口来看，太阳能电池及组件进口 28.14 亿美元，占全部光伏产品进口的 49.7%，同比下降 20.0%，高出光伏整体进口降幅近 4 个百分点。

表 2.13　2012 年光伏分类产品进出口情况（亿美元，%）

序号	商品名称	出口额	出口占比	出口同比	进口额	进口占比	进口同比
	合计	232.98	100.0	−35.0	56.56	100.0	−16.1
1	太阳能电池	127.75	54.8	−43.7	12.81	22.6	−36.5
2	未列名具有独立功能的电气设备及装置	72.54	31.1	−17.9	22.90	40.5	−15.1
3	其他光敏半导体器件	22.0	9.4	−31.2	15.33	27.1	2.2
4	其他逆变器	5.99	2.6	16.2	2.58	4.5	2.6
5	其他 P < 10KW 交流稳压电源，精度低于千分之一	3.65	1.6	−24.3	1.07	1.9	−29.4
6	未列名发电机组	1.05	0.5	−16.6	1.88	3.3	56.5

资料来源：海关统计。

二是加工贸易占据主导地位，进出口同比降幅高于一般贸易。从出口来看，太阳能光伏产品加工贸易出口额 139.4 亿美元，同比下降 39.9%，占比 59.8%；一般贸易出口额为 82.6 亿美元，同比下降 28.1%，占比 35.5%。从进口来看，光伏加工贸易进口 26.0 亿美元，同比下降 30.2%，占比 45.9%；一般贸易进口 22.5 亿美元，同比增长 4.2%。

表 2.14　2012 年按贸易方式光伏产品进出口情况（亿美元，%）

序号	贸易方式	出口额	出口占比	出口同比	进口额	进口占比	进口同比
1	一般贸易	82.58	35.5	−28.1	22.50	39.8	4.2
2	加工贸易	139.42	59.8	−39.9	25.98	45.9	−30.2
	来料加工装配贸易	6.40	2.8	−34.6	0.85	1.5	−77.7
	进料加工贸易	133.02	57.1	−40.1	25.13	44.4	−24.8

资料来源：海关统计。

三是江苏省是我国光伏产品出口最大的省份。2012 年，江苏省太阳能光伏产品出口额为 96.1 亿美元，同比下降 36.3%，出口占比 41.2%；北京市和天津市光伏产品出口同比有所上涨，分别同比上涨 39.4% 和 24.3%。

表 2.15　2012 年国内主要省份光伏产品进出口情况（亿美元，%）

序号	省份	出口额	出口占比	出口同比	出口数量占比	出口数量同比	出口家数
1	江苏	96.08	41.2	−36.3	49.2	4.6	44
2	广东	48.61	20.9	−29.8	20.0	−21.4	46
3	浙江	18.31	7.9	−45.6	1.5	33.0	34
4	上海	16.37	7.0	−40.4	7.7	−14.2	32
5	河北	12.42	5.3	−41.0	0.3	−46.9	12
6	山东	5.72	2.5	−25.0	0.5	12.7	35
7	江西	5.58	2.4	−66.2	0.4	80.3	21
8	天津	5.23	2.2	39.4	5.5	−39.2	21
9	北京	4.74	2.0	24.3	0.1	−16.5	25
10	福建	3.49	1.5	−13.7	1.4	152.2	16

资料来源：海关统计。

四是我对欧美等传统市场出口持续下降，东盟市场呈现高增长态势；日本、乌克兰、韩国、越南和丹麦成为我太阳能光伏产品出口新兴市场。2012
年，我国太阳能光伏产品对欧洲出口额为 111.9 亿美元，同比下降 45.1%，
高于整体出口降幅 10.1 个百分点，出口占比为 48.0%，其中对欧盟出口占比
46.1%，仍为我国光伏产品最大出口市场；我对东盟和非洲光伏产品出口增
长分别为 22.1% 和 10.9%。

表 2.16   2012 年全球不同区域光伏产品出口情况（万美元，%）

地区	出口额	出口占比	出口同比	进口额	进口占比	进口同比
全球	2 329 830.4	100.0	−35.0	565 630.4	100.0	−16.1
亚洲	640 888.4	27.5	−15.4	440 998.0	78.0	−16.1
东盟 10 国	88 436.5	3.8	22.1	46 299.2	8.2	−31.3
中东	31 382.1	1.4	4.0	4 576.2	0.8	27.8
非洲	32 509.4	1.4	10.9	8.6	0.0	−82.5
欧洲	1 119 002.1	48.0	−45.1	71 939.7	12.7	−26.1
欧盟 27	1 073 114.8	46.1	−46.5	65 630.8	11.6	−19.6
欧盟 15 国	1 034 454.4	44.4	−46.9	63 727.0	11.3	−20.6
欧盟东扩 12 国	38 660.3	1.7	−36.5	1 903.8	0.3	29.8
拉丁美洲	34 166.1	1.5	6.7	1 458.4	0.3	−39.0
北美洲	404 708.0	17.4	−31.7	50 586.7	8.9	6.1
大洋洲	98 556.5	4.2	−24.9	632.5	0.1	−10.0

资料来源：海关统计。

从出口国家来看，我对荷兰出口居首，达 47.1 亿美元，同比下降
17.5%，占比 20.2%；对日本出口 16.8 亿美元，同比增长 63.4%；对乌克
兰、韩国、越南和丹麦出口同比分别增长 61.1%、26.8%、
102.4%、373.4%。

表 2.17   2012 年光伏产品出口国家数据统计（万美元，%）

国别（地区）		出口额	出口占比	出口同比	进口额	进口占比	进口同比
1	荷兰	470 531.2	20.2	−17.5	1 188.1	0.2	−39.4
2	美国	387 473.8	16.6	−30.5	45 282.4	8.0	10.8

	国别（地区）	出口额	出口占比	出口同比	进口额	进口占比	进口同比
3	中国香港	260 808.1	11.2	−39.9	1 521.1	0.3	−42.5
4	德国	223 384.8	9.6	−61.8	36 095.0	6.4	−26.9
5	日本	168 355.0	7.2	63.4	96 571.5	17.1	7.3
6	比利时	112 941.3	4.8	−36.3	1 073.0	0.2	−24.7
7	澳大利亚	96 795.5	4.2	−25.3	618.1	0.1	−8.6
8	意大利	85 669.9	3.7	−78.4	9 655.8	1.7	6.4
9	英国	44 404.4	1.9	−31.4	5 208.9	0.9	−27.5
10	乌克兰	34 866.1	1.5	61.1	26.3	0.0	−39.5
11	印度	32 951.4	1.4	−46.3	573.0	0.1	−56.8
12	泰国	30 108.2	1.3	−1.5	9 394.7	1.7	−36.6
13	希腊	29 931.2	1.3	−11.1	2.9	0.0	1495.1
14	韩国	27 094.3	1.2	26.8	46 302.8	8.2	−3.4
15	西班牙	23 057.9	1.0	−45.6	547.2	0.1	18.3
16	法国	21 469.1	0.9	−66.5	2 997.1	0.5	14.5
17	越南	19 242.1	0.8	102.4	176.3	0.0	74.8
18	加拿大	17 234.1	0.7	−51.0	5 304.3	0.9	−21.9
19	丹麦	15 779.7	0.7	373.4	1 033.6	0.2	−15.8
20	中国台湾	15 121.0	0.7	−17.7	104 168.6	18.4	−22.0

资料来源：海关统计。

（二）风电行业

2012 年，风力发电机组及零件进出口 14.69 亿美元，同比增长 40.69%，其中，风力发电机组及零件出口 14.42 亿美元，同比增长 47.42%；进口 0.27 亿美元，同比下降 59.12%。

一是风力发电机组零件进出口总额超过整机，零件进出口增速均快于整机进出口。2012 年，发电机组零件进出口 9.99 亿美元，同比增长 46.61%，风力发电机组进出口 4.70 亿美元，同比增长 29.57%。其中，零件出口 9.75 亿美元，同比增长 55.44%，风力发电机组出口 4.67 亿美元，同比增长 32.97%，零件进口 0.24 亿美元，同比下降 56.33%，风力发电机组进口 0.03 亿美元，同比下降 72.02%。

表 2.18　2012 年风力发电机组及零件进出口情况（亿美元，%）

	进出口	同比	出口	同比	进口	同比
［8502310000］风力发电机组	4.70	29.57	4.67	32.97	0.03	− 72.02
［8503003000］子目号 850231 所列发电机组零件	9.99	46.61	9.75	55.44	0.24	− 56.33

资料来源：海关统计。

二是一般贸易方式占进出口主体，出口增幅超过加工贸易增幅。从出口来看，我国以一般贸易方式出口的风力发电机组及零件 8.0 亿美元，占出口的 55.48%，同比增长 61.25%，超过 47.42% 的平均增幅近 14 个百分点，超过加工贸易出口增幅约 7 个百分点。从进口来看，一般贸易方式进口 0.22 亿美元，占 81.48%，同比下降 60.64%。

表 2.19　2012 年风力发电机组及零件进出口（按贸易方式）

	出口（亿美元）	出口同比（%）	进口（亿美元）	进口同比（%）
一般贸易	8.0	61.25	0.22	− 60.64
加工贸易	5.94	54.14	0.04	− 15.56
其他贸易	0.48	− 50.4	0.01	− 81.81

资料来源：海关统计。

三是外资企业为进出口主体，各类企业出口两位数增长。从出口来看，外资企业出口风力发电机组及零件 7.89 亿美元，占出口一半以上，各类企业均实现两位数增长，其中，其他企业增长最快，同比增长 52.52%。从进口来看，外资企业进口 0.11 亿美元，占 40.74%，同比下降 41.13%，在各类企业中降幅最低。

表 2.20　2012 年风力发电机组及零件进出口（按企业性质）

	出口（亿美元）	出口同比（%）	进口（亿美元）	进口同比（%）
国有企业	3.32	43.98	0.07	− 74.88
外资企业	7.89	50.97	0.11	− 41.13
其他企业	3.21	52.52	0.09	− 53.94

资料来源：海关统计。

（本部分由张丹撰写）

全球高新技术产品贸易发展概况

2012 年，在国际市场需求下滑、国际贸易规模缩小的影响下，全球高新技术产品贸易有所下降，但是与国际贸易增速相比，仍表现出较强的产品竞争力。高新技术产品贸易已经成为影响国际贸易构成变化的最主要因素，也成为决定各国产业国际竞争力提高的主要原因，高新技术产业贸易强烈地影响着各国参与国际分工的水平和层次，对于一个国家产业结构的提升、技术水平的升级和充分吸收经济全球化带来的利益都有极其重要的作用。

一、2012 年全球高新技术产品贸易发展概况

2012 年，全球高新技术产品贸易规模有所下降，但下降幅度小于全球国际贸易下降幅度。全球高新技术产品贸易总量在地域分布上相对集中于欧洲、北美、亚洲和大洋洲，新兴和发展中国家高新技术产品贸易增长速度较快。计算机与通信技术产品、电子技术产品和生命科学技术产品成为全球主要的高新技术贸易产品。

（一）2012 年全球高新技术产品贸易发展规模与速度

2012 年，全球高新技术产品出口贸易规模达到 28 002.2 亿美元，同比下降 0.6%，比全球出口贸易总额增速高 7.2 个百分点，占全球出口贸易总额的 17.5%；全球高新技术产品进口贸易规模达到 29 755.9 亿美元，同比下降 1.3%，比全球进口贸易总额增速高 3.8 个百分点，占全球进口贸易总额的 17.8%。

（二）2012 年全球高新技术产品出口贸易国别结构

2012 年，高新技术产品出口贸易前三位的国家分别为中国、美国和德国，高新技术产品出口额分别达到 5 367.0 亿美元、2 615.0 亿美元和 2 475.8 亿美

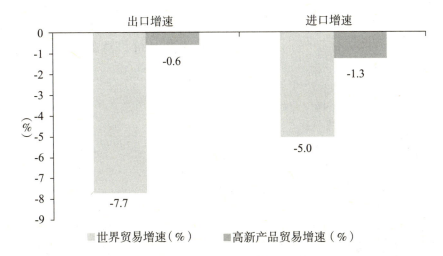

图2.8　2012年全球高新技术产品贸易增速与全球整体贸易增速对比

资料来源：根据 UN COMTRADE 数据库整理计算。

元，占全球高新技术产品出口总额的比重分别为19.2%、9.3%和8.8%。

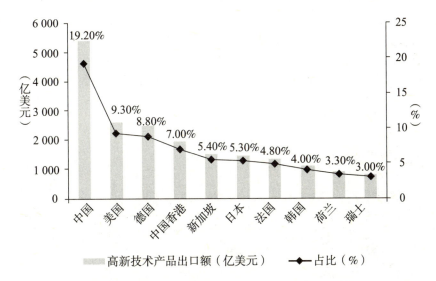

图2.9　2012年全球高新技术产品出口贸易额

前10位的国家（地区）占比

资料来源：根据 UN COMTRADE 数据库整理计算。

（三）2012年全球高新技术产品进口贸易国别结构

2012年，高新技术产品进口贸易位列前三位的国家（地区）分别为美国、中国和中国香港，高新技术产品进口额分别达到 4 455.7 亿美元、4 431.2 亿美元和 2 233.2 亿美元，占世界高新技术产品进口总额的比重分别为 15.0%、14.9% 和 7.5%。

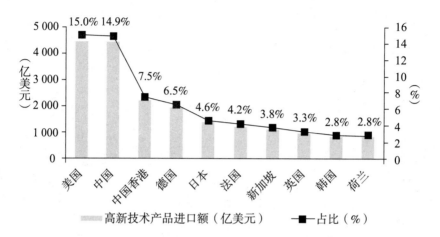

图 2.10　2012 年全球高新技术产品进口贸易额
前 10 位的国家（地区）占比

资料来源：根据 UN COMTRADE 数据库整理计算。

（四）2012 年全球高新技术产品出口贸易增长前 10 位的国家（地区）

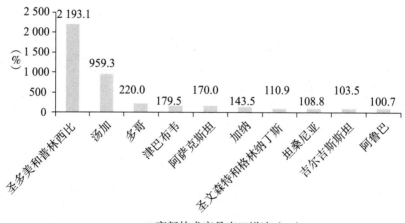

图 2.11　2012 年全球高新技术产品出口贸易增速前 10 位的国家（地区）

资料来源：根据 UN COMTRADE 数据库整理计算。

2012 年，位列全球高新技术产品出口贸易增速前三位的国家分别为圣多美和普林西比、汤加和多哥，出口增速分别达到 2 193.1%、959.3% 和 220.0%。

（五）2012 年全球高新技术产品进口贸易增速前 10 位的国家（地区）

2012 年，位列全球高新技术产品进口贸易增速前三位的国家分别为佛得角、菲律宾和圭亚那，进口增速分别达到 118.2%、78.4% 和 43.0%。

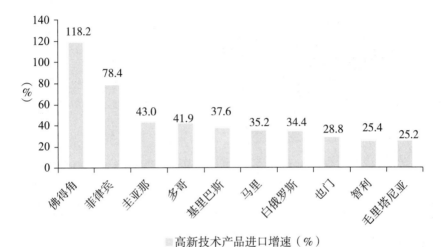

图 2.12　2012 年全球高新技术产品进口贸易增速前 10 位的国家（地区）

资料来源：根据 UN COMTRADE 数据库整理计算。

（六）2012 年全球高新技术产品出口产品结构（技术领域）

从出口产品结构看，2012 年全球高新技术产品出口排名前三位的产品分别为计算机与通信技术产品、电子技术产品和生命科学技术产品，出口贸易额分别达到 10 331.1 亿美元、6 837.5 亿美元和 5 088.3 亿美元，占全球高新技术产品出口总额的比重分别为 36.9%、24.4% 和 18.2%。

（七）2012 年全球高新技术产品进口产品结构（技术领域）

从进口产品结构看，2012 年全球高新技术产品进口排名前三位的产品分别为计算机与通信技术产品、电子技术产品和生命科学技术产品，进口贸易额分别达到 10 687.4 亿美元、7 746.3 亿美元和 5 237.2 亿美元，占全球高新技术产品进口总额的比重分别为 35.9%、26.0% 和 17.6%。

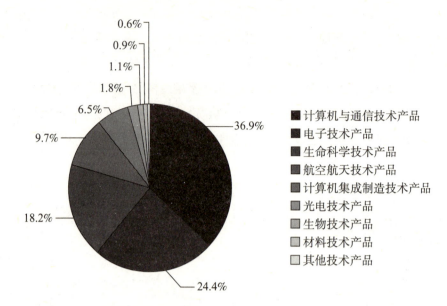

图 2.13　2012 年全球高新技术产品出口产品结构（技术领域）

资料来源：根据 UN COMTRADE 数据库整理计算。

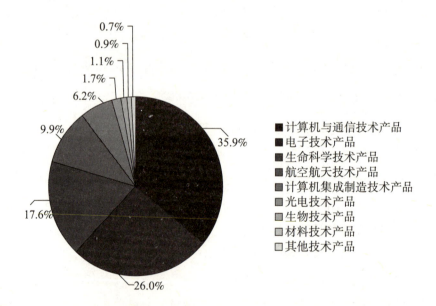

图 2.14　2012 年全球高新技术产品进口产品结构（技术领域）

资料来源：根据 UN COMTRADE 数据库整理计算。

二、2012 年全球航空航天技术产品贸易发展概况

2012 年，在全球高新技术产品贸易规模下降的背景下，全球航空航天技术产品贸易规模保持快速增长，美国、法国、德国等发达国家是主要的航空航天技术产品贸易国，新兴和发展中国家航空航天技术产品贸易增长较快。

（一）2012 年全球航空航天技术产品贸易发展规模与速度

2012 年，全球航空航天技术产品出口贸易规模 2 705.3 亿美元，同比增长 5.1%，比全球高新技术产品出口贸易总额增速高 5.7 个百分点，占全球高新技术产品出口贸易总额的 9.7%；全球航空航天技术产品进口贸易规模 2 934.5 亿美元，同比增长 5.7%，比全球高新技术产品进口贸易总额增速高 7.0 个百分点，占全球高新技术产品进口贸易总额的 9.9%。

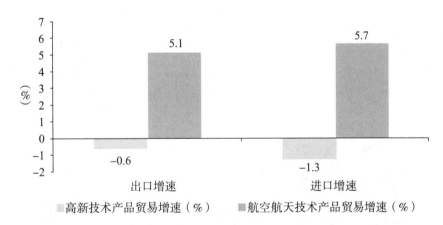

图 2.15　2012 年全球航空航天技术产品进出口贸易增速与全球高新技术产品进出口贸易增速对比

资料来源：根据 UN COMTRADE 数据库整理计算。

（二）2012 年全球航空航天技术产品出口贸易国别结构

2012 年，全球航空航天技术产品出口贸易前三位的国家分别为法国、德国和美国，出口额分别达到 673.9 亿美元、576.3 亿美元和 258.5 亿美元，占全球航空航天技术产品出口总额的比重分别为 24.9%、21.3% 和 9.6%。

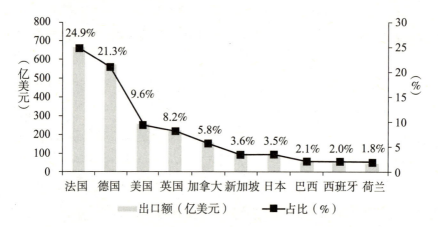

图 2.16 2012 年全球航空航天技术产品出口贸易额

前 10 位的国家（地区）占比

资料来源：根据 UN COMTRADE 数据库整理计算。

（三）2012 年全球航空航天技术产品进口贸易国别结构

2012 年，全球航空航天技术产品进口贸易前三位的国家分别为美国、法国和德国，进口额分别达到 474.6 亿美元、398.1 亿美元和 334.6 亿美元，占全球航空航天技术产品进口总额的比重分别为 16.2%、13.6% 和 11.4%。

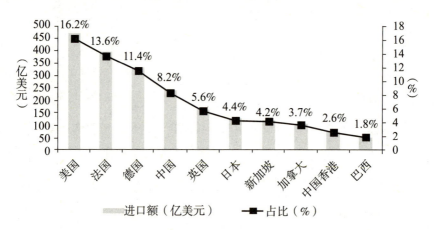

图 2.17 2012 年全球航空航天技术产品进口贸易额

前 10 位的国家（地区）占比

资料来源：根据 UN COMTRADE 数据库整理计算。

（四）2012 年全球航空航天技术产品出口贸易增速前 10 位的国家（地区）

2012 年，全球航空航天技术产品出口贸易增速前三位的国家分别为斯里兰卡、塞内加尔和阿鲁巴，出口增速分别达到 3 639.4%、2 633.6% 和 1 053.7%。

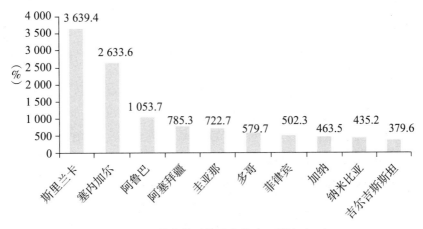

图 2.18　2012 年全球航空航天技术产品出口贸易增速前 10 位的国家（地区）

资料来源：根据 UN COMTRADE 数据库整理计算。

（五）2012 年全球航空航天技术产品进口贸易增速前 10 位的国家（地区）

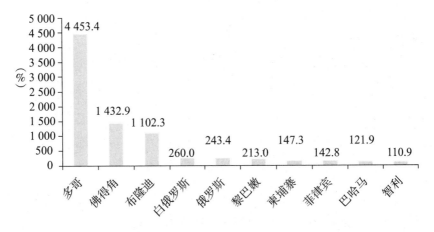

图 2.19　2012 年全球航空航天技术产品进口贸易增速前 10 位的国家（地区）

资料来源：根据 UN COMTRADE 数据库整理计算。

2012年，全球航空航天技术产品进口贸易增速前三位的国家分别为多哥、佛得角和布隆迪，进口增速分别达到4 453.4%、1 432.9%和1 102.3%。

三、2012年全球生物技术产品贸易发展概况

2012年，全球生物技术产品贸易规模保持快速增长，美国、法国、英国等发达国家是主要的生物技术产品贸易国，发展中国家生物技术产品贸易增长较快。其中，比利时生物技术产品贸易额和增速均居世界前列。

（一）2012年全球生物技术产品贸易发展规模与速度

2012年，全球生物技术产品出口贸易规模306.9亿美元，同比增长4.5%，比全球高新技术产品出口贸易总额增速高5.1个百分点，占全球高新技术产品出口贸易总额的1.1%；全球生物技术产品进口贸易规模314.6亿美元，同比增长1.9%，比全球高新技术产品进口贸易总额增速高3.2个百分点，占全球高新技术产品进口贸易总额的1.1%。

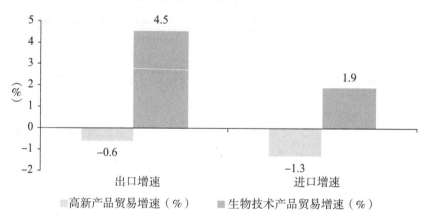

图2.20　2012年全球生物技术产品进出口贸易增速与
全球高新技术产品进出口贸易增速对比

资料来源：根据UN COMTRADE数据库整理计算。

（二）2012年全球生物技术产品出口贸易国别结构

2012年，全球生物技术产品出口贸易前三位的国家分别为比利时、法国和美国，出口额分别达到83.0亿美元、45.1亿美元和43.3亿美元，占全球生物技术产品出口总额的比重分别为27.0%、14.7%和14.1%。

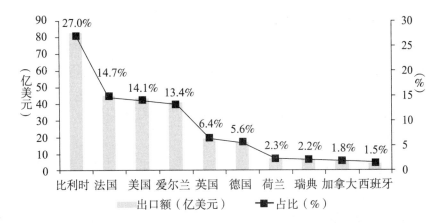

图 2.21　2012 年全球生物技术产品出口贸易额
前 10 位的国家（地区）占比

资料来源：根据 UN COMTRADE 数据库整理计算。

（三）2012 年全球生物技术产品进口贸易国别结构

2012 年，全球生物技术产品进口贸易前三位的国家分别为比利时、美国和英国，进口额分别达到 69.5 亿美元、53.0 亿美元和 21.3 亿美元，占全球生物技术产品进口总额的比重分别为 22.1%、16.8% 和 6.8%。

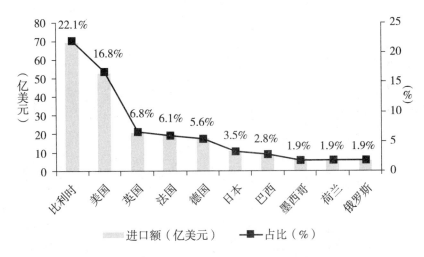

图 2.22　2012 年全球生物技术产品进口贸易额
前 10 位的国家（地区）占比

资料来源：根据 UN COMTRADE 数据库整理计算。

（四）2012 年全球生物技术产品出口贸易增速前 10 位的国家（地区）

2012 年，全球生物技术产品出口贸易增速前三位的国家分别为斯里兰卡、阿鲁巴和柬埔寨，出口增速分别达到 323 641.4%、1 175.4% 和 1 043.3%。

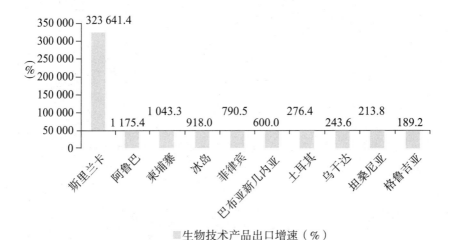

图 2.23　2012 年全球生物技术产品出口贸易增速前 10 位的国家（地区）

资料来源：根据 UN COMTRADE 数据库整理计算。

（五）2012 年全球生物技术产品进口贸易增速前 10 位的国家（地区）

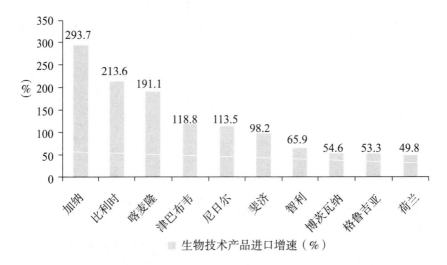

图 2.24　2012 年全球生物技术产品进口贸易增速前 10 位的国家（地区）

资料来源：根据 UN COMTRADE 数据库整理计算。

2012 年，全球生物技术产品进口贸易增速前三位的国家分别为加纳、比利时和喀麦隆，进口增速分别达到 293.7%、213.6% 和 191.1%。

四、2012 年全球计算机集成制造技术产品贸易发展概况

2012 年，全球计算机集成制造技术产品贸易规模有所下降，且下降幅度大于全球高新技术产品贸易下降幅度，美国、德国、日本、中国等国是主要的计算机集成制造技术产品贸易国，发展中国家计算机集成制造技术产品贸易增长较快。

（一）2012 年全球计算机集成制造技术产品贸易发展规模与速度

2012 年，全球计算机集成制造技术产品出口贸易规模 1 818.6 亿美元，同比下降 13.8%，比全球高新技术产品出口贸易总额增速低 13.2 个百分点，占全球高新技术产品出口贸易总额的 6.5%；全球计算机集成制造技术产品进口贸易规模 1 854.3 亿美元，同比下降 13.7%，比全球高新技术产品进口贸易总额增速低 12.4 个百分点，占全球高新技术产品进口贸易总额的 6.2%。

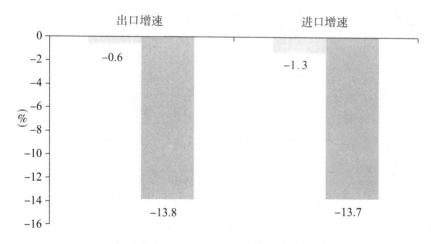

图 2.25　2012 年全球计算机集成制造技术产品进出口贸易增速与
全球高新技术产品进出口贸易增速对比

资料来源：根据 UN COMTRADE 数据库整理计算。

（二）2012 年全球计算机集成制造技术产品出口贸易国别结构

2012 年，全球计算机集成制造技术产品出口贸易前三位的国家分别为日本、德国和美国，出口额分别达到 383.8 亿美元、291.3 亿美元和 246.8 亿美元，占全球计算机集成制造技术产品出口总额的比重分别为 21.1% 、16.0% 和 13.6% 。

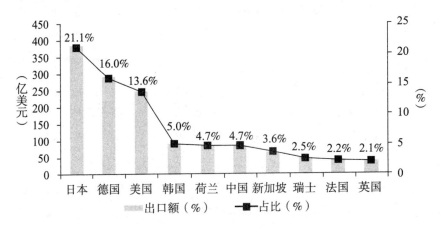

图 2.26　2012 年全球计算机集成制造技术产品出口贸易额
前 10 位的国家（地区）占比

资料来源：根据 UN COMTRADE 数据库整理计算。

（三）2012 年全球计算机集成制造技术产品进口贸易国别结构

2012 年，位列全球计算机集成制造技术产品进口贸易前三位的国家分别为中国、美国和韩国，进口额分别达到 323.4 亿美元、256.8 亿美元和 129.7 亿美元，占全球计算机集成制造技术产品进口总额的比重分别为 17.4% 、13.8% 和 7.0% 。

（四）2012 年全球计算机集成制造技术产品出口贸易增速前 10 位的国家（地区）

2012 年，全球计算机集成制造技术产品出口贸易增速排名前三位的国家分别为菲律宾、特克斯与凯科斯群岛和圭亚那，出口增速分别达到 1 091.1% 、781.4% 和 667.7% 。

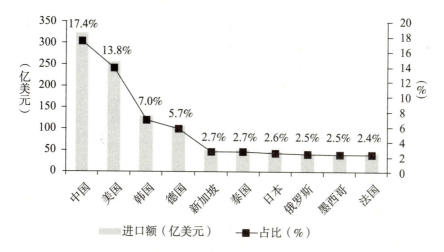

图 2.27　2012 年全球计算机集成制造技术产品进口贸易额
前 10 位的国家（地区）占比

资料来源：根据 UN COMTRADE 数据库整理计算。

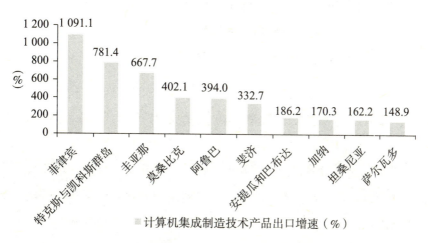

图 2.28　2012 年全球计算机集成制造技术产品出口贸易增速
前 10 位的国家（地区）

资料来源：根据 UN COMTRADE 数据库整理计算。

（五）2012 年全球计算机集成制造技术产品进口贸易增速前 10 位的国家（地区）

2012 年，位列全球计算机集成制造技术产品进口贸易增速前三位的国家分别为莫桑比克、多哥和也门，进口增速分别达到 283.4%、146.3% 和 121.6%。

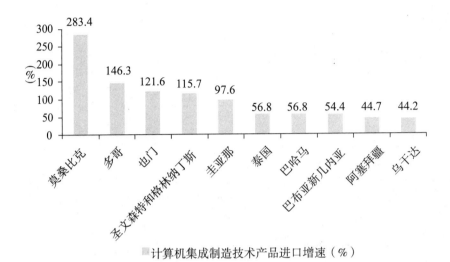

计算机集成制造技术产品进口增速（%）

图 2.29　2012 年全球计算机集成制造技术产品进口贸易增速 前 10 位的国家（地区）

资料来源：根据 UN COMTRADE 数据库整理计算。

五、2012 年全球计算机与通信技术产品贸易发展概况

2012 年，全球计算机与通信技术产品贸易规模保持增长，增速高于全球高新技术产品贸易增长速度，美国、中国和中国香港等国家和地区是主要的计算机与通信技术产品贸易国，发展中国家计算机与通信技术产品贸易增长较快。

（一）2012 年全球计算机与通信技术产品贸易发展规模与速度

2012 年，全球计算机与通信技术产品出口贸易规模 10 331.1 亿美元，同比增长 1.5%，比全球高新技术产品出口贸易总额增速高 2.1 个百分点，占全球高新技术产品出口贸易总额的 36.9%；全球计算机与通信技术产品进口贸易规模 10 687.4 亿美元，同比增长 1.5%，比全球高新技术产品进口贸易总额增速高 2.8 个百分点，占全球高新技术产品进口贸易总额的 35.9%。

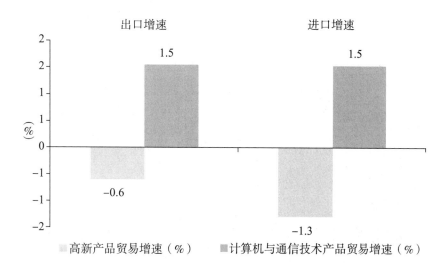

图 2.30 2012 年全球计算机与通信技术产品进出口贸易增速与

全球高新技术产品进出口贸易增速对比

资料来源：根据 UN COMTRADE 数据库整理计算。

（二）2012 年全球计算机与通信技术产品出口贸易国别结构

2012 年，位列全球计算机与通信技术产品出口贸易前三位的国家分别为中国、中国香港和美国，出口额分别达到 3 936.6 亿美元、1 049.5 亿美元和

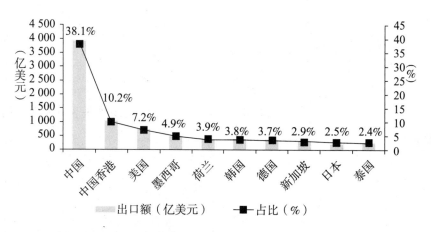

图 2.31 2012 年全球计算机与通信技术产品出口贸易额

前 10 位的国家（地区）占比

资料来源：根据 UN COMTRADE 数据库整理计算。

747.0 亿美元，占全球计算机与通信技术产品出口总额的比重分别为 38.1%、10.2% 和 7.2%。

（三）2012 年全球计算机与通信技术产品进口贸易国别结构

2012 年，全球计算机与通信技术产品进口贸易前三位的国家分别为美国、中国香港和中国，进口额分别达到 2 106.5 亿美元、1 125.4 亿美元和 1 113.5 亿美元，占全球计算机与通信技术产品进口总额的比重分别为 19.7%、10.5% 和 10.4%。

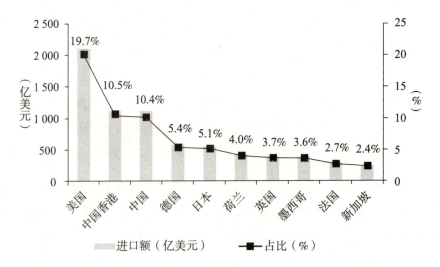

图 2.32　2012 年全球计算机与通信技术产品进口贸易额

前 10 位的国家（地区）占比

资料来源：根据 UN COMTRADE 数据库整理计算。

（四）2012 年全球计算机与通信技术产品出口贸易增速前 10 位的国家（地区）

2012 年，位列全球计算机与通信技术产品出口贸易增速前三位的国家分别为尼日利亚、布隆迪和巴拉圭，出口增速分别达到 538.7%、306.9% 和 254.3%。

（五）2012 年全球计算机与通信技术产品进口贸易增速前 10 位的国家（地区）

2012 年，位列全球计算机与通信技术产品进口贸易增速前三位的国家分别为圭亚那、白俄罗斯和莫桑比克，进口增速分别达到 75.9%、58.1%

和 49.7%。

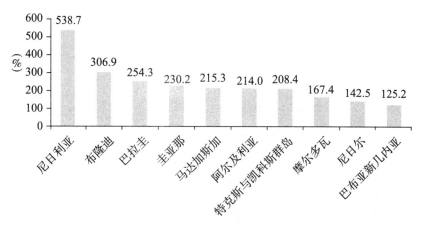

计算机与通信技术产品出口增速（%）

图 2.33　2012 年全球计算机与通信技术产品出口贸易增速
前 10 位的国家（地区）

资料来源：根据 UN COMTRADE 数据库整理计算。

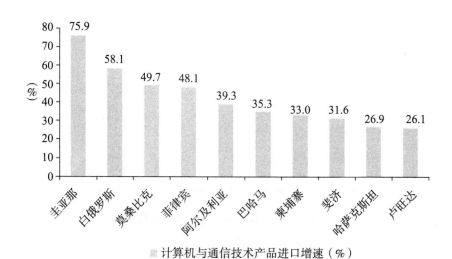

计算机与通信技术产品进口增速（%）

图 2.34　2012 年全球计算机与通信技术产品进口贸易增速
前 10 位的国家（地区）

资料来源：根据 UN COMTRADE 数据库整理计算。

六、2012 年全球电子技术产品贸易发展概况

2012 年，全球电子技术产品贸易规模有所下降，其中出口贸易有所增长，进口贸易下降速度较快，但仍高于全球高新技术产品贸易增长速度。中国、中国香港和新加坡等国家（地区）是主要的电子技术产品贸易参与者，发展中国家电子技术产品贸易增长较快。

（一）2012 年全球电子技术产品贸易发展规模与速度

2012 年，全球电子技术产品出口贸易规模 6 837.5 亿美元，同比增长 0.2%，比全球高新技术产品出口贸易总额增速高 0.8 个百分点，占全球高新技术产品出口贸易总额的 24.4%；全球电子技术产品进口贸易规模 7 746.3 亿美元，同比下降 1.1%，比全球高新技术产品进口贸易总额增速高 0.2 个百分点，占全球高新技术产品进口贸易总额的 26.0%。

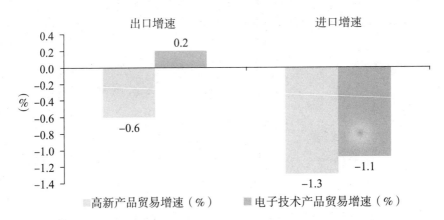

图 2.35　2012 年全球电子技术产品进出口贸易增速与全球高新技术产品进出口贸易增速对比

资料来源：根据 UN COMTRADE 数据库整理计算。

（二）2012 年全球电子技术产品出口贸易国别结构

2012 年，位列全球电子技术产品出口贸易前三位的国家（地区）分别为中国、新加坡和中国香港，出口额分别达到 1 005.6 亿美元、857.1 亿美元和 789.3 亿美元，占全球电子技术产品出口总额的比重分别为 14.7%、12.5% 和 11.5%。

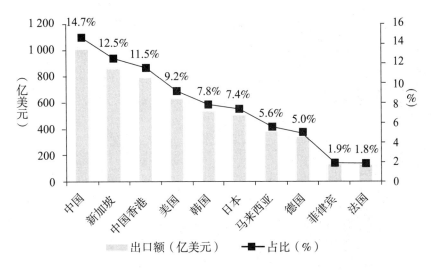

图 2.36　2012 年全球电子技术产品出口贸易额

前 10 位的国家（地区）占比

资料来源：根据 UN COMTRADE 数据库整理计算。

（三）2012 年全球电子技术产品进口贸易国别结构

2012 年，位列全球电子技术产品进口贸易前三位的国家（地区）分别为中国、中国香港和新加坡，进口额分别达到 2 378.8 亿美元、936.2 亿美元和 616.2

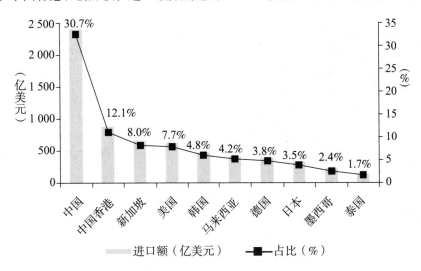

图 2.37　2012 年全球电子技术产品进口贸易额

前 10 位的国家（地区）占比

资料来源：根据 UN COMTRADE 数据库整理计算。

亿美元，占全球电子技术产品进口总额的比重分别为 30.7%、12.1% 和 8.0%。

（四）2012 年全球电子技术产品出口贸易增速前 10 位的国家（地区）

2012 年，位列全球电子技术产品出口贸易增速前三位的国家分别为巴布亚新几内亚、尼日尔和津巴布韦，出口增速分别达到 142 430.7%、1 029.3% 和 916.2%。

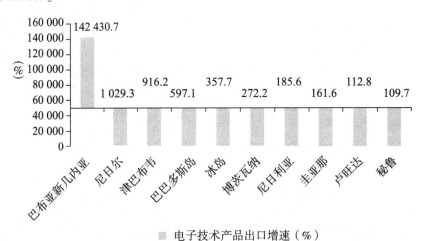

图 2.38　2012 年全球电子技术产品出口贸易增速前 10 位的国家（地区）

资料来源：根据 UN COMTRADE 数据库整理计算。

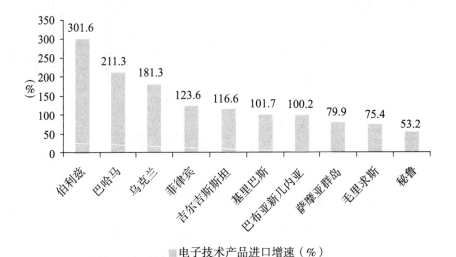

图 2.39　2012 年全球电子技术产品进口贸易增速前 10 位的国家（地区）

资料来源：根据 UN COMTRADE 数据库整理计算。

（五）2012 年全球电子技术产品进口贸易增速前 10 位的国家（地区）

2012 年，位列全球电子技术产品进口贸易增速前三位的国家分别为伯利兹、巴哈马和乌克兰，进口增速分别达到 301.6%、211.3% 和 181.3%。

七、2012 年全球生命科学技术产品贸易发展概况

2012 年，全球生命科学技术产品贸易规模有所下降，且下降幅度大于全球高新技术产品贸易下降幅度，美国、德国、比利时、瑞士等发达国家是主要的生命科学技术产品贸易国，发展中国家生命科学技术产品贸易增长较快。

（一）2012 年全球生命科学技术产品贸易发展规模与速度

2012 年，全球生命科学技术产品出口贸易规模 5 088.3 亿美元，同比下降 3.3%，比全球高新技术产品出口贸易总额增速低 2.7 个百分点，占全球高新技术产品出口贸易总额的 18.2%；全球生命科学技术产品进口贸易规模 5 237.2 亿美元，同比下降 1.3%，比全球高新技术产品进口贸易总额增速低 4.5 个百分点，占全球高新技术产品进口贸易总额的 17.6%。

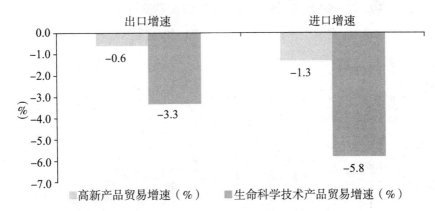

图 2.40　2012 年全球生命科学技术产品进出口贸易增速与
全球高新技术产品进出口贸易增速对比

资料来源：根据 UN COMTRADE 数据库整理计算。

（二）2012 年全球生命科学技术产品出口贸易国别结构

2012 年，位列全球生命科学技术产品出口贸易前三位的国家分别为德国、瑞士和美国，出口额分别达到 732.0 亿美元、660.0 亿美元和 566.0 亿美元，

占全球生命科学技术产品出口总额的比重分别为 14.4%、13.0% 和 11.1%。

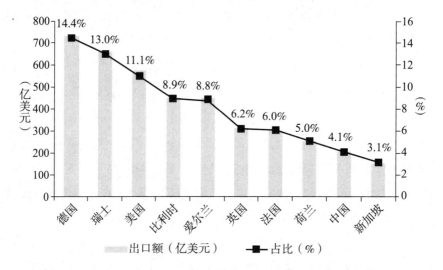

图 2.41 2012 年全球生命科学技术产品出口贸易额

前 10 位的国家（地区）占比

资料来源：根据 UN COMTRADE 数据库整理计算。

（三）2012 年全球生命科学技术产品进口贸易国别结构

2012 年，位列全球生命科学技术产品进口贸易前三位的国家分别为美国、

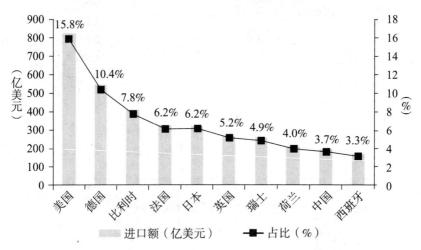

图 2.42 2012 年全球生命科学技术产品进口贸易额

前 10 位的国家（地区）占比

资料来源：根据 UN COMTRADE 数据库整理计算。

德国和比利时，进口额分别达到 825.1 亿美元、543.7 亿美元和 406.0 亿美元，占全球生命科学技术产品进口总额的比重分别为 15.8%、10.4% 和 7.8%。

（四）2012 年全球生命科学技术产品出口贸易增速前 10 位的国家（地区）

2012 年，位列全球生命科学技术产品出口贸易增速前三位的国家（地区）分别为斯里兰卡、阿曼和津巴布韦，出口增速分别达到 167.1%、152.7% 和 78.0%。

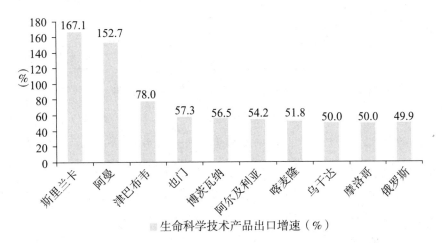

图 2.43　2012 年全球生命科学技术产品出口贸易增速前 10 位的国家（地区）

资料来源：根据 UN COMTRADE 数据库整理计算。

（五）2012 年全球生命科学技术产品进口贸易增速前 10 位的国家（地区）

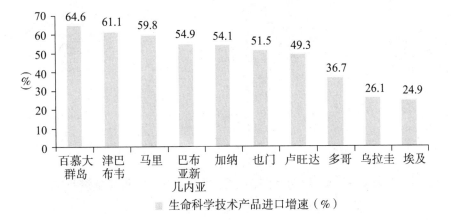

图 2.44　2012 年全球生命科学技术产品进口贸易增速前 10 位的国家（地区）

资料来源：根据 UN COMTRADE 数据库整理计算。

2012 年，位列全球生命科学技术产品进口贸易增速前三位的国家（地区）分别为百慕大群岛、津巴布韦和马里，进口增速分别达到 64.6%、61.1% 和 59.8%。

八、2012 年全球材料技术产品贸易发展概况

2012 年，全球材料技术产品贸易规模有所下降，且下降幅度大于全球高新技术产品贸易下降幅度，中国、美国、韩国、日本等国是主要的材料技术产品贸易国，发展中国家材料技术产品贸易增长较快。

（一）2012 年全球材料技术产品贸易发展规模与速度

2012 年，全球材料技术产品出口贸易规模 265.5 亿美元，同比下降 9.9%，比全球高新技术产品出口贸易总额增速低 9.3 个百分点，占全球高新技术产品出口贸易总额的 0.9%；全球材料技术产品进口贸易规模 274.6 亿美元，同比下降 8.6%，比全球高新技术产品进口贸易总额增速低 7.3 个百分点，占全球高新技术产品进口贸易总额的 0.9%。

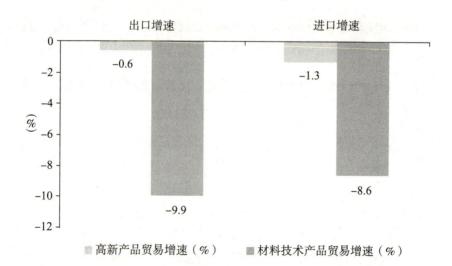

图 2.45　2012 年全球材料技术产品进出口贸易增速与
全球高新技术产品进出口贸易增速对比

资料来源：根据 UN COMTRADE 数据库整理计算。

（二）2012 年全球材料技术产品出口贸易国别结构

2012 年，位列全球材料技术产品出口贸易前三位的国家（地区）分别为日本、中国和美国，出口额分别达到 54.6 亿美元、46.1 亿美元和 31.3 亿美元，占全球材料技术产品出口总额的比重分别为 20.6%、17.3% 和 11.8%。

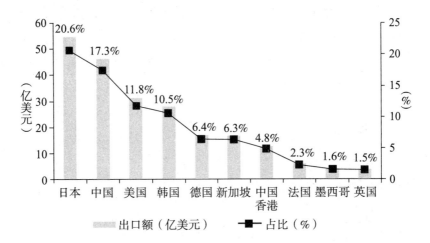

图 2.46　2012 年全球材料技术产品出口贸易额

前 10 位的国家（地区）占比

资料来源：根据 UN COMTRADE 数据库整理计算。

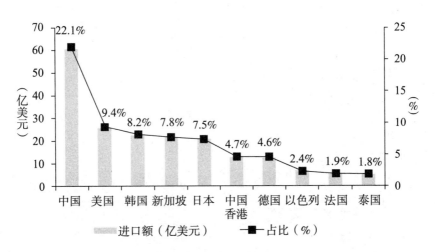

图 2.47　2012 年全球材料技术产品进口贸易额

前 10 位的国家（地区）占比

资料来源：根据 UN COMTRADE 数据库整理计算。

（三）2012 年全球材料技术产品进口贸易国别结构

2012 年，位列全球材料技术产品进口贸易前三位的国家（地区）分别为中国、美国和韩国，进口额分别达到 60.7 亿美元、25.9 亿美元和 22.5 亿美元，占全球材料技术产品进口总额的比重分别为 22.1%、9.4% 和 8.2%。

（四）2012 年全球材料技术产品出口贸易增速前 10 位的国家（地区）

2012 年，位列全球材料技术产品出口贸易增速前三位的国家（地区）分别为加纳、马达加斯加和圭亚那，出口增速分别达到 48 364.2%、19 404.1% 和 5 187.5%。

图 2.48　2012 年全球材料技术产品出口贸易增速前 10 位的国家（地区）

资料来源：根据 UN COMTRADE 数据库整理计算。

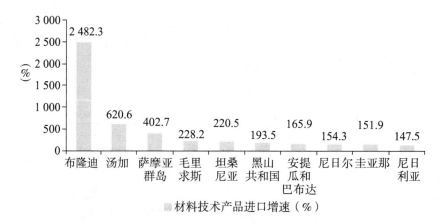

图 2.49　2012 年全球材料技术产品进口贸易增速前 10 位的国家（地区）

资料来源：根据 UN COMTRADE 数据库整理计算。

（五）**2012 年全球材料技术产品进口贸易增速前 10 位的国家（地区）**

2012 年，位列全球材料技术产品进口贸易增速前三位的国家（地区）分别为布隆迪、汤加和萨摩亚群岛，进口增速分别达到 2 482.3%、620.6% 和 402.7%。

九、2012 年全球光电技术产品贸易发展概况

2012 年，全球光电技术产品贸易规模保持快速增长，增速高于全球高新技术产品贸易增长速度，美国、德国、中国、日本等国是主要的光电技术产品贸易国，发展中国家光电技术产品贸易增长较快。

（一）**2012 年全球光电技术产品贸易发展规模与速度**

2012 年，全球光电技术产品出口贸易规模 491.0 亿美元，同比增长 6.3%，比全球高新技术产品出口贸易总额增速高 6.9 个百分点，占全球高新技术产品出口贸易总额的 1.8%；全球光电技术产品进口贸易规模 513.1 亿美元，同比增长 8.5%，比全球高新技术产品进口贸易总额增速高 9.8 个百分点，占全球高新技术产品进口贸易总额的 1.7%。

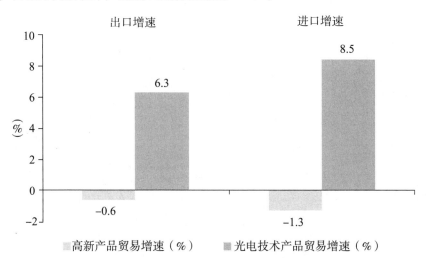

图 2.50　2012 年全球光电技术产品进出口贸易增速与全球高新技术产品进出口贸易增速对比

资料来源：根据 UN COMTRADE 数据库整理计算。

（二）2012 年全球光电技术产品出口贸易国别结构

2012 年，位列全球光电技术产品出口贸易前三位的国家（地区）分别为德国、日本和美国，出口额分别达到 93.4 亿美元、74.6 亿美元和 69.2 亿美元，占全球光电技术产品出口总额的比重分别为 19.0%、15.2% 和 14.1%。

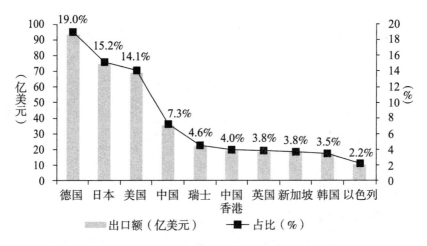

图 2.51　2012 年全球光电技术产品出口贸易额前 10 位的国家（地区）占比

资料来源：根据 UN COMTRADE 数据库整理计算。

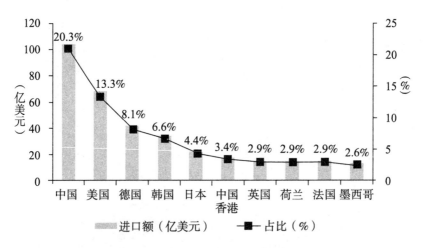

图 2.52　2012 年全球光电技术产品进口贸易额前 10 位的国家（地区）占比

资料来源：根据 UN COMTRADE 数据库整理计算。

（三）2012 年全球光电技术产品进口贸易国别结构

2012 年，位列全球光电技术产品进口贸易前三位的国家（地区）分别为中国、美国和德国，进口额分别达到 104.1 亿美元、68.4 亿美元和 41.8 亿美元，占全球光电技术产品进口总额的比重分别为 20.3%、13.3% 和 8.1%。

（四）2012 年全球光电技术产品出口贸易增速前 10 位的国家（地区）

2012 年，位列全球光电技术产品出口贸易增速前三位的国家（地区）分别为多米尼加、汤加和特克斯与凯科斯群岛，出口增速分别达到 70 823.2%、65 825.0% 和 6 342.5%。

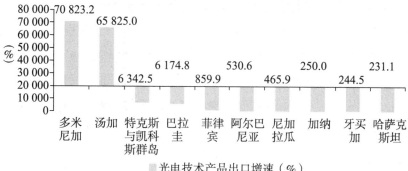

图 2.53　2012 年全球光电技术产品出口贸易增速前 10 位的国家（地区）

资料来源：根据 UN COMTRADE 数据库整理计算。

（五）2012 年全球光电技术产品进口贸易增速前 10 位的国家（地区）

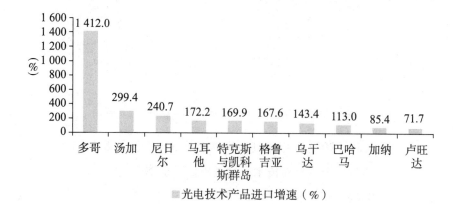

图 2.54　2012 年全球光电技术产品进口贸易增速前 10 位的国家（地区）

资料来源：根据 UN COMTRADE 数据库整理计算。

2012 年，位列全球光电技术产品进口贸易增速前三位的国家（地区）分别为多哥、汤加和尼日尔，进口增速分别达到 1 412.0%、299.4% 和 240.7%。

十、2012 年全球其他技术产品贸易发展概况

2012 年，全球其他技术产品贸易规模有所下降，且下降幅度大于全球高新技术产品贸易下降幅度，美国、法国、德国、英国等发达国家是主要的其他技术产品贸易国，发展中国家其他技术产品贸易增长较快。

（一）2012 年全球其他技术产品贸易发展规模与速度

2012 年，全球其他技术产品出口贸易规模 157.9 亿美元，同比下降 7.4%，比全球高新技术产品出口贸易总额增速低 6.8 个百分点，占全球高新技术产品出口贸易总额的 0.6%；全球其他技术产品进口贸易规模 193.9 亿美元，同比下降 6.9%，比全球高新技术产品进口贸易总额增速低 5.6 个百分点，占全球高新技术产品进口贸易总额的 0.7%。

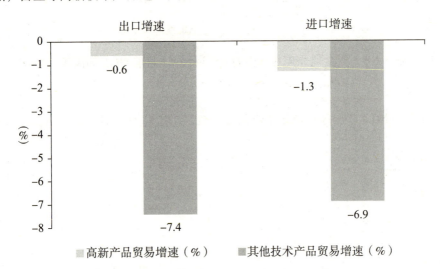

图 2.55　2012 年全球其他技术产品进出口贸易增速与
全球高新技术产品进出口贸易增速对比

资料来源：根据 UN COMTRADE 数据库整理计算。

（二）2012 年全球其他技术产品出口贸易国别结构

2012 年，位列全球其他技术产品出口贸易前三位的国家（地区）分别为

德国、美国和法国，出口额分别达到 24.0 亿美元、23.9 亿美元和 23.2 亿美元，占全球其他技术产品出口总额的比重分别为 15.2%、15.2% 和 14.7%。

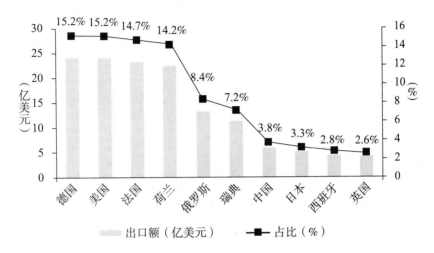

图 2.56　2012 年全球其他技术产品出口贸易额
前 10 位的国家（地区）占比

资料来源：根据 UN COMTRADE 数据库整理计算。

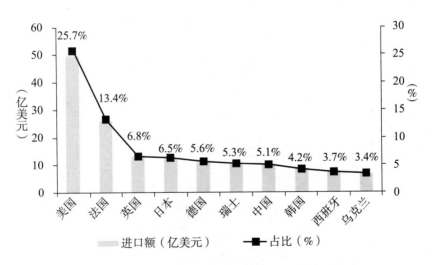

图 2.57　2012 年全球其他技术产品进口贸易额
前 10 位的国家（地区）占比

资料来源：根据 UN COMTRADE 数据库整理计算。

（三）2012 年全球其他技术产品进口贸易国别结构

2012 年，位列全球其他技术产品进口贸易前三位的国家（地区）分别为美国、法国和英国，进口额分别达到 49.8 亿美元、26.1 亿美元和 13.2 亿美元，占全球其他技术产品进口总额的比重分别为 25.7%、13.4% 和 6.8%。

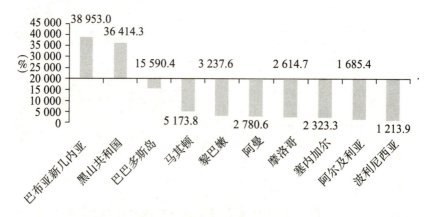

其他技术产品出口增速（%）

图 2.58 2012 年全球其他技术产品出口贸易增速前 10 位的国家（地区）

资料来源：根据 UN COMTRADE 数据库整理计算。

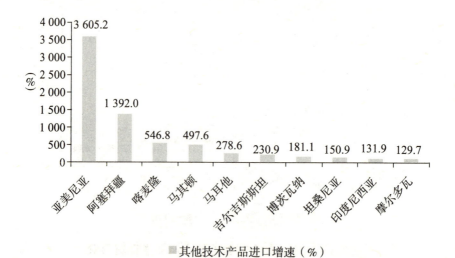

其他技术产品进口增速（%）

图 2.59 2012 年全球其他技术产品进口贸易增速前 10 位的国家（地区）

资料来源：根据 UN COMTRADE 数据库整理计算。

（四）**2012 年全球其他技术产品出口贸易增速前 10 位的国家（地区）**

2012 年，位列全球其他技术产品出口贸易增速前三位的国家（地区）分别为巴布亚新几内亚、黑山共和国和巴巴多斯岛，出口增速分别达到 38 953.0%、36 414.3% 和 15 590.4%。

（五）**2012 年全球其他技术产品进口贸易增速前 10 位的国家（地区）**

2012 年，位列全球其他技术产品进口贸易增速前三位的国家（地区）分别为亚美尼亚、阿塞拜疆和喀麦隆，进口增速分别达到 3 605.2%、1 392.0% 和 546.8%。

（本部分由林梦撰写）

领　域　篇

我国计算机与通信技术产品贸易情况

根据中国海关统计，2012 年我国计算机与通信技术产品进出口总额5 417.03亿美元，同比增长 8.65%，占全年高新技术产品进出口额的48.89%。其中，计算机与通信技术产品出口额 4 193.13 亿美元，同比增长6.71%，占高新技术产品出口总额的69.74%，是高新技术产品出口最多的领域。计算机与通信技术产品进口额 1 223.90 亿美元，同比增长15.89%，占高新技术产品进口总额的 24.16%。

一、2012 年整体贸易情况的历史比较

（一）出口贸易情况比较

从出口额来看，2012 年我国计算机与通信技术产品出口额继续保持增长，出口额破4 000 亿美元，超过 2011 年出口额（3 929.37 亿美元），达到新的历史高点。从出口增速来看，2012 年我国计算机与通信技术产品增速回落到个位数，与 2002—2012 年 10 年出口增速相比较，仅高于 2009 年的负增长（-8.41%），低于过去10 年出口年均增速（25.83%）约 19 个百分点。从出口额所占比重来看，计算机与通信技术产品出口占高新技术产品出口比重由2002 年的77.4%下降到2012 年的69.71%，10 年间下降了7.7 个百分点，仍是我国高新技术产品最大类别，说明高新技术产品的出口产品结构调整不大。

（二）进口贸易情况比较

从进口额来看，2012 年我国计算机与通信技术产品进口额在 2011 年突破1 000 亿美元的基础上继续保持增长，达到 1 223.9 亿美元的新历史高点。从进口增速来看，2012 年我国计算机与通信产品保持两位数增长速度，基本相当于 2006 年增速（15.09%），低于 2002—2012 年 10 年的年均增速

（19.30%）约 3 个百分点。从进口占比来看，2012 年计算机与通信技术产品进口占高新技术产品比重为 24.13%，处于 2002—2012 年 10 年占比的中间地带（22.71% ~ 27.91%），对高新技术产品的进口产品结构影响不大。

（三）贸易差额情况

2012 年，我国计算机与通信技术产品顺差规模在 2011 年的基础上小幅扩大，贸易顺差达到 2 969.23 亿美元，同比增长 3.4%，约是 2002 年贸易顺差（211.95 亿美元）的 14 倍。

二、2012 年 1 月至 12 月贸易情况分析

（一）1 月至 12 月出口结构特征

2012 年全年，计算机与通信技术产品月度出口额呈现前低后高的增长态势。年初受节假日和季节因素等影响，出口月度值较低，1 月、2 月份维持在 300 亿美元之内，在经历 3 月份的略有上升后，4 月、5 月份出口额有所回调，整体上半年出口表现不振，下半年出口逐渐好转，9 月份出口猛增，环比增长达到 10.6%，出口额在第四季度持续增长，到 11 月份达到 434.85 亿美元的出口月度峰值。

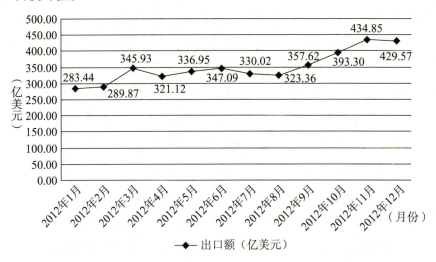

图 3.1　2012 年 1 月至 12 月计算机与通信产品出口额

资料来源：海关统计。

（二）1月至12月进口结构特征

2012年全年，计算机与通信技术产品月度进口额呈现出波浪上升态势，且季节性比较明显。1月至12月，进口月度最低值出现在1月份，为73.3亿美元，月度峰值出现在11月份，进口额126.51亿美元。从4个季度来看，季度峰值主要出现在该季度的后期，说明季度变化对计算机与通信技术产品进口月度影响比较大。

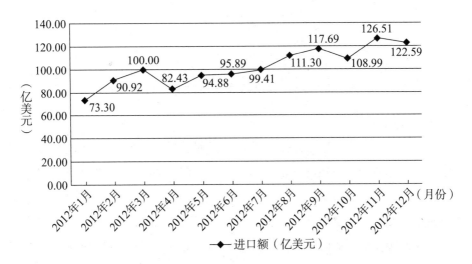

图3.2　2012年1月至12月计算机与通信产品进口额

资料来源：海关统计。

三、2012年贸易结构分析

（一）出口结构特征

一是便携式自动数据处理设备是我国计算机与通信技术出口的重点产品。根据海关统计，2012年便携式自动数据处理设备（海关编码：8471300000）出口额1 137.88亿美元，位列计算机与通信技术产品出口额第一，同时也是我国高新技术产品中出口额最大的商品，占计算机与通信技术产品出口额的27.14%，占全部高新技术产品出口额的18.93%。从出口额来看，排在第二、第三位的出口产品依次为手持（包括车载）式无线电话机、手持式无线电话机的零件，前三位合计出口额2 235.47亿美元，占计算机与通信技术产品出口的53.32%。

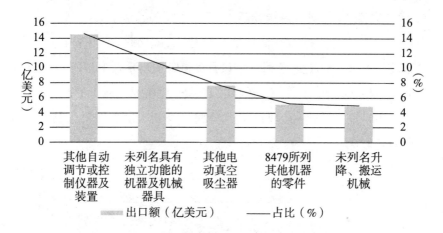

图 3.3 2012 年计算机与通信技术前五位出口产品

资料来源：海关统计。

二是进料加工贸易方式是主要的出口贸易方式，一般贸易增幅超过加工贸易。2012 年我国计算机与通信技术产品出口绝大部分是以进料加工贸易方式进行的，出口额 3 254.73 亿美元，同比增长 5.26%，占比 77.62%，全部加工贸易方式出口额 3 428.23 亿美元，同比增长 3.84%，占比 81.76%。其次是以一般贸易方式出口的产品，出口额 502.82 亿美元，同比增长 8.35%，较加工贸易方式出口增幅高出 4.51 个百分点。同期，我国其他贸易方式出口额快速增长，全年出口额 262.09 亿美元，同比增长 59.96%。

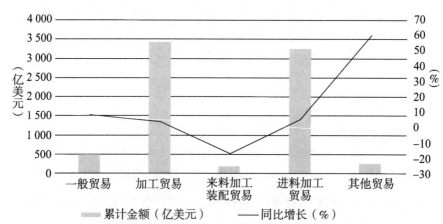

图 3.4 2012 年中国计算机与通信技术产品出口（按贸易方式）

资料来源：海关统计。

三是外资企业是出口主体，其他企业出口快速增长。从企业性质来看，2012 年我国计算机与通信技术产品出口的主体仍是外资企业，出口额 3 565.45亿美元，占全部出口额的 85.03%，国有企业出口额 180.21 亿美元，仅占全部出口额的 4.30%，在各类企业中，以民营企业为主体的其他企业快速增长，出口额 447.46 亿美元，同比增长 21.49%，出口增速分别超过国有企业和外资企业约 21 个和 15 个百分点，成为拉动计算机与通信技术产品出口增长的新力量。

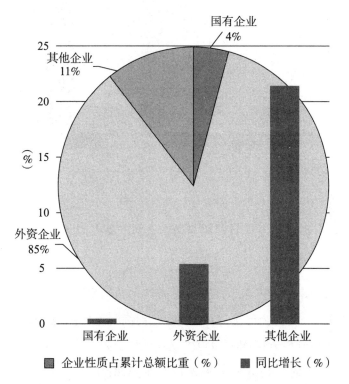

图 3.5　2012 年中国计算机与通信技术产品出口（按企业性质）

资料来源：海关统计。

四是东部地区是我国计算机与通信技术产品出口主体，中西部地区出口高速增长。从出口额来看，东部地区仍是我国计算机与通信技术产品出口主体，2012 年出口额 3 647.44 亿美元，占比 86.99%。从国内各个地区出口增幅来看，产业转移效果明显，东部地区整体呈现轻微负增长，中西部地区增幅达到三位数，其中中部地区出口额 244.64 亿美元，同比增长 129.68%，占比

5.83%，西部地区出口额 301.05 亿美元，同比增长 103.01%，占比 7.18%。

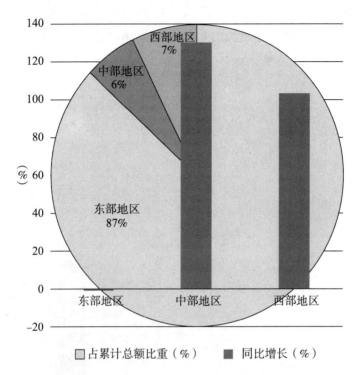

图 3.6　2012 年中国计算机与通信技术产品出口（按国内区域）

资料来源：海关统计。

从具体省份来看，广东、江苏、上海位列我国出口前三位，出口额合计 3 145.37 亿美元，约为全部出口额的 3/4，河南、重庆两地出口额快速增长，其中河南省出口额由 2002 年的 0.028 亿美元增长到 2012 年的 159.46 亿美元，出口额由 2002 年的第 19 位跃升到 2012 年的第四位，重庆市出口额由 2002 年的 0.007 亿美元增长到 2012 年的 143.51 亿美元，出口额由 2002 年的第 24 位跃升到 2012 年的第五位。中西部地区除河南、重庆外，山西、贵州、海南、甘肃、宁夏等省份出口也实现了快速增长。

五是亚洲是我国计算机与通信产品出口的主要市场，对欧盟市场出口下滑。2012 年我国出口到亚洲的计算机与通信技术产品为 2 033.16 亿美元，同比增长 10.83%，占比 48.25%，为我国的主要出口市场，其次是北美洲，出口到北美洲计算机与通信技术产品为 1 037.25 亿美元，占比 24.74%，同比增

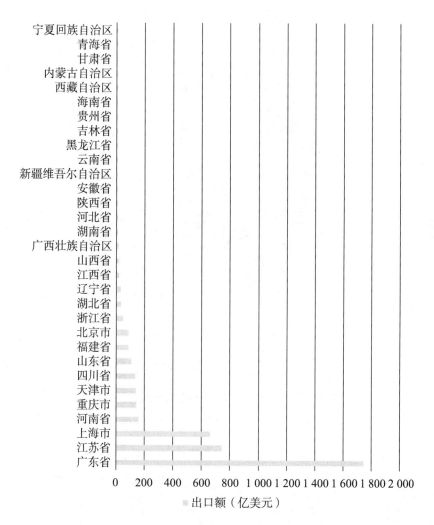

图 3.7 2012 年各省（自治区、直辖市）计算机与通信技术产品出口情况

资料来源：海关统计。

长 9.08%。

从具体国家（地区）来看，中国香港是我国计算机与通信技术产品的第一出口目的地，2012 年出口额 1 028.54 亿美元，同比增长 8.33%，占比 24.53%，第二大出口目的地为美国，出口额 992.07 亿美元，同比增长 8.52%，占比 23.66%。受欧债危机影响，欧洲市场需求萎缩，我国出口到欧盟的计算机与通信技术产品出现小幅下滑，2012 年出口额 761.49 亿美元，同比下降 2.63%，但仍为我国该类产品出口的主要市场。整体来看，我国计算

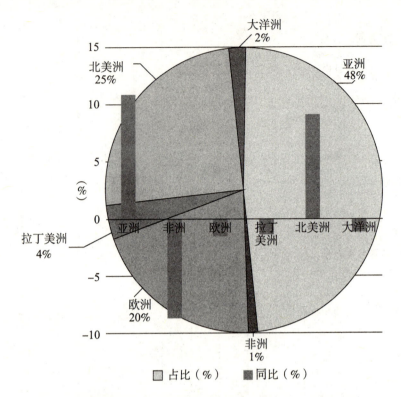

图 3.8　2012 年中国计算机与通信技术产品出口的全球分布

资料来源：海关统计。

机与通信技术产品出口市场较为集中，出口到中国香港、美国、欧盟的计算机与通信技术产品为 2 782.09 亿美元，合计占我国该类产品出口的 66.35%。

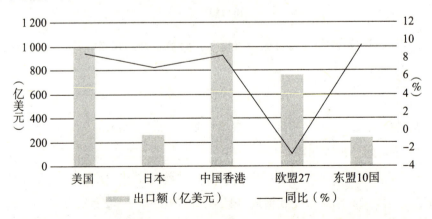

图 3.9　2012 年中国计算机与通信技术产品出口（重要贸易伙伴）

资料来源：海关统计。

（二）进口结构特征

一是手持式无线电话机零件是我国计算机与通信技术进口的重点产品。根据海关统计，2012 年手持式无线电话机的零件（海关编码：8517703000）进口额 266.10 亿美元，位列计算机与通信技术产品进口额第一，同时也是我国高新技术产品中第五大进口商品，占计算机与通信技术产品进口额的 21.73%，占全部高新技术产品进口额的 5.25%。从进口额来看，排在第二、第三位的进口产品依次为硬盘驱动器、8471 所列其他机器的零附件，前三位合计进口额 609.48 亿美元，占计算机与通信技术产品进口的 49.77%。

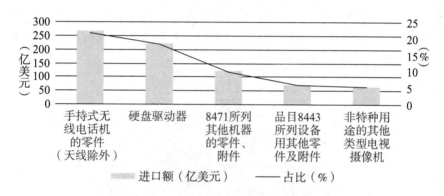

图 3.10　2012 年计算机与通信技术前五位进口产品

资料来源：海关统计。

二是进料加工贸易方式是进口主要贸易方式，其他贸易快速增长。2012

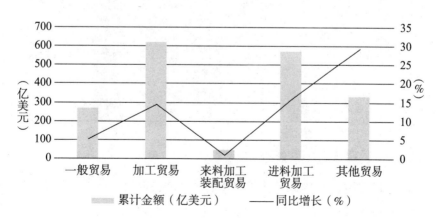

图 3.11　2012 年中国计算机与通信技术产品进口（按贸易方式）

资料来源：海关统计。

年，我国计算机与通信技术产品进口中大部分是以进料加工贸易方式进行的，进口额 570.76 亿美元，同比增长 15.81%，占比 46.63%，全部加工贸易方式出口额 620.15 亿美元，同比增长 14.46%，占比 50.67%。其次是以其他贸易方式进口的产品，进口额 332.96 亿美元，同比增长 29.42%，较加工贸易、一般贸易增幅分别高出 15 个和 24 个百分点。

三是外资企业是进口主体，其他企业进口快速增长。从企业性质来看，2012 年我国计算机与通信技术产品进口的主体仍是外资企业，进口额 910.39 亿美元，占全部进口额的 74.38%，国有企业进口额 107.12 亿美元，仅占全部进口额的 8.75%，在各类企业中，以民营企业为主体的其他企业快速增长，进口额 206.39 亿美元，同比增长 41.16%，进口增速分别超过国有企业和外资企业约 38 个和 28 个百分点。

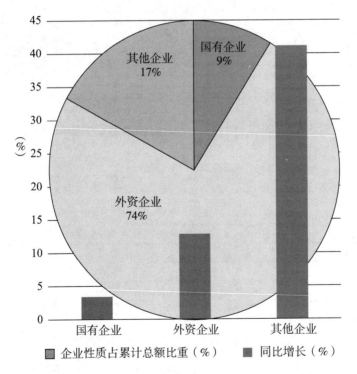

图 3.12　2012 年中国计算机与通信技术产品进口（按企业性质）

资料来源：海关统计。

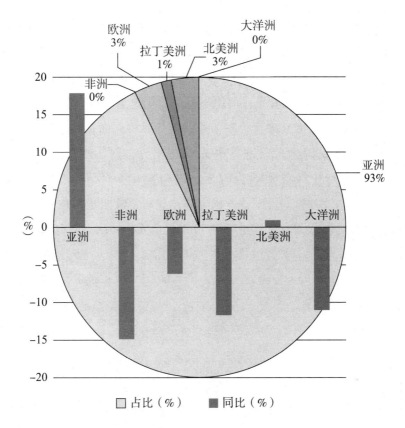

图 3.13　2012 年中国计算机与通信技术产品进口的全球分布

资料来源：海关统计。

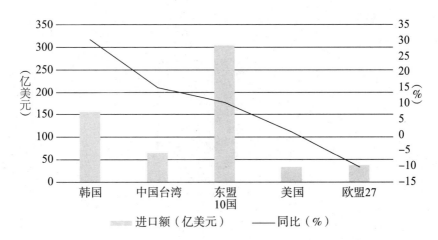

图 3.14　2012 年中国计算机与通信技术产品进口（重要贸易伙伴）

资料来源：海关统计。

135

　　四是亚洲是我国计算机与通信产品进口的主要市场，对多数市场进口下滑。2012 年我国自亚洲进口的计算机与通信技术产品为 1 139.76 亿美元，同比增长 17.64%，占比 93.13%，为我国进口的主要市场，其次是欧洲市场，自欧洲市场进口 41.83 亿美元，占比 3.42%，同比下降 6.09%。

　　从具体国家（地区）来看，东盟是我国计算机与通信技术产品的主要进口地区，2012 年我国自东盟进口 303.55 亿美元，同比增长 10.26%，占比 24.80%，第二大进口来源地为韩国，进口额 155.63 亿美元，同比增长 30.34%，占比 12.72%。受欧债危机影响，我国自欧盟进口的计算机与通信技术产品呈下滑趋势，2012 年进口额 38.1 亿美元，同比下降 10.22%。

（本部分由张丹撰写）

我国电子技术产品贸易情况

根据中国海关统计，2012 年我国电子技术产品进出口总额 3 440.45 亿美元，同比增长 13.15%，占全年高新技术产品进出口额的 30.67%。其中，电子技术产品出口额 1 015.66 亿美元，同比增长 17.33%，占高新技术产品出口总额的 16.89%，是高新技术产品出口第二多的领域。电子技术产品进口额 2 384.79亿美元，同比增长 11.45%，占高新技术产品进口总额的 47.02%，是我国高新技术类主要进口产品。

一、2012 年整体贸易情况的历史比较

（一）出口贸易情况比较

从出口额来看，2012 年我国电子技术产品出口额继续保持增长，出口额破 1 000 亿美元，超过 2011 年出口额（865.65 亿美元），达到新的历史高点。从出口增速来看，2012 年我国电子技术产品增速仅为 17.33%，与 2002—2012 年 10 年出口增速相比较，仅高于 2009 年负增长（-7.97%），低于过去 10 年出口年均增速（34.89%）约 17 个百分点。从出口额所占比重来看，电子技术产品出口占高新技术产品出口比重由 2002 年的 14.55% 上升到 2012 年的 16.89%，10 年间上升了 2.3 个百分点，仍是我国高新技术产品第二大类别，说明高新技术产品的出口产品结构调整不大。

（二）进口贸易情况比较

从进口额来看，2012 年我国电子技术产品进口额在 2011 年突破 2 000 亿美元的基础上继续保持增长，达到 2 384.8 亿美元的新历史高点。从进口增速来看，2012 年我国电子产品保持两位数增长速度，低于 2002—2012 年 10 年的年均增速（27.55%）约 16 个百分点。从进口占比来看，2012 年电子技术

产品进口占高新技术产品比重为 47.02%，较 2002 年的 47.02% 几乎没有任何变化，说明电子技术产品进口地位保持很高的稳定性。

（三）贸易差额情况

2012 年，我国电子技术产品逆差规模在 2011 年的基础上小幅扩大，贸易逆差达到 1 369.13 亿美元，同比增长 7.46%，约是 2002 年贸易逆差（273.85亿美元）的 5 倍。

二、2012 年 1 月至 12 月贸易情况分析

（一）1 月至 12 月出口结构特征

2012 年全年，电子技术产品月度出口额呈现前低后高的增长态势。年初受节假日和季节因素等影响，出口月度值较低，1 月份仅为 52.35 亿美元，在经历 2 月份的大幅上升后，3、4 月份出口额基本保持稳定，5 月份之后出口逐渐好转，除 10 月份有所回落之外，基本保持增长势头，到 12 月份达到118.12 亿美元的出口月度峰值。

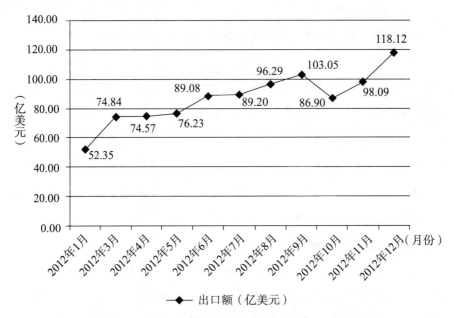

图 3.15　2012 年 1 月至 12 月电子技术产品出口额

资料来源：海关统计。

（二）1 月至 12 月进口结构特征

2012 年全年，电子技术产品月度进口额呈现出波浪形上升态势，且季节性比较明显。1 月至 12 月，进口额月度最低值出现在 1 月份，为 137.68 亿美元，月度峰值出现在 9 月份，进口额 250.17 亿美元。从 4 个季度来看，季度峰值主要出现在该季度的后期，说明季度变化对电子技术产品进口月度影响比较大。

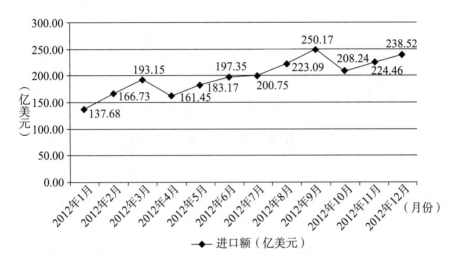

图 3.16 2012 年 1 月至 12 月电子技术产品进口额

资料来源：海关统计。

三、2012 年贸易结构分析

（一）出口结构特征

一是处理器及控制器是我国电子技术出口的重点产品。根据海关统计，2012 年处理器及控制器（海关编码：8542310000）出口额 270.66 亿美元，位列电子技术产品出口额第一，占电子技术产品出口额的 26.65%。从出口额来看，排在第二、第三位的出口产品依次为存储器、太阳能电池，前三位合计出口额 542.28 亿美元，占电子技术产品出口额的 53.39%。

二是进料加工贸易方式是主要的出口贸易方式，其他贸易增幅大大超过加工贸易。2012 年我国电子技术产品出口大部分是以进料加工贸易方式进行

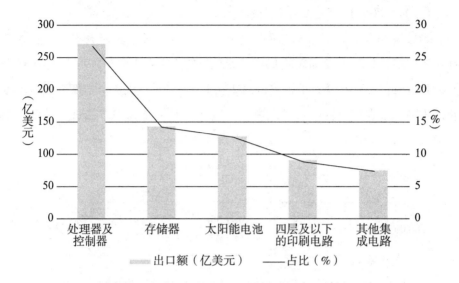

图3.17 2012年电子技术前五位出口产品

资料来源：海关统计。

的，出口额402.47亿美元，同比下降13.73%，占比39.63%，全部加工贸易方式出口额420.79亿美元，同比下降13.14%，占比46.32%。一般贸易方式出口额173.97亿美元，同比下降10.61%。同期，其他贸易方式是电子技术产品出口的亮点，出口额迅猛增长，全年出口额371.20亿美元，同比增长186.92%。

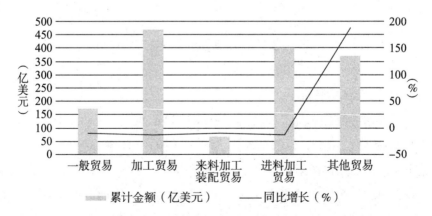

图3.18 2012年中国电子技术产品出口（按贸易方式）

资料来源：海关统计。

　　三是外资企业是出口主体，其他企业出口快速增长。从企业性质来看，2012 年我国电子技术产品出口的主体仍是外资企业，出口额 642.74 亿美元，占全部出口额的 63.28%，国有企业出口额 69.88 亿美元，仅占全部出口额的 6.88%，在各类企业中，以民营企业为主体的其他企业快速增长，出口额 303.05 亿美元，同比增长 137.55%，出口增速分别超过国有企业和外资企业约 88 个和 144 个百分点，成为拉动电子技术产品出口增长的新力量。

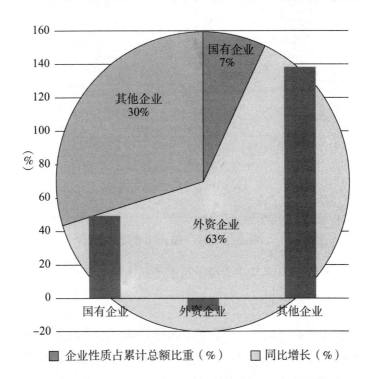

图 3.19　2012 年中国电子技术产品出口（按企业性质）

资料来源：海关统计。

　　四是东部地区是我国电子技术产品出口主体，中西部地区出口回落。从出口额来看，东部地区仍是我国电子技术产品出口主体，2012 年出口额 950.10 亿美元，占比 93.54%。从国内各个地区出口增幅来看，产业转移效果尚未显现，东部地区整体呈现高速增长，中西部地区出口整体回落，其中中部地区出口额 22.89 亿美元，同比回落 30.75%，占比 2.25%，西部地区出口额 42.68 亿美元，同比增长 12.72%，占比 4.20%。

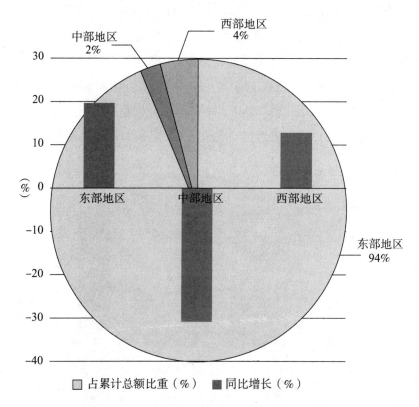

图3.20 2012年中国电子技术产品出口（按国内区域）

资料来源：海关统计。

从具体省份来看，江苏、广东、上海位列我国电子技术产品出口额的前三位，出口额合计831.55亿美元，约为全部出口额的82%。西藏、青海、宁夏三地出口额快速增长，增长率超过了100%，分别达到441.78%、206.52%和115.26%，但出口额仍处于全国末列。西部地区的重庆市发展势头也较为强劲，同比增长高达89.88%，出口额超过1亿美元，达到1.49亿美元。中西部地区除上述4个地区之外，安徽、广西等省份出口也实现了快速增长。

五是亚洲是我国电子产品出口的主要市场，对亚洲和拉丁美洲市场以外地区出口下滑较快。2012年我国出口到亚洲的电子技术产品为791.20亿美元，同比增长46.35%，占比77.90%，为我国的主要出口市场。但在除亚洲市场和拉丁美洲市场之外的其他市场，我国电子技术产品出口出现较大幅度下滑，其中欧盟市场下滑幅度最大，下降了40.06%，非洲、北美洲、大洋洲

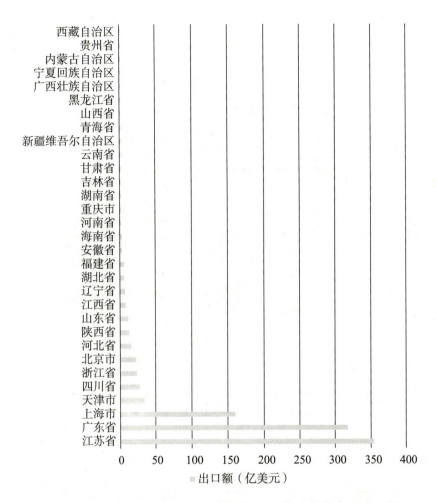

图 3.21　2012 年各省（自治区、直辖市）电子技术产品出口情况

资料来源：海关统计。

市场分别同比下降了 7.29%、11.71% 和 26.07%。

　　从具体国家（地区）来看，中国香港是我国电子技术产品的第一大出口目的地，2012 年出口额 491.50 亿美元，同比增长 73.30%，占比 48.39%，第二大出口目的区域为欧盟，受欧债危机影响，欧洲市场需求萎缩，我国出口到欧盟的电子技术产品出现大幅下滑，2012 年出口额 130.89 亿美元，同比下降 41.51%，但仍为我国该类产品出口的主要市场，占比达 12.89%。我国电子技术产品开拓新兴市场较为成功，出口到东盟的电子技术产品呈增长态

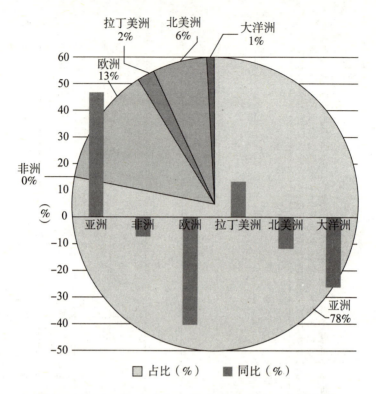

图 3.22   2012 年中国电子技术产品出口的全球分布

资料来源：海关统计。

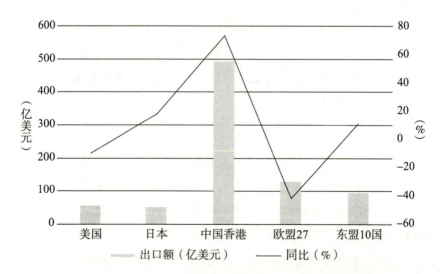

图 3.23   2012 年中国电子技术产品出口（重要贸易伙伴）

资料来源：海关统计。

势，2012 年出口额 96.48 亿美元，同比增长 10.93%，占比 9.50%。整体来看，我国电子技术产品出口市场较为集中，出口到中国香港、欧盟、东盟的电子技术产品为 718.87 亿美元，合计占我国该类产品出口的 70.78%。

（二）进口结构特征

一是处理器及控制器是我国电子技术进口的重点产品。根据海关统计，2012 年处理器及控制器（海关编码：8543210000）进口额 1 083.33 亿美元，位列电子技术产品进口额第一，同时也是我国高新技术产品中第一大进口商品，占电子技术产品进口额的 45.43%，占全部高新技术产品进口额的 21.38%。从进口额来看，排在第二、第三位的进口产品依次为存储器、其他集成电路，前三位合计进口额 1 829.55 亿美元，占电子技术产品进口的 76.73%。

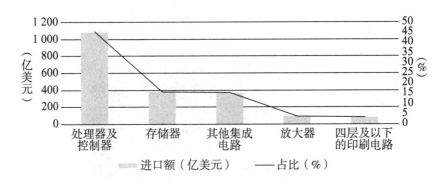

图 3.24　2012 年电子技术前五位进口产品

资料来源：海关统计。

二是进料加工贸易方式是主要的进口贸易方式，其他贸易快速增长。2012 年我国电子技术产品进口中大部分是以进料加工贸易方式进行的，进口额 1 130.46 亿美元，同比增长 2.36%，占比 47.40%，全部加工贸易方式进口额 1 296.37 亿美元，同比增长 0.05%，占比 54.36%。其次是以其他贸易方式进口的产品，进口额 701.71 亿美元，同比增长 46.32%，较加工贸易、一般贸易增幅分别高出 46 个和 40 个百分点。

三是外资企业是进口主体，其他企业进口快速增长。从企业性质来看，2012 年我国电子技术产品进口的主体仍是外资企业，进口额 1 810.57 亿美元，占全部进口额的 75.92%，国有企业进口额 126.33 亿美元，仅占全部进口额

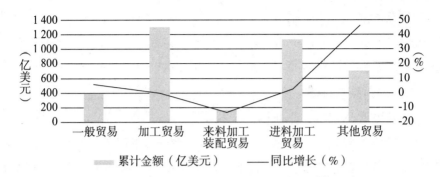

图 3.25 2012 年中国电子技术产品进口（按贸易方式）

资料来源：海关统计。

的 5.30%，在各类企业中，以民营企业为主体的其他企业快速增长，进口额
447.88 亿美元，同比增长 72.81%，进口增速分别超过国有企业和外资企业
约 64 个和 70 个百分点。

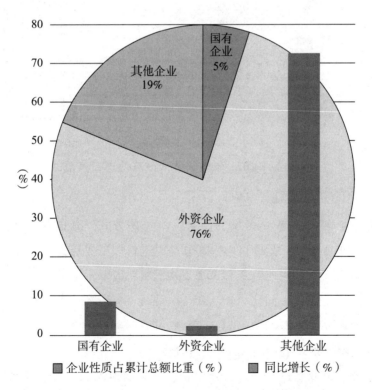

图 3.26 2012 年中国电子技术产品进口（按企业性质）

资料来源：海关统计。

四是亚洲是我国电子产品进口的主要市场，拉丁美洲市场增长较快。
2012 年我国自亚洲进口的电子技术产品为 2128.56 亿美元，同比增长
11.44%，占比 89.26%，为我国进口的主要市场，其次是北美洲市场，自北
美洲市场进口 99.69 亿美元，占比 4.18%，同比增长 5.26%。拉丁美洲市场
进口增长较快，进口金额为 63.76 亿美元，同比增长高达 27.67%。

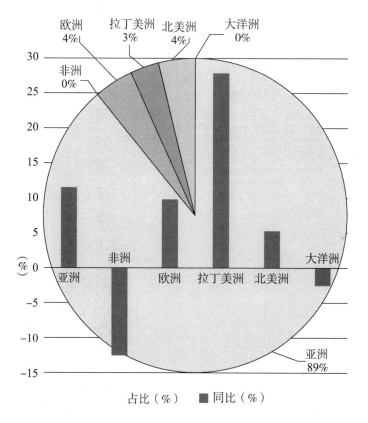

图 3.27　2012 年中国电子技术产品进口的全球分布

资料来源：海关统计。

从具体国家（地区）来看，中国台湾是我国电子技术产品的主要进口地
区，2012 年我国自中国台湾进口 576.77 亿美元，同比增长 18.06%，占比
24.19%，第二大进口来源地为东盟，进口额 494.63 亿美元，同比下降
0.33%，占比 20.74%。其余主要进口来源地进口额均保持同比增长，占比变
化不大。

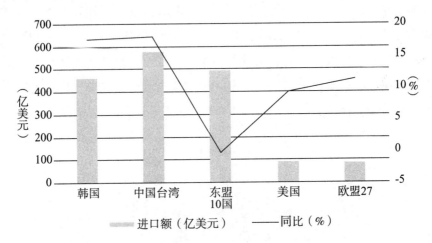

图 3.28 2012 年中国电子技术产品进口（重要贸易伙伴）

资料来源：海关统计。

（本部分由叶欣撰写）

我国计算机集成制造技术产品贸易情况

根据中国海关统计，2012 年我国计算机集成制造技术产品进出口总额 463.41 亿美元，同比增长 17.01%，占全年高新技术产品进出口额的 4.18%。其中，计算机集成制造技术产品出口额 98.97 亿美元，同比增长 10.96%，占高新技术产品出口总额的 1.65%，在高新技术产品出口领域排名第五。计算机集成制造技术产品进口额 364.44 亿美元，同比下降 22.33%，占高新技术产品进口总额的 7.19%，在高新技术产品进口领域排名第四。

一、2012 年整体贸易情况的历史比较

（一）出口贸易情况比较

从出口额来看，2012 年我国计算机集成制造技术产品出口额继续保持增长，出口额接近 100 亿美元，超过 2011 年出口额（89.19 亿美元），达到新的历史高点。从出口增速来看，2012 年我国计算机集成制造技术产品增速仅为 10.96%，与 2002—2012 年 10 年出口增速相比较，仅高于 2009 年负增长（-20.51%），低于过去 10 年出口年均增速（34.78%）约 24 个百分点。从出口额所占比重来看，计算机集成制造技术产品出口占高新技术产品出口比重由 2002 年的 1.28% 上升到 2012 年的 1.64%，10 年间仅上升了 0.36 个百分点，不仅比重基本保持不变，出口排名也牢牢保持在第五位，说明我国高新技术产品出口结构调整不大。

（二）进口贸易情况比较

从进口额来看，2012 年我国计算机集成制造技术产品进口额出现回落，在 2011 年达到 469.24 亿美元的历史高点后出现大幅下降，回落到 364.44 亿美元，基本与 2010 年持平。从进口同比来看，2012 年是我国计算机集成制造

技术产品 10 年间第三次出现同比下降，且下降幅度高于 2005 年的 1.63% 和 2009 年的 20.78%，达到 22.33%。从进口占比来看，2012 年计算机集成制造技术产品进口占高新技术产品比重为 7.19%，比 2002 年的 10.48% 下降了约 3 个百分点。

（三）贸易差额情况

2012 年，我国计算机集成制造技术产品逆差规模在 2011 年的基础上大幅缩小，贸易逆差达到 265.47 亿美元，同比下降 30.15%，约是 2002 年贸易逆差（71.71 亿美元）的 3 倍。

二、2012 年 1 月至 12 月贸易情况分析

（一）1 月至 12 月出口结构特征

2012 年全年，计算机集成制造技术产品月度出口额呈现前后低中间高的态势。受年初、年末节假日和季节因素等影响，出口月度值较低，1 月份仅为 7.68 亿美元，在经历 2 月份的大幅上升后，其后 6 个月基本维持在 8.3 亿～

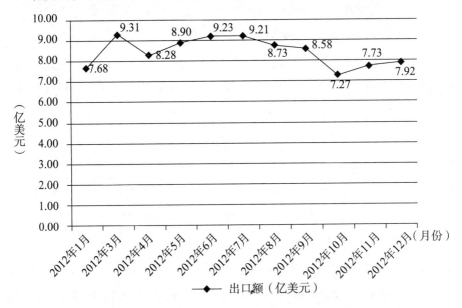

图 3.29　2012 年 1 月至 12 月计算机集成制造技术产品出口额

资料来源：海关统计。

9.3 亿美元之间,此后开始出现大幅下降,10 月份达到年度最低值 7.27 亿美元,虽然之后两个月有所增长,但 12 月份也仅达到了 7.92 亿美元,基本与年初持平。

（二）1 月至 12 月进口结构特征

2012 年全年,计算机集成制造技术产品月度进口额呈现两头低中间高的态势,且季度性比较明显。1 月至 12 月,进口月度最低值出现在 1 月份,为 21.90 亿美元,月度峰值出现在 7 月份,进口额 38.75 亿美元。从 4 个季度来看,年度峰值主要出现在第三季度,年度谷值主要出现在第一和第四季度,尤其第四季度相较于第三季度下降幅度最大,说明计算机集成制造技术产品进口有着很强的季度性。

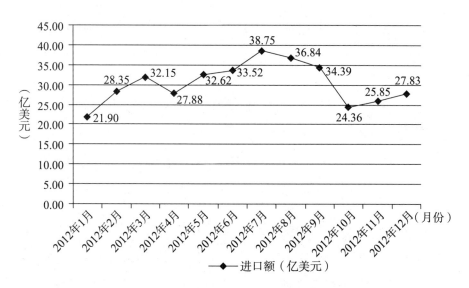

图 3.30   2012 年 1 月至 12 月计算机集成制造技术产品进口额

资料来源：海关统计。

三、2012 年贸易结构分析

（一）出口结构特征

一是其他自动调节或控制仪器及装置是我国计算机集成制造技术出口的重点产品。根据海关统计,2012 年其他自动调节或控制仪器及装置（海关编码：9032899000）出口额 14.50 亿美元，位列计算机集成制造技术产品出口额第一，占计算机集成制造技术产品出口额的 14.65%。从出口额来看，排在第二、第三位的出口产品依次为未列名具有独立功能的机器及机械器具和其他电动真空吸尘器，前三位合计出口额 32.84 亿美元，占计算机集成制造技术产品出口的 33.18%。

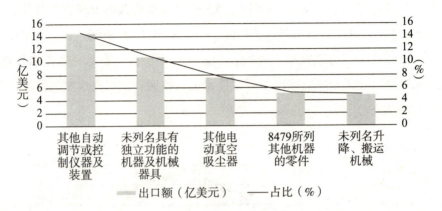

图 3.31 2012 年计算机集成制造技术前五位出口产品

资料来源：海关统计。

二是一般贸易方式是主要的出口贸易方式，其他贸易方式增幅大大超过加工贸易。2012 年我国计算机集成制造技术产品出口大部分是以一般贸易方

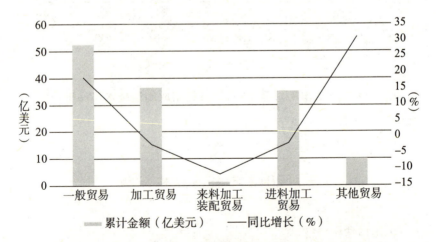

图 3.32 2012 年中国计算机集成制造技术产品出口（按贸易方式）

资料来源：海关统计。

式进行的，出口额 52.30 亿美元，同比增长 18.56%，占比 52.85%，全部加工贸易方式出口额 36.52 亿美元，同比下降 2.17%，占比 36.90%。一般贸易方式出口额 173.97 亿美元，同比下降 10.61%。同期，我国其他贸易方式出口额快速增长，全年出口额 10.15 亿美元，同比增长 31.01%，占比 10.26%，说明我国计算机集成制造技术产品贸易结构有所改善。

三是外资企业是出口主体，国有企业出口增长最快。从企业性质来看，2012 年我国计算机集成制造技术产品出口的主体仍是外资企业，出口额 56.88 亿美元，占全部出口额的 57.47%。以民营企业为主体的其他企业出口额 30.10 亿美元，占全部出口额的 30.42%。国有企业出口额 11.99 亿美元，仅占全部出口额的 12.11%，但其出口增速达到 13.62%，超过外资企业和民营企业为主体的其他企业，未来出口发展可期。

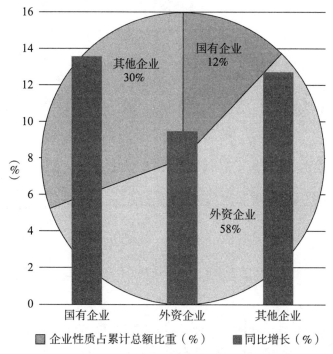

图 3.33 2012 年中国计算机集成制造技术产品出口（按企业性质）

资料来源：海关统计。

四是东部地区是我国计算机集成制造技术产品出口主体，中西部地区出口高速增长。从出口额来看，东部地区仍是我国计算机集成制造技术产品出口主体，2012 年出口额 91.93 亿美元，占比 92.98%。从国内各个地区出口增幅来看，产业转移效果明显，东部地区整体增长仅为个位数，中西部地区增幅达到两位数，其中中部地区出口额 4.83 亿美元，同比增长 36.80%，占比 4.88%，西部地区出口额 2.21 亿美元，同比增长 18.72%，占比 2.23%。

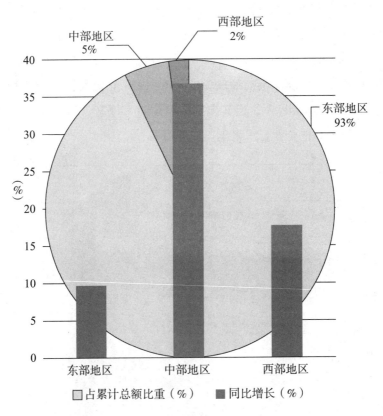

图 3.34 2012 年中国计算机集成制造技术产品出口（按国内区域）

资料来源：海关统计。

从具体省份来看，江苏、广东、上海位列我国出口前三位，出口额合计 61.14 亿美元，约为全部出口额的 62%。海南、宁夏、西藏三地出口额快速增长，增长率超过了 100%，分别达到 516.22%、165.55% 和 130.51%，但出口额仍处于全国末列。中西部地区的黑龙江省发展势头较为强劲，同比增长高达 118.98%，出口额也达到 0.43 亿美元，全国排名第 17 位。中西部地区除上述 4 个地区之外，河南、重庆、青海、贵州等省份出口也实现了快速增长。

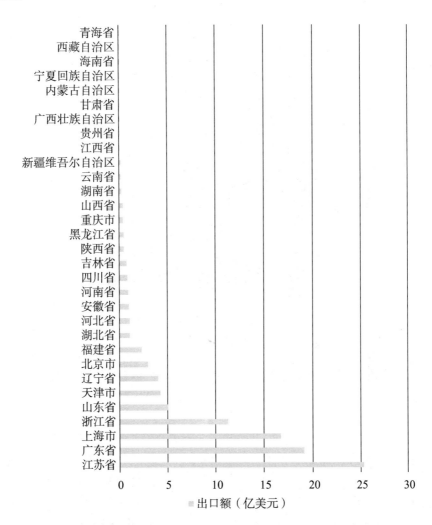

图 3.35　2012 年各省（自治区、直辖市）计算机集成制造技术产品出口情况

资料来源：海关统计。

　　五是亚洲是我国计算机集成制造技术产品的主要出口市场，非洲市场增长较快。2012 年我国出口到亚洲的计算机集成制造技术产品为 51.25 亿美元，同比增长 14.43%，占比 51.79%，为我国出口的主要市场。对其他几个市场，我国计算机集成制造技术产品出口形势一片大好，全部市场均呈现出同比增长态势，其中非洲市场增长幅度最大，达到了 34.79%，欧洲、拉丁美洲、北美洲、大洋洲市场分别同比增长 4.46%、2.40%、8.93% 和 7.60%。

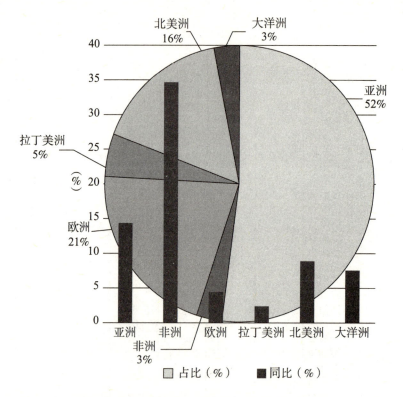

图 3.36　2012 年中国计算机集成制造技术产品出口的全球分布

资料来源：海关统计。

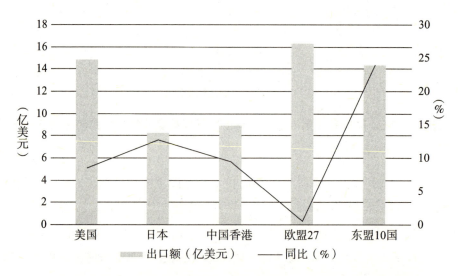

图 3.37　2012 年中国计算机集成制造技术产品出口（重要贸易伙伴）

资料来源：海关统计。

从具体国家（地区）来看，欧盟是我国计算机集成制造技术产品的第一大出口目的地，2012 年出口额 16.31 亿美元，受欧债危机影响，欧洲市场需求不振，同比增长仅为 0.48%，占比 16.48%，第二大出口目的地为美国，出口额为 14.84 亿美元，同比增长 8.52%，占比 14.99%。我国计算机集成制造技术产品开拓新兴市场较为成功，东盟成为计算机集成制造技术产品第三大出口目的区域，2012 年出口额 14.36 亿美元，同比增长 23.86%，占比 14.51%。整体来看，我国计算机集成制造技术产品出口市场较为集中，出口到欧盟、美国、东盟的计算机集成制造技术产品为 45.51 亿美元，合计占我国该类产品出口的 45.98%。

（二）进口结构特征

一是未列名具有独立功能的机器及机械器具是我国计算机集成制造技术进口的重点产品。根据海关统计，2012 年未列名具有独立功能的机器及机械器具（海关编码：8479899900）进口额 46.44 亿美元，虽然同比下降 3.64%，但仍位列计算机集成制造技术产品进口额第一，占计算机集成制造技术产品进口额的 12.74%。从进口额来看，排在第二、第三位的进口产品依次为其他自动调节或控制仪器及装置、立式加工中心，前三位进口产品中，除立式加工中心同比增长高达 20.64% 之外，其他产品均出现了同比下降。

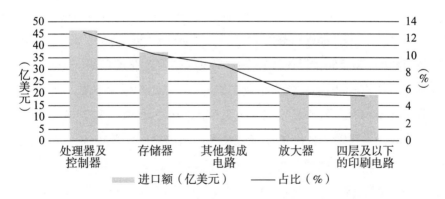

图 3.38 2012 年计算机集成制造技术前五位进口产品

资料来源：海关统计。

二是一般贸易方式是主要进口贸易方式，所有贸易方式均出现快速下滑。2012 年我国计算机集成制造技术产品进口中大部分是以一般贸易方式进行的，进口额237.58亿美元，同比下降23.92%，但占比仍高达65.19%。进口的所有贸易方式均出现了大幅下滑，其他贸易方式出口额117.32亿美元，同比下降19.37%，占比32.19%，全部加工贸易方式出口额9.55亿美元，同比下降16.79%，占比2.62%，其中来料加工装配贸易和进料加工贸易同比下降分别为29.32%和16.54%。

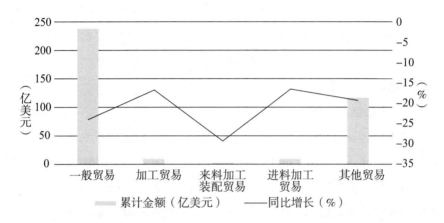

图3.39   2012年中国计算机集成制造技术产品进口（按贸易方式）

资料来源：海关统计。

三是外资企业是进口主体，且同比下降幅度最小。从企业性质来看，2012年我国计算机集成制造技术产品进口的主体仍是外资企业，进口额242.86亿美元，占全部进口额的66.64%，国有企业进口额63.59亿美元，占全部进口额的17.45%，以民营企业为主体的其他企业进口额57.99亿美元，占全部进口额的15.91%。所有企业主体进口额均出现同比下降，其中外资企业下降幅度最小为9.57%，较国有企业和其他企业低30个和29个百分点。

四是亚洲是我国计算机集成制造技术产品进口的主要市场，拉丁美洲市场增长较快。2012年我国自亚洲进口的计算机集成制造技术产品为208.55亿美元，同比下降19.11%，占比57.22%，为我国的主要进口市场，其次是欧洲市场，自欧洲市场进口114.89亿美元，占比31.53%，同比下降30.12%。拉丁美洲市场是2012年我国计算机集成制造技术产品进口市场的一抹亮色，在对其他进口市场进口均出现下滑的情况下，自拉丁美洲市场进口同比增长高达52.76%。

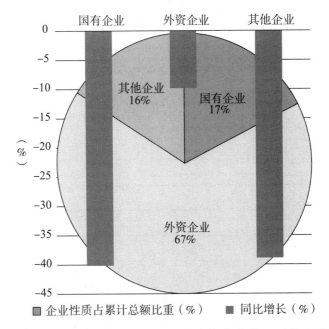

图 3.40   2012 年中国计算机集成制造技术产品进口（按企业性质）

资料来源：海关统计。

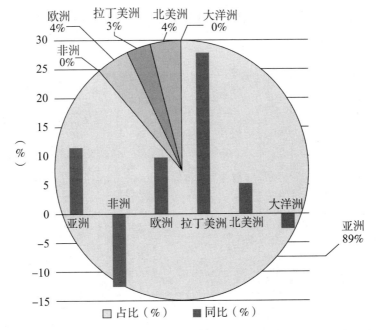

图 3.41   2012 年中国计算机集成制造技术产品进口的全球分布

资料来源：海关统计。

从具体国家（地区）来看，中国台湾是我国计算机集成制造技术产品的主要进口地区，2012 年我国自中国台湾进口 576.77 亿美元，同比增长 18.06%，占比 24.19%，第二大进口来源地为东盟，进口额 494.63 亿美元，同比下降 0.33%，占比 20.74%。其余主要进口来源地进口额均保持同比增长，占比变化不大。

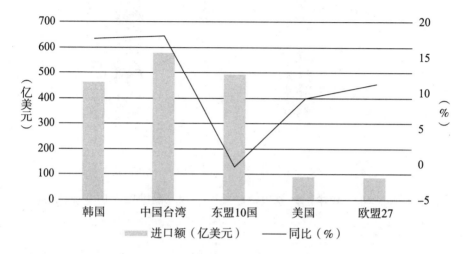

图 3.42 2012 年中国计算机集成制造技术产品进口（重要贸易伙伴）

资料来源：海关统计。

（本部分由叶欣撰写）

我国生命科学技术产品贸易情况

根据中国海关统计，2012 年我国生命科学技术产品进出口总额 403.37 亿美元，同比增长 20.02%，占全年高新技术产品进出口额的 3.64%。其中，生命科学技术产品出口额 209.74 亿美元，同比增长 17.79%，占高新技术产品出口总额的 3.49%，在高新技术产品出口领域中排名第四。生命科学技术产品进口额 193.63 亿美元，同比增长 22.53%，占高新技术产品进口总额的 3.82%，在高新技术产品进口领域中排名第七。

一、2012 年整体贸易情况的历史比较

（一）出口贸易情况比较

从出口额来看，2012 年我国生命科学技术产品出口额继续保持增长，出口额破 200 亿美元，超过 2011 年出口额（178.06 亿美元），达到新的历史高点。从出口增速来看，2012 年我国生命科学技术产品增速仅为 17.79%，与 2002—2012 年 10 年出口增速相比较，仅高于 2009 年的负增长（-17.58%），低于过去 10 年出口年均增速（30.35%）约 17 个百分点。从出口额所占比重来看，生命科学技术产品出口占高新技术产品出口比重由 2002 年的 3.65% 下降到 2012 年的 3.49%，10 年间小幅下降了 0.16 个百分点，变化基本不大，说明高新技术产品的出口产品结构调整不大。

（二）进口贸易情况比较

从进口额来看，2012 年我国生命科学技术产品进口额在 2011 年基础上继续保持增长，达到 193.63 亿美元的新历史高点。从进口增速来看，2012 年我国生命科学技术产品保持两位数增长速度，接近 2002—2012 年 10 年的年均增速（24.36%）。从进口占比来看，2012 年生命科学技术产品进口占高新技术

产品比重为3.82%，仅比2002年的3.09%提高了约0.7个百分点，基本保持不变。

（三）贸易差额情况

2012年，我国生命科学技术产品顺差规模在2011年的基础上小幅扩大，贸易顺差达到16.12亿美元，同比下降19.56%，虽然贸易顺差不大，但较2002年3.35亿美元的贸易逆差已有所改善。

二、2012年1月至12月贸易情况分析

（一）1月至12月出口结构特征

2012年全年，生命科学技术产品出口基本保持平稳的态势。仅因2月份受节假日影响，出口月度值较低，2月份仅为13.38亿美元，但3月份马上回升到17.66亿美元，并在此后很长一段时间内基本保持稳定，维持在17亿~18亿美元的水平，直到12月份出口猛增，环比增长达到12.36%，出口额上升到20.45亿美元，才打破了这一平稳态势。

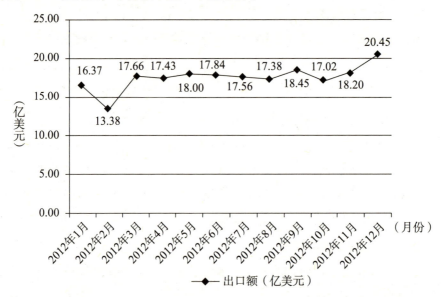

图3.43　2012年1月至12月生命科学技术产品出口额

资料来源：海关统计。

（二）1月至12月进口结构特征

2012年全年，生命科学技术产品月度进口额在前半年和后半年呈现出截然不同的发展态势，前半年月度进口额呈现出波浪上升的态势，后半年月度进口额增长较为平稳。1月至12月，进口月度最低值出现在1月份为10.92亿美元，月度峰值出现在12月份，进口额19.42亿美元。前半年峰值谷值差距较大，峰谷之间差额约为7亿美元，后半年除12月份外，进口额平稳保持在17亿美元左右。

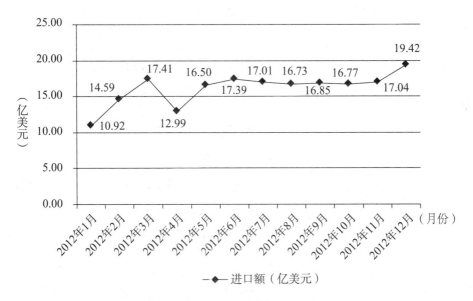

图3.44　2012年1月至12月生命科学技术产品进口额

资料来源：海关统计。

三、2012年贸易结构分析

（一）出口结构特征

一是其他有机—无机化合物是我国生命科学技术出口的重点产品。根据海关统计，2012年其他有机—无机化合物、其他未列名仅含有氮杂原子的杂环化合物、未列名混合或非混合产品构成的药品分别为前三位产品，合计占该领域出口总额的24.0%。2012年，其他有机—无机化合物继续保持增长，同比增长31.22%，由2011年领域出口排名第二提高到排名第一，占该技术领域出口总额的9.0%。

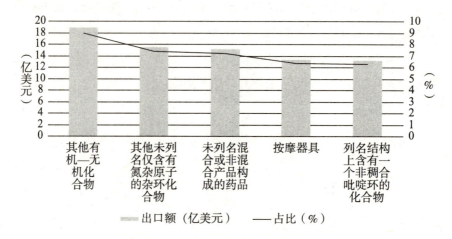

图3.45　2012年生命科学技术前五位出口产品

资料来源：海关统计。

二是一般贸易方式是主要的出口贸易方式，其他贸易出口增速远远超过一般贸易和加工贸易。2012年，我国生命科学技术产品出口大部分是以一般贸易方式进行的，出口额157.36亿美元，同比增长16.27%，占比75.02%，全部加工贸易方式出口额37.49亿美元，同比增长6.83%，占比17.87%。其中来料加工装配贸易和进料加工贸易出口额分别为5.41亿美元和32.08亿美

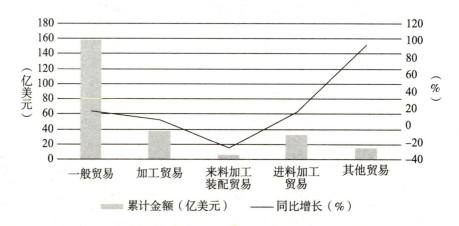

图3.46　2012年中国生命科学技术产品出口（按贸易方式）

资料来源：海关统计。

元。同期，其他贸易方式是生命科学技术产品出口的亮点，出口额迅猛增长，全年出口额14.90亿美元，同比增长95.30%，占比7.10%。

三是其他企业是出口主体，且出口金额增幅最高。从企业性质看，2012年我国生命科学技术产品出口的主体是以民营企业为主体的其他企业，出口额107.76亿美元，占全部出口额的51.38%，国有企业出口额37.63亿美元，仅占全部出口额的17.94%，外资企业出口额64.35亿美元，占全部出口额的10.05%。在各类企业中，以民营企业为主体的其他企业是出口金额增幅最高的，同比增长25.09%，出口增速分别超过国有企业和外资企业约15个百分点，是拉动生命科学技术产品出口增长的主要力量。

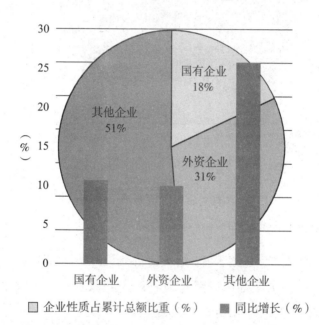

图3.47　2012年中国生命科学技术产品出口（按企业性质）

资料来源：海关统计。

四是东部地区是我国生命科学技术产品出口主体，中西部地区出口高速增长。从出口额来看，东部地区仍是我国生命科学技术产品出口主体，2012年出口额180.08亿美元，占比86.22%。从国内各个地区出口增幅来看，产业转移效果虽然不太明显，但仍达到一定效果，中西部地区出口额同比增长，其中中部地区出口额17.43亿美元，同比增长13.74%，占比8.31%，西部地区出口额 11.47 亿美元，同比增长 39.93%，占比 5.47%。

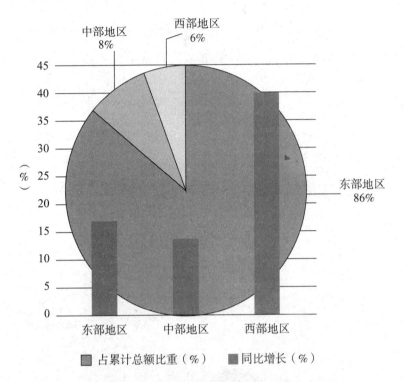

图 3.48　2012 年中国生命科学技术产品出口（按国内区域）

资料来源：海关统计。

从具体省份来看，江苏、浙江、上海位列我国出口前三位，出口额合计 120.31 亿美元，约为全部出口额的 57.36%。西藏自治区出口额快速增长，增长率超过了 200%，达到 238.12%，但出口额仍处于全国末列。西部地区的四川省发展势头也较为强劲，同比增长高达 78.38%，出口额达到 3.74 亿美元，位列全国第 13 位。中西部地区除上述两个地区之外，内蒙古、云南、宁夏等省份出口也实现了快速增长。

五是亚洲是我国生命科学技术产品出口的主要市场，对所有市场出口均保持快速增长。2012 年，我国出口到亚洲的生命科学技术产品为 80.73 亿美元，同比增长 15.56%，占比 38.49%，为我国的主要出口市场。其次是欧洲，出口到欧洲的生命科学技术产品为 50.62 亿美元，占比 24.13%，同比增长 11.10%。对其他市场出口也保持快速增长，增长幅度有所差别，但保持在 10%~30% 之间。

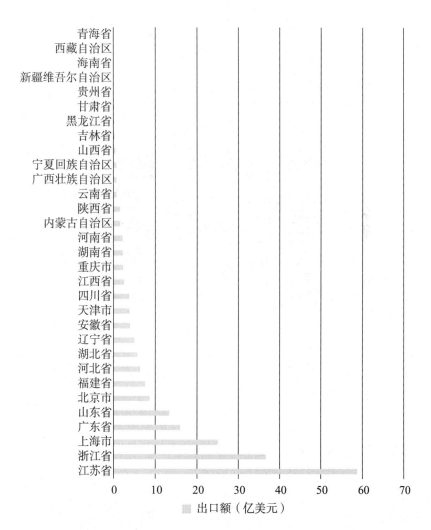

图 3.49　2012 年各省（自治区、直辖市）生命科学技术产品出口情况

资料来源：海关统计。

从具体国家（地区）来看，欧盟是我国生命科学技术产品的第一大出口目的区域，2012 年出口额 44.33 亿美元，虽然受欧债危机影响，但欧洲市场同比增长依然达到 11.43%，占比 21.14%。第二大出口目的国为美国，2012 年出口额 35.23 亿美元，同比增长 25.06%，占比为 16.80%。我国生命科学技术产品开拓新兴市场较为成功，东盟为第三大出口目的区域，出口到东盟的生命科学技术产品呈增长态势，2012 年出口额 16.34 亿美元，同比增长 101.93%，占比 7.79%。整体来看，我国生命科学技术产品出口市场不太集

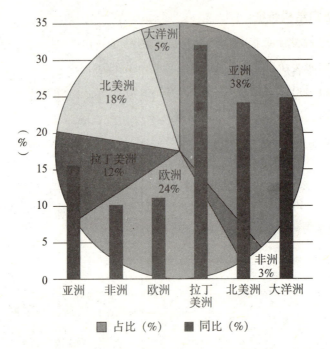

图3.50　2012年中国生命科学技术产品出口的全球分布

资料来源：海关统计。

中，出口到欧盟、美国、东盟、日本、中国香港这前五位贸易伙伴的生命科学技术产品为115.96亿美元，合计仅占我国该类产品出口的55.29%。

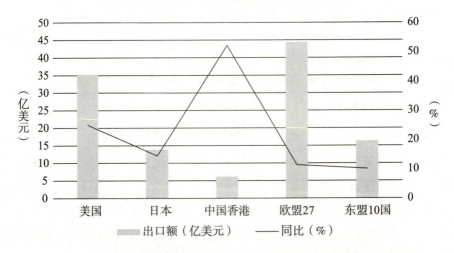

图3.51　2012年中国生命科学技术产品出口（重要贸易伙伴）

资料来源：海关统计。

（二）进口结构特征

一是未列名混合或非混合产品构成的药品是我国生命科学技术进口的重点产品。根据海关统计，2012 年未列名混合或非混合产品构成的药品（海关编码：3004909000）进口额 62.28 亿美元，位列生命科学技术产品进口额第一位，同比增长 29.71%，占生命科学技术产品进口额的 32.17%。位列第二、第三位的分别是抗血清、其他血份及免疫制品，其他医疗、外科或兽医用 X 射线应用设备，前三位产品合计占该技术领域进口的 47.13%。

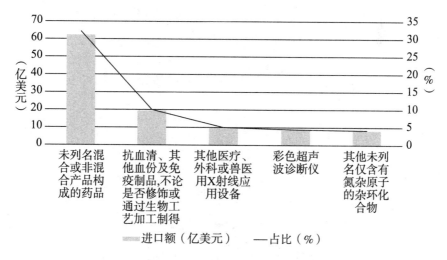

图 3.52　2012 年生命科学技术前五位进口产品

资料来源：海关统计。

二是一般贸易方式是主要的进口贸易方式，其他贸易快速增长。2012 年我国生命科学技术产品进口中大部分是以一般贸易方式进行的，进口额 114.54 亿美元，同比增长 17.81%，占比 59.15%，全部加工贸易方式出口额 17.29 亿美元，同比增长 4.19%，占比 8.93%，其中来料加工装配贸易和进料加工贸易进口额分别为 12.26 亿美元和 5.03 亿美元。其他贸易方式进口额快速增长，进口额 61.80 亿美元，同比增长 39.79%，较加工贸易、一般贸易增幅分别高出 35 个和 12 个百分点。

三是外资企业是进口主体，且进口金额增幅最高。从企业性质来看，2012 年我国生命科学技术产品进口的主体仍是外资企业，进口额 107.28 亿美元，占全部进口额的 55.41%，国有企业进口额 36.63 亿美元，占全部进口额

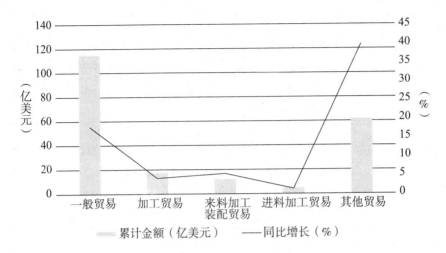

图 3.53　2012 年中国生命科学技术产品进口（按贸易方式）

资料来源：海关统计。

的 14.83%，以民营企业为主体的其他企业进口额 49.71 亿美元，占全部进口额的 22.44%。在各类企业中，外资企业进口金额增幅最高，同比增长 25.45%，进口增速分别超过国有企业和其他企业约 11 个和 3 个百分点。

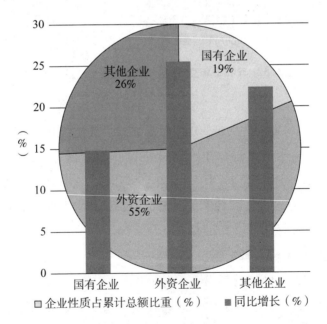

图 3.54　2012 年中国生命科学技术产品进口（按企业性质）

资料来源：海关统计。

四是欧洲是我国生命科学技术产品进口的主要市场，非洲市场增长较快。2012年我国自欧洲进口的生命科学技术产品为118.06亿美元，同比增长24.89%，占比60.98%，为我国进口的主要市场，其次是北美洲市场，自北美洲市场进口38.80亿美元，占比20.04%，同比增长22.49%。拉丁美洲市场进口增长较快，同比增长高达143.35%。

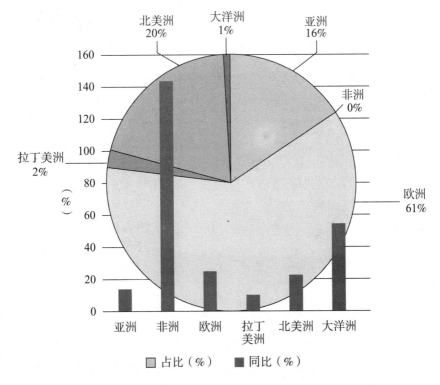

图3.55 2012年中国生命科学技术产品进口的全球分布

资料来源：海关统计。

从具体国家（地区）来看，欧盟是我国生命科学技术产品的主要进口地区，2012年我国自欧盟进口101.06亿美元，同比增长25.07%，占比52.19%，第二大进口来源地为美国，进口额37.85亿美元，同比增长21.54%，占比19.55%。自韩国进口额同比增长最快，同比增长高达49.78%，占比1.58%。

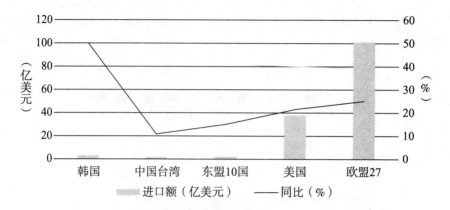

图 3.56 2012 年中国生命科学技术产品进口（重要贸易伙伴）

资料来源：海关统计。

（本部分由叶欣撰写）

我国生物技术产品贸易情况

根据中国海关统计，2012 年我国生物技术产品进出口总额 9.52 亿美元，同比增长 10.3%，占全年高新技术产品进出口额的 0.09%。其中，生物技术产品出口额 4.72 亿美元，同比增长 13.97%，占高新技术产品出口总额的 0.08%，是高新技术产品出口最少的领域。生物技术产品进口额 4.80 亿美元，同比增长 6.9%，占高新技术产品进口总额的 0.09%，是高新技术产品进口最少的领域。

一、2012 年整体贸易情况的历史比较

（一）出口贸易情况比较

从出口额来看，2012 年我国生物技术产品出口额继续保持增长，出口额达到 4.72 亿美元，超过 2011 年出口额（4.14 亿美元），达到新的历史高点。从出口增速来看，2012 年我国生物技术产品增速为 13.97%，虽然与 2002—2012 年 10 年出口增速相比较，低于过去 10 年出口年均增速（34.89%），但仍高于大多数年份的增速。从出口额所占比重来看，生物技术产品出口占高新技术产品出口比重由 2002 年的 0.30% 下降到 2012 年的 0.08%，10 年间虽然有所下降，但变化不大，说明高新技术产品的出口结构调整不大。

（二）进口贸易情况比较

从进口额来看，2012 年我国生物技术产品进口额在 2011 年突破 4.48 亿美元的基础上继续保持增长，达到 4.80 亿美元的新历史高点。从进口增速来看，2012 年我国生物技术产品仅为 6.9%，低于 2002—2012 年的 10 年年均增速（23.28%）约 16 个百分点。从进口占比来看，2012 年生物技术产品进口占高新技术产品比重为 0.09%，较 2002 年的 0.14% 变化不大，仍是我国高新

技术产品进口最少的类别。

（三）贸易差额情况

2012 年，我国生物技术产品逆差规模在 2011 年的基础上大幅下降，贸易逆差为 0.08 亿美元，同比下降 77.14%，但较 2002 年 0.58 亿美元的贸易顺差，贸易状况有所恶化。

二、2012 年 1 月至 12 月贸易情况分析

（一）1 月至 12 月出口结构特征

2012 年全年，生物技术产品月度出口额呈现波浪形的平稳发展态势。1 月至 12 月，出口月度最低值出现在 2 月份，为 0.28 亿美元，月度峰值出现在 5 月份，出口额 0.48 亿美元。值得注意的是，生物技术产品出口呈现出同比增长后必然出现同比下降、同比下降后必然出现同比增长的有趣现象，这也是导致生物技术产品出口峰谷值差别不大，全年基本保持 0.4 亿美元上下的原因。

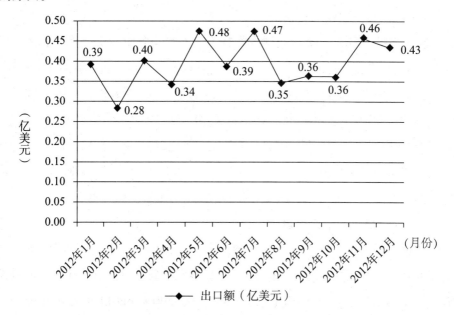

图 3.57　2012 年 1 月至 12 月生物技术产品出口额

资料来源：海关统计。

（二）1 月至 12 月进口结构特征

2012 年全年，生物技术产品月度进口额呈现前后低中间高的态势。受年初、年末节假日和季节因素等影响，1 月份仅为 0.19 亿美元，在经历 2 月份的大幅上升后，其后 4 个月基本维持在 0.35 亿～0.46 亿美元之间，此后忽然开始出现迅猛上升，7 月份达到年度最高值 0.68 亿美元，但之后几个月有所回落，12 月份仅维持在 0.36 亿美元的水平，基本与年初持平。

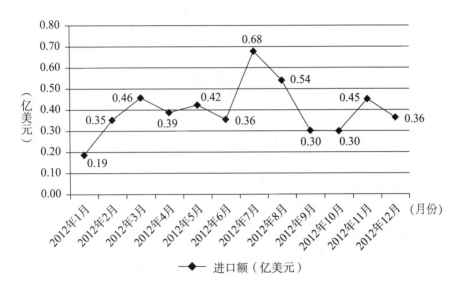

图 3.58　2012 年 1 月至 12 月生物技术产品进口额

资料来源：海关统计。

三、2012 年贸易结构分析

（一）出口结构特征

一是雌（甾）激素和孕激素是我国生物技术出口的重点产品。根据海关统计，2012 年，雌（甾）激素和孕激素（海关编码：2937230000）出口额 2.19 亿美元，位列生物技术产品出口额第一，占生物技术产品出口额的 46.40%。从出口额来看，排在第二、第三位的出口产品依次为其他甾族激素及其衍生物和结构类似物，化学纯糖；糖醚、糖酯及其盐，前三位合计出口额 3.9 亿美元，占生物技术产品出口的 82.63%。

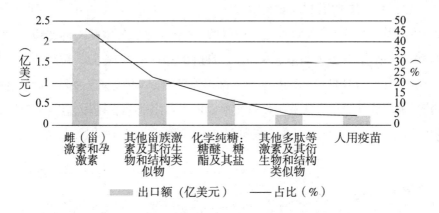

图 3. 59　2012 年生物技术前五位出口产品

资料来源：海关统计。

二是一般贸易方式是主要出口贸易方式，且仅有一般贸易方式出口同比增长。2012 年我国生物技术产品出口几乎都是以一般贸易方式进行的，出口额 4. 70 亿美元，同比上升 14. 51%，占比 99. 69%，全部加工贸易方式出口额同比下降 77. 30%，占比仅为 0. 09%，且全部由进料加工贸易实现。其他贸易方式出口额 0. 01 亿美元，同比下降 26. 22%，占比为 0. 22%。同时，在所有贸易方式中，仅有一般贸易方式出口额同比增长。

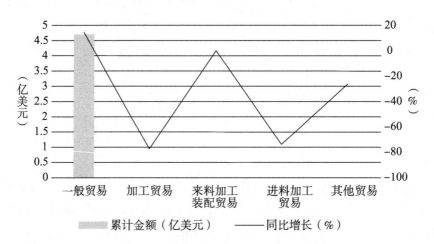

图 3. 60　2012 年中国生物技术产品出口（按贸易方式）

资料来源：海关统计。

三是其他企业是出口主体，所有性质企业出口均有所增长。从企业性质来看，2012 年我国生物技术产品出口的主体仍是以民营企业为主体的其他企业，出口额 2.44 亿美元，占全部出口额的 51.70%，国有企业出口额 0.93 亿美元，仅占全部出口额的 19.62%，外资企业 1.35 亿美元，占全部出口额的 28.68%。此外，国有企业、外资企业、以民营企业为主体的其他企业出口均有所增长，同比增长分别为是 9.86%、13.81% 和 15.71%。

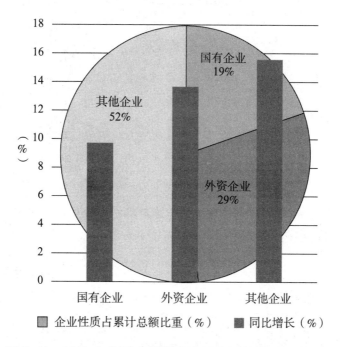

图 3.61　2012 年中国生物技术产品出口（按企业性质）

资料来源：海关统计。

四是东部地区是我国生物技术产品出口主体，中西部地区出口高速增长。从出口额来看，东部地区仍是我国生物技术产品出口主体，2012 年出口额 3.59 亿美元，占比 76.22%。从国内各个地区出口增幅来看，产业转移效果明显，东部地区同比增长仅为个位数，中西部地区增幅达到两位数，其中中部地区出口额 0.73 亿美元，同比增长 44.58%，占比 15.50%，西部地区出口额 0.39 亿美元，同比增长 22.78%，占比 8.28%。

从具体省份来看，浙江、江苏、上海位列我国出口前三位，出口额合计 2.64 亿美元，约为全部出口额的 56%。江西、广西两地出口额快速增长，增

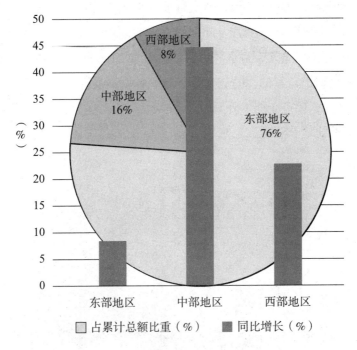

图 3.62   2012 年中国生物技术产品出口（按国内区域）

资料来源：海关统计。

长率超过了 100%，分别达到 253.60% 和 144.81%，且出口额仍处于全国中游水平。西部地区的陕西省发展势头较为强劲，同比增长高达 55.76%，出口额达到 0.20 亿美元，位列全国第八。中西部地区除上述 3 个地区之外，湖北、吉林、四川等省份出口也实现了快速增长。

五是欧洲是我国生物产品出口的主要市场，对所有市场出口均出现同比增长。2012 年我国出口到欧洲的生物技术产品为 1.88 亿美元，同比增长 17.68%，占比 39.83%，为我国出口的主要市场。其次是亚洲，出口到亚洲的生物技术产品为 1.72 亿美元，占比 36.44%，同比增长 5.64%。此外，我国对所有市场的出口均有所增长，其中非洲增速最快，同比增长为 64.65%。

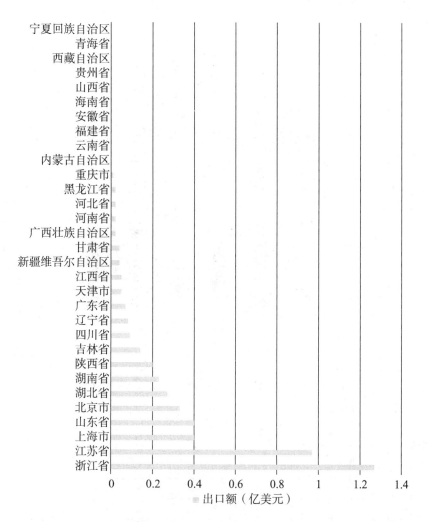

图3.63 2012年各省（自治区、直辖市）生物技术产品出口情况

资料来源：海关统计。

从具体国家（地区）来看，欧盟是我国生物技术产品的第一大出口目的区域，2012年出口额1.58亿美元，受欧债危机影响，但同比增长仍高达20.64%，占比33.49%。第二大出口目的国为美国，2012年出口额0.51亿美元，同比增长30.31%，占比10.81%。我国生物技术产品开拓新兴市场较为成功，出口到东盟的生物技术产品呈增长态势，2012年出口额0.28亿美元，同比增长15.10%，占比5.94%。整体来看，我国生物技术产品出口市场不太集中，出口到欧盟、美国、日本、东盟、中国香港这前五位贸易伙伴的生物

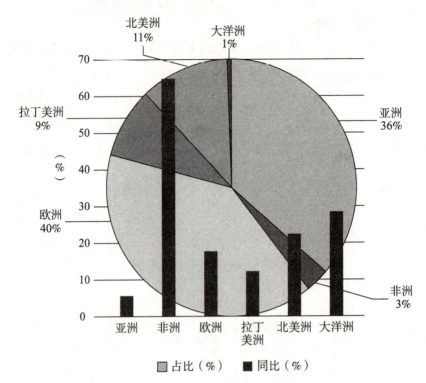

图 3.64　2012 年中国生物技术产品出口的全球分布

资料来源：海关统计。

技术产品为 2.81 亿美元，合计仅占我国该类产品出口的 59.53%。

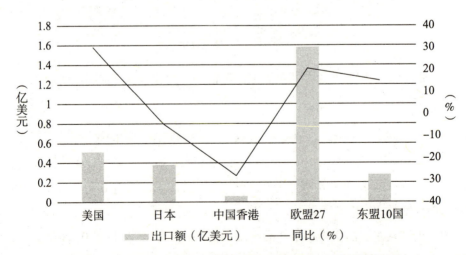

图 3.65　2012 年中国生物技术产品出口（重要贸易伙伴）

资料来源：海关统计。

（二）进口结构特征

一是人用疫苗是我国生物技术进口的重点产品。根据海关统计，2012 年人用疫苗（海关编码：3002200000）进口额 1.56 亿美元，位列生物技术产品进口额第一，占生物技术产品进口额的 32.47%。从进口额来看，排在第二、第三位的进口产品依次为兽用疫苗，人血、医用动物血制品，其他毒素、培养微生物，前三位合计进口额 3.94 亿美元，占生物技术产品进口额的 82.10%。

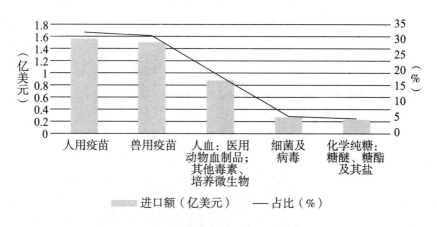

图 3.66　2012 年生物技术前五位进口产品

资料来源：海关统计。

二是一般贸易方式是主要进口贸易方式，进料加工贸易快速增长。2012 年我国生物技术产品进口中大部分是以一般加工贸易方式进行的，进口额

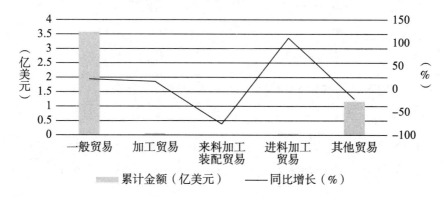

图 3.67　2012 年中国生物技术产品进口（按贸易方式）

资料来源：海关统计。

3.58亿美元，同比增长21.17%，占比74.68%。其次是以其他贸易方式进口的产品，进口额1.16亿美元，同比下降21.86%，占比24.14%。全部加工贸易方式进口额0.06亿美元，同比增长16.12%，占比1.18%，其中进料加工贸易快速增长，进口额0.05亿美元，同比增长110.45%，较一般贸易、其他贸易增幅分别高出90个和130个百分点。

三是外资企业是进口主体，国有企业进口快速增长。从企业性质来看，2012年我国生物技术产品进口的主体仍是外资企业，进口额2.02亿美元，占全部进口额的42.11%，以民营企业为主体的其他企业进口额1.04亿美元，占全部进口额的21.72%。在各类企业中，国有企业快速增长，进口额1.73亿美元，同比增长38.15%，占比36.17%，进口增速分别超过以民营企业为主体的其他企业和外资企业约68个和23个百分点。

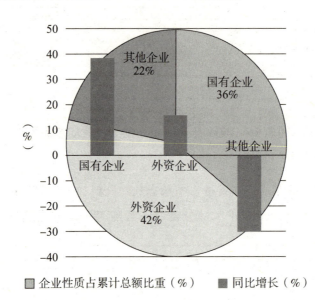

图3.68　2012年中国生物技术产品进口（按企业性质）

资料来源：海关统计。

四是欧洲是我国生物产品进口的主要市场，非洲市场增长较快。2012年，我国自欧洲进口的生物技术产品为3.03亿美元，同比增长22.92%，占比63.29%，为我国的主要进口市场，其次是北美洲市场，自北美洲市场进口1.40亿美元，占比29.24%，同比下降16.08%。自非洲市场进口增长较快，进口金额为 0.01 亿美元，同比增长高达 592.25%。

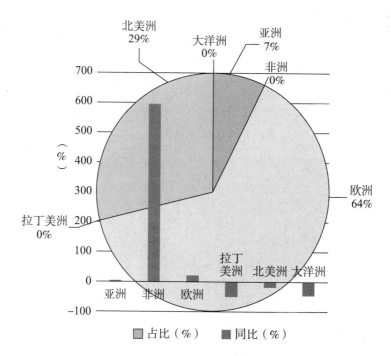

图 3.69　2012 年中国生物技术产品进口的全球分布

资料来源：海关统计。

从具体国家（地区）来看，欧盟是我国生物技术产品的主要进口地区，

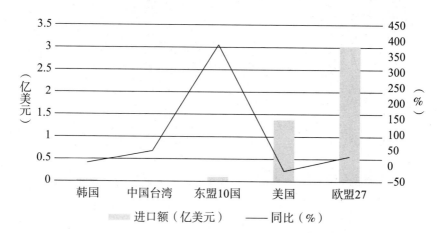

图 3.70　2012 年中国生物技术产品进口（重要贸易伙伴）

资料来源：海关统计。

2012 年我国自欧盟进口 3.02 亿美元，同比增长 29.79%，占比 62.92%，第二大进口来源地为美国，进口额 1.38 亿美元，同比下降 16.70%，占比 28.78%。我国自东盟进口的生物技术产品迅猛增长，同比增长高达 386.50%，已成为第三大进口来源地。

（本部分由叶欣撰写）

我国光电技术产品贸易情况

根据中国海关统计，2012 年我国光电技术产品进出口总额 983.49 亿美元，同比增长 13.91%，占全年高新技术产品进出口额的 8.87%。其中，光电技术产品出口额 396.27 亿美元，同比增长 23.43%，占高新技术产品出口总额的 6.59%，是高新技术产品出口第三大领域。光电技术产品进口额 587.22 亿美元，同比增长 8.27%，占高新技术产品进口总额的 11.58%，是我国高新技术产品进口第三大领域。

一、2012 年整体贸易情况的历史比较

（一）出口贸易情况比较

从出口额来看，2012 年我国光电技术产品出口额继续保持增长，出口额接近 400 亿美元，超过 2011 年出口额（321.05 亿美元），达到新的历史高点。从出口增速来看，2012 年我国光电技术产品增速仅为 23.43%，虽然低于 2002—2012 年 10 年出口年均增速（128.44%）约 105 个百分点，但与过去 10 年每年出口增速相比较，仍处于不高不低的中游位置。从出口额所占比重来看，光电技术产品出口占高新技术产品出口比重由 2002 年的 0.52% 上升到 2012 年的 6.59%，10 年间上升了 6 个百分点，由我国高新技术产品出口第六大类别上升到第三大类别，在高新技术产品出口贸易中的地位得到极大地提升。

（二）进口贸易情况比较

从进口额来看，2012 年我国光电技术产品进口额在 2011 年 542.36 亿的基础上继续保持增长，达到 587.22 亿美元的新历史高点。从进口增速来看，2012 年我国光电产品仅为 8.72%，仅高于 2009 年的 -20.57% 和 2011 年的

3.66%，低于 2002—2012 年 10 年的年均增速（97.01%）约 88 个百分点。从进口占比来看，2012 年光电技术产品进口占高新技术产品比重为 11.58%，比 2002 年的 1.93%提高了约 10 个百分点，极大影响了高新技术产品的进口产品结构。

（三）贸易差额情况

2012 年，我国光电技术产品逆差规模在 2011 年的基础上小幅下降，贸易逆差达到 190.95 亿美元，同比下降 13.72%，约是 2002 年贸易逆差（11.66亿美元）的 16 倍。

二、2012 年 1 月至 12 月贸易情况分析

（一）1 月至 12 月出口结构特征

2012 年全年，光电技术产品月度出口额呈现前低后高的增长态势。年初受节假日和季节因素等影响，出口月度值较低，1 月份仅为 22.13 亿美元，在经历了 2 月份的大幅上升后，3 至 9 月份出口额基本保持增长态势，9 月份

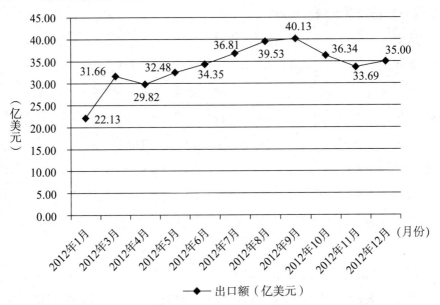

图 3.71 2012 年 1 月至 12 月光电技术产品出口额

资料来源：海关统计。

达到 40.13 亿美元的出口月度峰值。10 月和 11 月份出口额有所回调，但在 12
月份重新开始增长，达到 35 亿美元。

（二）1 月至 12 月进口结构特征

2012 年全年，光电技术产品月度进口额呈现前低后高的增长态势。年初
受节假日和季节因素等影响，进口月度值较低，1 月、2 月份维持在 40 亿美
元之内，在经历 3 月份的略有上升后，4 月份进口额有所回调，整体上半年进
口表现不振，下半年进口逐渐好转，7 月份进口猛增，环比增长达到
14.88%，进口额在第四季度持续增长，到 12 月份达到 56.64 亿美元的进口月
度峰值。

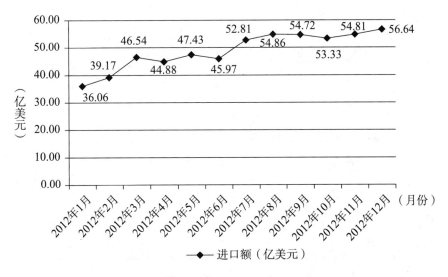

图 3.72　2012 年 1 月至 12 月光电技术产品进口额

资料来源：海关统计。

三、2012 年贸易结构分析

（一）出口结构特征

一是液晶显示板是我国光电技术出口的重点产品。根据海关统计，2012
年液晶显示板（海关编码：9013803000）出口额 362.54 亿美元，不仅位列光
电技术产品出口额第一位，更位列全部高新技术产品出口额第三位，占光电

技术产品出口额的 91.49% ，占全部高新技术产品出口额的 6.08% 。其他未列名测量或检验仪器、器具及机器、其他使用半导体媒体的声音录制或重放设备分别为出口第二、第三位产品，前三位产品合计出口额 379.39 亿美元，占光电技术产品出口的 95.75% 。

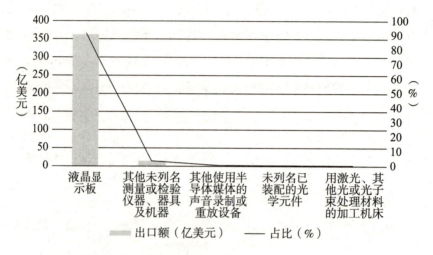

图 3.73　2012 年光电技术前五位出口产品

资料来源：海关统计。

二是进料加工贸易方式是主要出口贸易方式，其他贸易增幅大大超过加工贸易。2012 年，我国光电技术产品出口大部分是以进料加工贸易方式进行

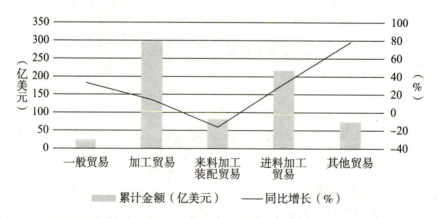

图 3.74　2012 年中国光电技术产品出口（按贸易方式）

资料来源：海关统计。

的，出口额 216.62 亿美元，同比增长 31.98%，占比 54.66%，全部加工贸易方式出口额 298.08 亿美元，同比增长 14.08%，占比 75.22%。一般贸易方式出口额 24.06 亿美元，同比增长 32.99%。同期，其他贸易方式是光电技术产品出口的亮点，出口额迅猛增长，全年出口额 74.13 亿美元，同比增长 78.35%。

三是外资企业是出口主体，其他企业出口快速增长。从企业性质来看，2012 年我国光电技术产品出口的主体仍是外资企业，出口额 318.60 亿美元，占全部出口额的 80.40%，国有企业出口额仅 19.51 亿美元，仅占全部出口额的 4.92%，在各类企业中，以民营企业为主体的其他企业快速增长，出口额 58.16 亿美元，同比增长 201.99%，出口增速分别超过国有企业和外资企业约 205 个和 188 个百分点，成为拉动光电技术产品出口增长的新力量。

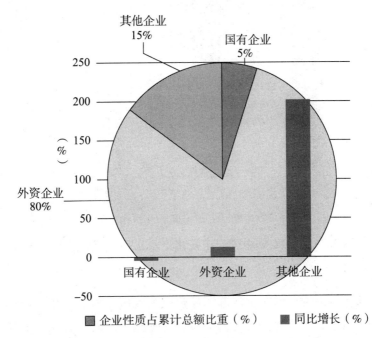

图 3.75　2012 年中国光电技术产品出口（按企业性质）

资料来源：海关统计。

四是东部地区是我国光电技术产品的出口主体，中部地区出口高速增长。从出口额来看，东部地区仍是我国光电技术产品的出口主体，2012 年出口额 387.58 亿美元，占比 97.81%。从国内各个地区出口增幅来看，产业转移效果开始显现，在东部地区整体增长的同时，中部地区出口高速增长，西部地区出口也有所增长，其中中部地区出口额 5.45 亿美元，同比增长 41.03%，占比 1.38%，西部地区出口额 3.24 亿美元，同比增长 13.38%，占比0.82%。

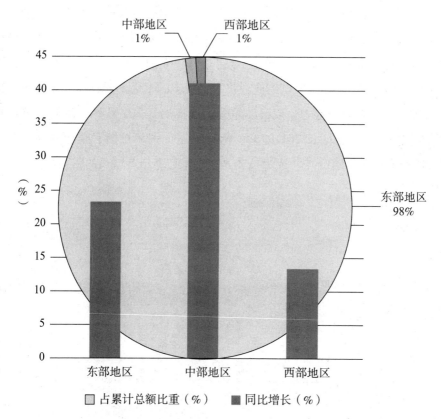

图 3.76　2012 年中国光电技术产品出口（按国内区域）

资料来源：海关统计。

从具体省份来看，广东、江苏、福建位列我国出口前三位，出口额合计 313.28 亿美元，约为全部出口额的 79%。西藏、江西、河北、吉林、重庆 5 地出口额快速增长，增长率超过了 200%，分别达到 21 633.33%、264.09%、238.27%、204.06 和 200.56%。西部地区的四川省发展势头较为强劲，出口额超过 2 亿美元，达到 2.43 亿美元，位列全国第十位。中西部地区除上述 5 个地区之外，青海、贵州、河南等省份出口也实现了快速增长。

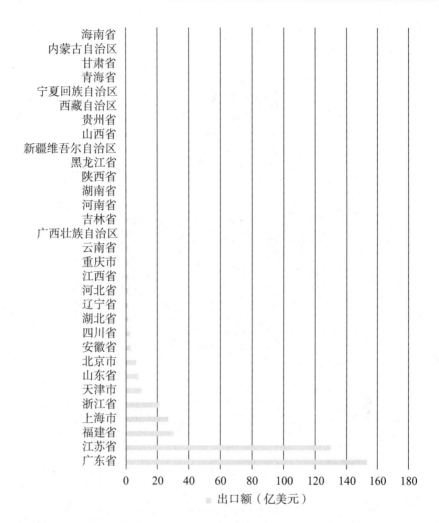

图 3.77 2012 年各省（自治区、直辖市）光电技术产品出口情况

资料来源：海关统计。

五是亚洲是我国光电产品出口的主要市场，对欧盟市场出口下滑。2012年，我国出口到亚洲的光电技术产品为 269.17 亿美元，同比增长 30.86%，占比 67.93%，为我国出口的主要市场。其次是欧洲，出口到欧洲的光电技术产品为 49.71 亿美元，占比 12.54%，同比下降 2.72%。

从具体国家（地区）来看，中国香港是我国光电技术产品的第一大出口目的区域，2012 年出口额 149.05 亿美元，同比增长 50.99%，占比 37.61%。我国光电技术产品开拓新兴市场较为成功，东盟成为我国光电技术产品的第

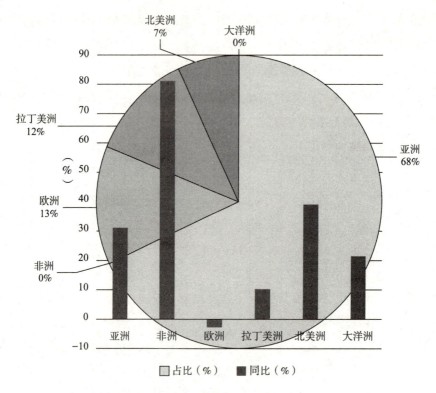

图 3.78 2012 年中国光电技术产品出口的全球分布

资料来源：海关统计。

二大出口目的区域，2012 年出口额 45.84 亿美元，同比增长 22.05%，占比

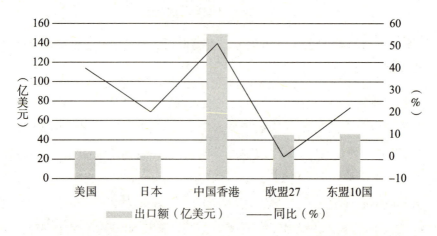

图 3.79 2012 年中国光电技术产品出口（重要贸易伙伴）

资料来源：海关统计。

11.57%。第三大出口目的区域为欧盟，受欧债危机影响，欧洲市场需求萎缩，我国出口到欧盟的光电技术产品出现下滑，2012年出口额45.29亿美元，同比下降0.11%，但仍为我国该类产品出口的主要市场，占比11.43%。整体来看，我国光电技术产品出口市场较为集中，出口到中国香港、东盟、欧盟的光电技术产品为240.18亿美元，合计占我国该类产品出口的60.61%。

（二）进口结构特征

一是液晶显示板是我国光电技术进口的重点产品。根据海关统计，2012年液晶显示板（海关编码：9013803000）进口额504.19亿美元，位列光电技术产品进口额第一，同时也是我国高新技术产品中第二大进口商品，占光电技术产品进口额的85.86%，占全部高新技术产品进口额的9.93%。从进口额来看，排在第二、第三位的进口产品依次为其他未列名测量或检验仪器、器具及机器，其他测量或检验用光学仪器及器具，前三位合计进口额557.47亿美元，合计占该技术领域进口的94.91%。

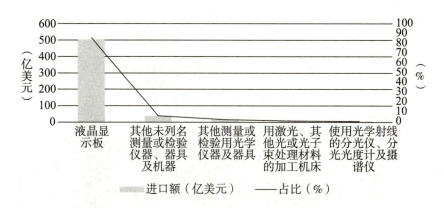

图3.80　2012年光电技术前五位进口产品

资料来源：海关统计。

二是进料加工贸易方式是主要进口贸易方式，其他贸易快速增长。2012年，我国光电技术产品进口中大部分是以进料加工贸易方式进行的，进口额265.18亿美元，同比增长11.21%，占比45.16%，全部加工贸易方式进口额361.77亿美元，同比下降5.69%，占比61.61%。其次是以其他贸易方式进口的产品，进口额21.08亿美元，同比增长84.54%，较加工贸易、一般贸易增幅分别高出90个和74个百分点。

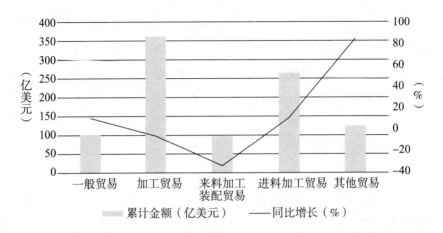

图3.81　2012年中国光电技术产品进口（按贸易方式）

资料来源：海关统计。

三是外资企业是进口主体，其他企业进口快速增长。从企业性质来看，2012年我国光电技术产品进口的主体仍是外资企业，进口额460.10亿美元，

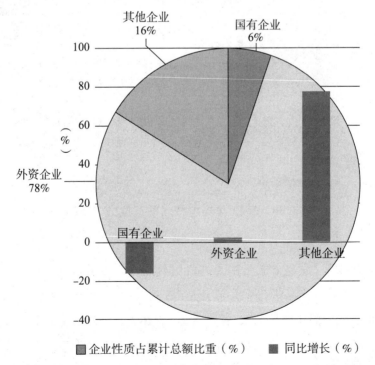

图3.82　2012年中国光电技术产品进口（按企业性质）

资料来源：海关统计。

占全部进口额的 78.35%，国有企业进口额 31.78 亿美元，仅占全部进口额的 5.41%，在各类企业中，以民营企业为主体的其他企业快速增长，进口额 95.34 亿美元，同比增长 76.83%，进口增速分别超过国有企业和外资企业约 92 个和 74 个百分点。

四是亚洲是我国光电产品进口的主要市场，非洲和拉丁美洲市场增长较快。2012 年，我国自亚洲进口的光电技术产品为 543.57 亿美元，同比增长 7.65%，占比 92.57%，为我国进口的主要市场。其次是欧洲市场，自欧洲市场进口 29.10 亿美元，占比 4.96%，同比增长 15.51%。非洲和拉丁美洲市场进口增长较快，进口金额分别为 0.04 亿和 0.43 亿美元，同比增长高达 376.84% 和 337.24%。

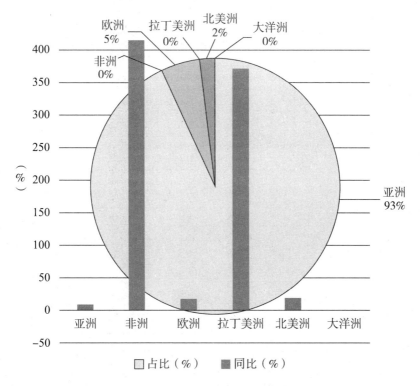

图 3.83   2012 年中国光电技术产品进口的全球分布

资料来源：海关统计。

从具体国家（地区）来看，韩国是我国光电技术产品的主要进口国，2012 年我国自韩国进口 195.23 亿美元，同比下降 4.50%，占比 33.25%，第二大进口来源地为中国台湾，进口额 161.99 亿美元，同比增长 10.56%，占比 27.59%。其余主要进口来源地进口额均保持同比增长，占比变化不大。

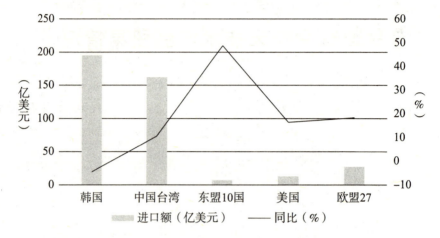

图 3.84　2012 年中国光电技术产品进口（重要贸易伙伴）

资料来源：海关统计。

（本部分由叶欣撰写）

我国航空航天技术产品贸易情况

　　根据中国海关统计，2012 年我国航空航天技术产品进出口总额 287.64 亿美元，同比增长 23.1%，占全年高新技术产品进出口额的 2.59%。其中，航空航天技术产品出口额 44.40 亿美元，同比下降 3.46%，占高新技术产品出口总额的 0.74%，是高新技术产品出口第七大领域。航空航天技术产品进口额 243.24 亿美元，同比增长 29.61%，占高新技术产品进口总额的 4.80%，是我国高新技术产品进口第五大领域。

一、2012 年整体贸易情况的历史比较

（一）出口贸易情况比较

　　从出口额来看，2012 年我国航空航天技术产品出口额有所回落，较 2011 年的出口额 45.99 亿美元回落 1.59 亿美元，仅为 44.40 亿美元。从出口增速来看，2012 年我国航空航天技术产品增速为 -3.46%，继 2002 年和金融危机的 2009 年后，第三次出现负增长。从出口额所占比重来看，航空航天技术产品出口占高新技术产品出口比重由 2002 年的 1.36% 下降到 2012 年的 0.74%，10 年间几乎减少了一半占有率，由我国高新技术产品出口第四大类别下降到第七大类别，在高新技术产品出口贸易中的地位大大降低。

（二）进口贸易情况比较

　　从进口额来看，2012 年我国航空航天技术产品进口额在 2011 年 187.68 亿美元的基础上迅猛增长，突破 200 亿美元，达到 243.24 亿美元的新历史高点。从进口增速来看，2012 年我国航空航天产品为 29.61%，2002—2012 年 10 年间仅低于 2005 年和 2006 年，高于 10 年的年均增速（17.97%）约 12 个百分点。从进口占比来看，2012 年航空航天技术产品进口占高新技术产品比

重为 4.80%，比 2002 年的 6.62% 减少了约 2 个百分点，极大影响了高新技术产品的进口产品结构。

（三）贸易差额情况

2012 年，我国航空航天技术产品逆差规模在 2011 年的基础上小幅下降，贸易逆差达到 198.85 亿美元，同比增长 40.34%，约是 2002 年贸易逆差（42.30 亿美元）的 5 倍。

二、2012 年 1 月至 12 月贸易情况分析

（一）1 月至 12 月出口结构特征

2012 年全年，航空航天技术产品月度出口额呈现基本平稳的增长态势。年初受节假日和季节因素等影响，出口月度值较低，1 月份仅为 2.87 亿美元，在经历 2 月和 3 月份的大幅上升后，4 月份出口额有所回落，但此后又继续上升。全年除 10 月份出现迅猛下降到出口月度谷值 2.85 亿美元之外，基本保持增长态势，11 月和 12 月份出口额迅速回调，在 12 月份达到出口月度峰值

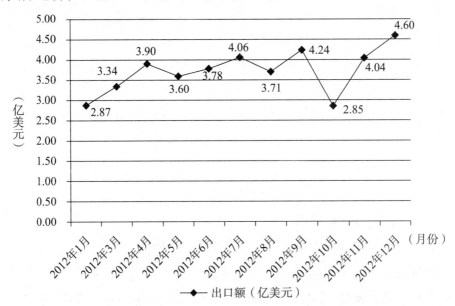

图 3.85　2012 年 1 月至 12 月航空航天技术产品出口额

资料来源：海关统计。

4.60 亿美元。

（二）1 月至 12 月进口结构特征

2012 年全年，航空航天技术产品月度进口额呈现出前低后高上升态势，且波浪形比较明显。1 月至 12 月，进口月度最低值出现在 1 月份，为 14.57 亿美元，月度峰值出现在 12 月份，进口额 26.69 亿美元。整体上半年进口表现不振，下半年进口逐渐好转，除 10 月份进口环比下降到 23.42% 之外，进口额基本保持在 23 亿~26 亿美元左右的高位。

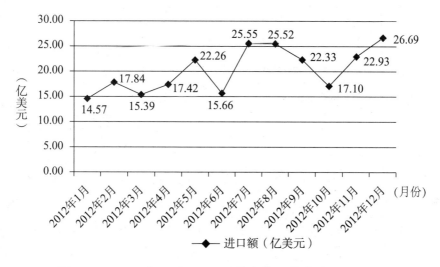

图 3.86　2012 年 1 月至 12 月航空航天技术产品进口额

资料来源：海关统计。

三、2012 年贸易结构分析

（一）出口结构特征

一是涡轮喷气发动机或涡轮螺桨发动机的零件是我国航空航天技术出口的重点产品。根据海关统计，2012 年涡轮喷气发动机或涡轮螺桨发动机的零件（海关编码：8411910000）出口额 10.29 亿美元，位列航空航天技术产品出口额第一，占航空航天技术产品出口额的 23.17%。飞机及直升机的其他零件、X 光发生器分别为出口第二、第三位产品，前三位合计出口额 379.39 亿美元，占航空航天技术产品出口的 25.86%。

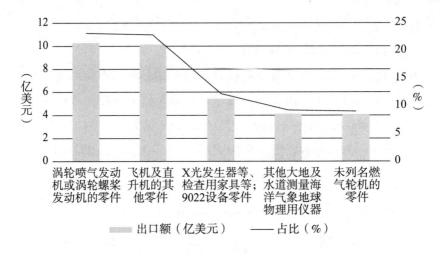

图 3.87　2012 年航空航天技术前五位出口产品

资料来源：海关统计。

二是进料加工贸易方式是主要出口贸易方式，来料加工装配贸易增幅大大超过加工贸易。2012 年，我国航空航天技术产品出口大部分是以进料加工贸易方式进行的，出口额 17.31 亿美元，同比下降 3.32%，占比 38.99%，全部加工贸易方式出口额 21.82 亿美元，同比增长 8.73%，占比 49.14%。其次是其他贸易方式出口的产品，出口额 13.41 亿美元，同比增长 13.24%，占比 30.22%。此外，加工贸易方式中的来料加工装配贸易成为航空航天技术产品出口的亮点，出口额迅猛增长，全年出口额 4.51 亿美元，同比增长

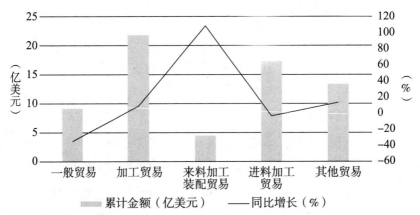

图 3.88　2012 年中国航空航天技术产品出口（按贸易方式）

资料来源：海关统计。

108.54%，高于一般贸易和其他贸易142个和95个百分点。

三是外资企业是出口主体，其他企业出口快速增长。从企业性质来看，2012年我国航空航天技术产品出口的主体仍是外资企业，出口额23.28亿美元，占全部出口额的52.66%，国有企业出口额17.41亿美元，占全部出口额的39.21%，是航空航天技术的第二大出口主体。在各类企业中，以民营企业为主体的其他企业快速增长，出口额3.61亿美元，同比增长11.83%，出口增速分别超过国有企业和外资企业约20个和10个百分点，成为拉动航空航天技术产品出口增长的新力量。

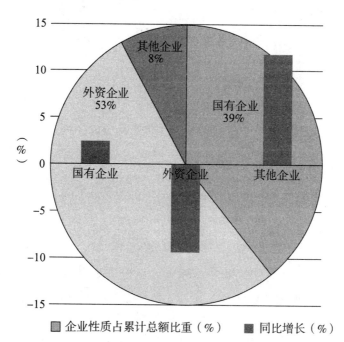

国有企业　　　外资企业　　　其他企业

■ 企业性质占累计总额比重（%）　　■ 同比增长（%）

图3.89　2012年中国航空航天技术产品出口（按企业性质）

资料来源：海关统计。

四是东部地区是我国航空航天技术产品出口主体，中部地区出口高速增长。从出口额来看，东部地区仍是我国航空航天技术产品出口主体，2012年出口额32.88亿美元，占比74.07%。从国内各个地区出口增幅来看，产业转移效果开始显现，在东部地区整体小幅回落的同时，中部地区出口高速增长，其中中部地区出口额2.69亿美元，同比增长高达44.94%，占比6.07%。此外，西部地区出口额8.82亿美元，同比下降18.17%，占比19.87%。

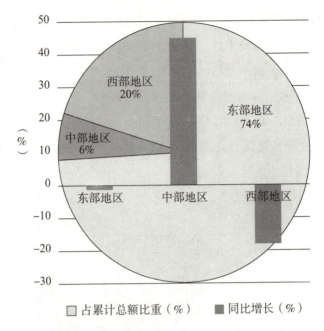

图 3.90　2012 年中国航空航天技术产品出口（按国内区域）

资料来源：海关统计。

从具体省份来看，江苏、北京、上海位列我国出口前三位，出口额合计
18.36 亿美元，约为全部出口额的 41.35%。海南、吉林、黑龙江 3 地出口额
快速增长，增长率超过了 500%，分别达到 30 502.47%、728.98% 和
521.68%，黑龙江省不仅发展势头强劲，出口额更是超过 1 亿美元，达到
1.14 亿美元，位列全国第 11 位。中西部地区除上述 3 个地区之外，山西、云
南等省份出口也实现了快速增长，但其他省份均出现较大的负增长。

五是北美洲是我国航空航天产品出口的主要市场，对中国香港的出口大
幅下滑。2012 年，我国出口到北美洲的航空航天技术产品为 15.46 亿美元，
同比增长 2.94%，占比 34.83%，为我国出口的主要市场。其次是亚洲，出口
到亚洲的航空航天技术产品为 14.33 亿美元，占比 32.27%，同比下
降 19.99%。

从具体国家（地区）来看，美国是我国航空航天技术产品的第一大出
口目的地，2012 年出口额 13.99 亿美元，同比增长 2.84%，占比 31.52%。
第二大出口目的地是欧盟，受欧债危机影响，欧洲市场需求萎缩，我国出

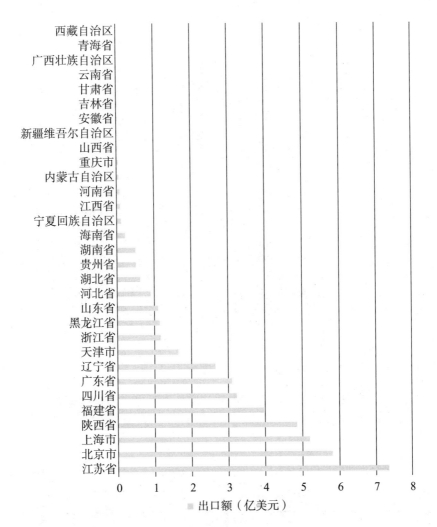

图 3.91　2012 年各省（自治区、直辖市）航空航天技术产品出口情况

资料来源：海关统计。

口到欧盟的航空航天技术产品小幅下滑 0.69%，为 11.19 亿美元，但仍为我国该类产品出口的主要市场，占比 25.20%。2012 年，我国出口到中国香港的航空航天技术产品出现大幅下滑，出口金额仅为 4.91 亿美元，同比下降 30.38%，虽然仍为第三大出口目的地，但占比仅为 11.06%。整体来看，我国航空航天技术产品出口市场较为集中，出口到美国、欧盟、中国香港的航空航天技术产品为 30.08 亿美元，合计占我国该类产品出口的 67.77%。

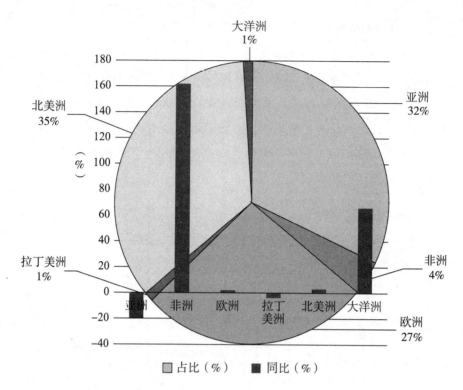

图 3.92　2012 年中国航空航天技术产品出口的全球分布

资料来源：海关统计。

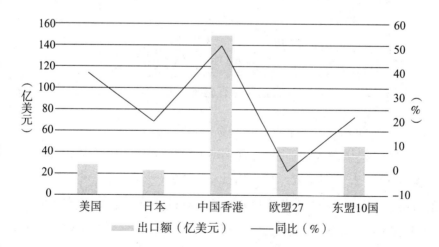

图 3.93　2012 年中国航空航天技术产品出口（重要贸易伙伴）

资料来源：海关统计。

（二）进口结构特征

一是 45 000 公斤≥空载重量 >15 000 公斤的飞机等航空器是我国航空航天技术的重点进口产品。根据海关统计，2012 年 45 000 公斤≥空载重量 >15 000公斤的飞机等航空器（海关编码：8802401000）进口额 90.67 亿美元，位列航空航天技术产品进口额第一，占航空航天技术产品进口额的 37.28%。从进口额来看，排在第二、第三位的进口产品依次为空载重量 >45 000 公斤的飞机等航空器、涡轮风扇喷气发动机，前三位合计进口额 166.93 亿美元，合计占该技术领域进口额的 68.54%。

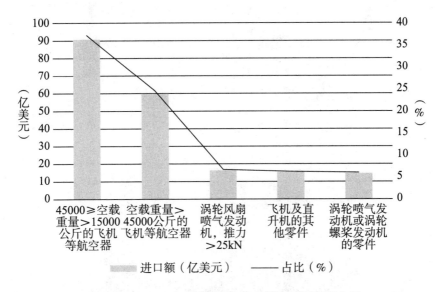

图 3.94　2012 年航空航天技术前五位进口产品

资料来源：海关统计。

二是其他贸易方式是主要进口贸易方式，来料加工装配贸易快速增长。2012 年，我国航空航天技术产品进口中大部分是以其他贸易方式进行的，进口额 127.10 亿美元，同比增长 26.01%，占比 52.25%。其次是一般贸易，进口额 100.82 亿美元，同比增长 30.49%，占比 41.45%。全部加工贸易方式进口额 15.33 亿美元，同比增长 60.57%，占比 6.30%，其中来料加工贸易增幅高达 160.10%，较其他贸易、一般贸易增幅分别高出 134 个和 130 个百分点。

三是国有企业是进口主体，其他企业进口快速增长。从企业性质来看，

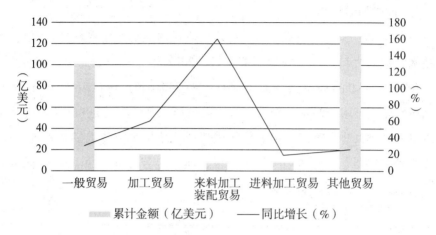

图3.95 2012年中国航空航天技术产品进口（按贸易方式）

资料来源：海关统计。

2012年我国航空航天技术产品进口的主体仍是国有企业，进口额133.04亿美元，占全部进口额的54.69%，外资企业进口额73.01亿美元，占全部进口额

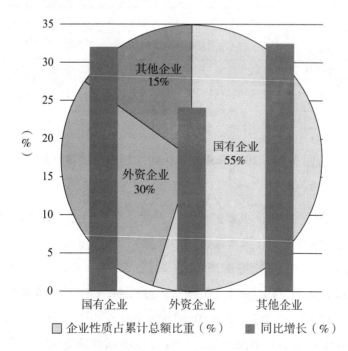

图3.96 2012年中国航空航天技术产品进口（按企业性质）

资料来源：海关统计。

的 30.01%，在各类企业中，以民营企业为主体的其他企业快速增长，虽然进口额仅为 37.21 亿美元，占全部进口额的 15.30%，但同比增长 32.43%，进口增速超过国有企业和外资企业。

四是欧洲是我国航空航天产品进口的主要市场，非洲市场增长较快。2012 年，我国自欧洲进口的航空航天技术产品为 112.32 亿美元，同比增长 34.32%，占比 46.18%，为我国进口的主要市场，其次是北美洲市场，自北美洲市场进口 111.09 亿美元，占比 45.68%，同比增长 26.4%。非洲市场进口增长较快，同比增长高达 144.2%。

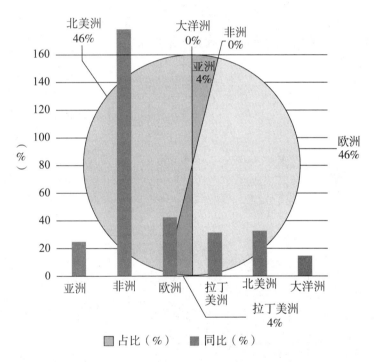

图 3.97 2012 年中国航空航天技术产品进口的全球分布

资料来源：海关统计。

从具体国家（地区）来看，欧盟是我国航空航天技术产品的主要进口来源地，2012 年我国自欧盟进口 110.84 亿美元，同比增长 34.96%，占比 45.57%，第二大进口来源地为美国，进口额 105.23 亿美元，同比增长 30.03%，占比 43.26%。其余主要进口来源地的进口额大部分保持同比增长，占比变化不大。

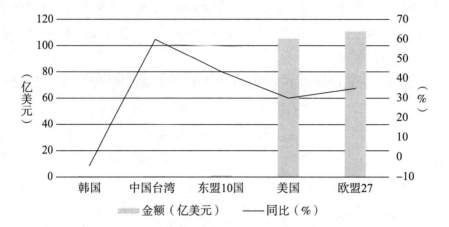

图 3.98　2012 年中国航空航天技术产品进口（重要贸易伙伴）

资料来源：海关统计。

（本部分由叶欣撰写）

我国材料技术产品贸易情况

根据中国海关统计，2012 年我国材料技术产品进出口总额 106.54 亿美元，同比增长 0.34%，占全年高新技术产品进出口额的 0.96%。其中，材料技术产品出口额 46.08 亿美元，同比下降 2.43%，占高新技术产品出口总额的 0.77%，是高新技术产品出口第六大领域。材料技术产品进口额 60.46 亿美元，同比增长 2.56%，占高新技术产品进口总额的 1.19%，是我国高新技术产品进口第七大领域。

一、2012 年整体贸易情况的历史比较

（一）出口贸易情况比较

从出口额来看，2012 年我国材料技术产品出口额有所回落，较 2011 年出口额的 47.22 亿美元回落 1.14 亿美元，仅为 46.08 亿美元。从出口增速来看，2012 年我国材料技术产品增速为 -2.43%，继 2002 年和金融危机的 2009 年后，第三次出现负增长。从出口额所占比重来看，材料技术产品出口占高新技术产品出口比重由 2002 年的 0.42% 上升到 2012 年的 0.77%，10 年间虽然变化不足一个百分点，但由我国高新技术产品出口第九大类别上升到第六大类别，在高新技术产品出口贸易中的地位大大提升。

（二）进口贸易情况比较

从进口额来看，2012 年我国材料技术产品进口额在 2011 年 58.96 亿美元的基础上继续保持增长，突破 60 亿美元，达到 60.46 亿美元的新历史高点。从进口增速来看，2012 年我国材料产品为 2.56%，2002—2012 年 10 年间仅高于 2004 年、2009 年和 2011 年，低于 10 年的年均增速（17.20%）约 15 个百分点。从进口占比来看，2012 年材料技术产品进口占高新技术产品比重为

1.19%，比 2002 年的 2.13% 减少了约 1 个百分点，仍保持在我国高新技术产品进口第六大领域。

（三）贸易差额情况

2012 年，我国材料技术产品逆差规模在 2011 年的基础上大幅上升，贸易逆差达到 14.40 亿美元，同比增长 22.66%，基本保持 2002 年的贸易逆差（13.71 亿美元）数额不变。

二、2012 年 1 月至 12 月贸易情况分析

（一）1 月至 12 月出口结构特征

2012 年全年，材料技术产品月度出口额呈现两头低中间高的态势。受年初节假日和季节因素等影响，出口月度值较低，1 月份仅为 2.64 亿美元，是年度最低值。在经历 2 月份的大幅上升后，其后 8 个月基本保持稳定，维持在 4 亿美元左右的高位，9 月份达到年度最高值 4.33 亿美元。但 12 月份受年末节假日影响，出口额大幅回落，为 3.68 亿美元，仅高于 1 月份出口水平。

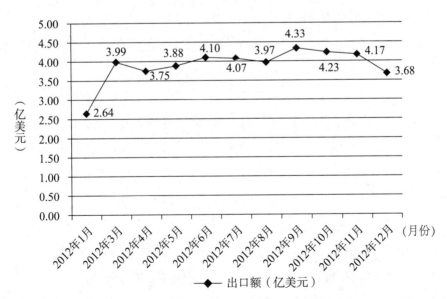

图 3.99　2012 年 1 月至 12 月材料技术产品出口额

资料来源：海关统计。

（二）1 月至 12 月进口结构特征

2012 年全年，材料技术产品月度进口额呈现出平稳上升后迅猛回落的态势。1 月至 12 月，进口月度最低值出现在 1 月份，为 3.57 亿美元，月度峰值出现在 10 月份，进口额 6.17 亿美元。前 11 个月整体表现出平稳上升的良好势头，进口额的增长曲线几乎呈一条向上的斜线，由 1 月份的 3.57 亿美元增长到 6.10 亿美元，但 12 月份受年末节假日影响，进口额忽然出现跳水式回落，跌到 4.63 亿美元，下降幅度高达 24.01%。

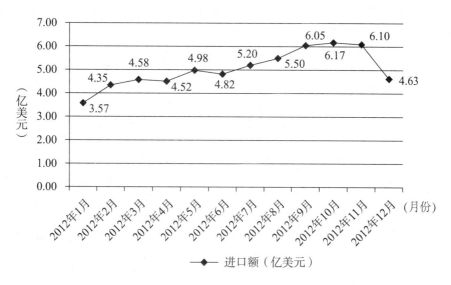

图 3.100　2012 年 1 月至 12 月材料技术产品进口额

资料来源：海关统计。

三、2012 年贸易结构分析

（一）出口结构特征

一是未列名未装配的光学元件是我国材料技术出口的重点产品。根据海关统计，2012 年未列名未装配的光学元件（海关编码：9001909000）出口额 18.54 亿美元，由 2011 年的第二位上升到第一位，占材料技术产品出口额的 40.23%。其他经掺杂用于电子工业的已切片化学元素等、由每根被覆光纤组成的光缆分别为出口第二、第三位产品，前三位合计出口额 39.09 亿美元，占材料技术产品出口的 84.83%。

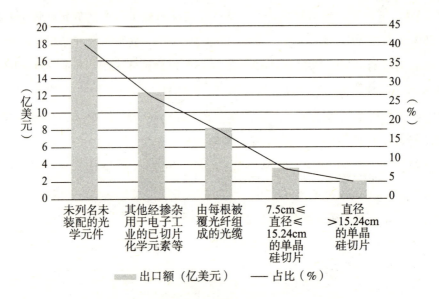

图 3.101　2012 年材料技术前五位出口产品

资料来源：海关统计。

二是进料加工贸易方式是出口主要贸易方式，来料加工装配贸易增幅大大超过另外两种贸易方式。2012 年，我国材料技术产品出口大部分是以进料加工贸易方式进行的，出口额 18.74 亿美元，同比下降 1.54%，占比

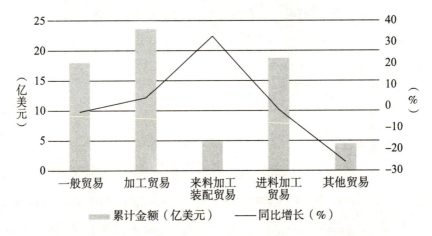

图 3.102　2012 年中国材料技术产品出口（按贸易方式）

资料来源：海关统计。

40.68%，全部加工贸易方式出口额 23.56 亿美元，同比增长 3.94%，占比 51.13%。其次是一般贸易方式出口的产品，出口额 18.01 亿美元，同比下降 2.55%，占比 39.10%。此外，加工贸易方式中的来料加工装配是贸易材料技术产品出口的亮点，出口额迅猛增长，全年出口额 4.82 亿美元，同比增长 32.67%，高于一般贸易、其他贸易 35 个和 58 个百分点。

三是外资企业是出口主体，其他企业出口快速增长。从企业性质来看，2012 年我国材料技术产品出口的主体仍是外资企业，出口额 32.00 亿美元，占全部出口额的 69.45%，国有企业出口额仅为 2.93 亿美元，仅占全部出口额的 6.36%。在各类企业中，以民营企业为主体的其他企业快速增长，出口额 11.15 亿美元，同比增长 40.72%，出口增速分别超过国有企业和外资企业约 90 个和 45 个百分点，成为拉动材料技术产品出口增长的新力量。

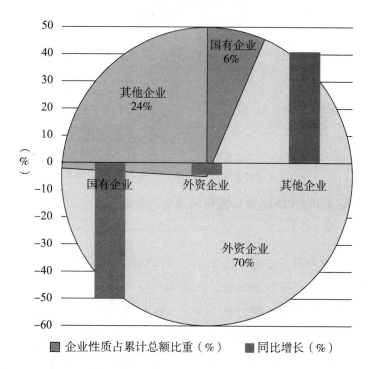

图 3.103 　2012 年中国材料技术产品出口（按企业性质）

资料来源：海关统计。

四是东部地区是我国材料技术产品出口主体，中西部地区出口回落。从出口额来看，东部地区仍是我国材料技术产品出口主体，2012 年出口额

39.50 亿美元，占比 85.74%。从国内各个地区出口增幅来看，产业转移效果尚未显现，在东部地区整体小幅增长的同时，中西部地区出口回落，尤其是中部地区下降幅度较大。中部地区出口额 5.00 亿美元，同比下降高达 21.86%，占比 10.85%。此外，西部地区出口额 1.57 亿美元，同比下降 4.38%，占比 3.42%。

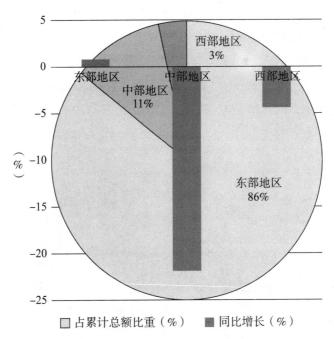

图 3.104　2012 年中国材料技术产品出口（按国内区域）

资料来源：海关统计。

　　从具体省份来看，江苏、广东、上海位列我国出口前三位，出口额合计 29.48 亿美元，约为全部出口额的 63.98%。甘肃、广西、宁夏、湖南 4 地出口额快速增长，增长率超过了 200%，分别达到 93 519.46%、859.96%、298.85% 和 226.47%。西部地区中的陕西省发展势头强劲，出口额达到 0.80 亿美元，同比增长 25.84%，位列全国第十位。中西部地区除上述 5 个地区之外，河北、重庆、黑龙江等省份出口也实现了快速增长。

　　五是亚洲是我国材料产品出口的主要市场，对欧盟市场出口大幅下滑。2012 年，我国出口到亚洲的材料技术产品为 37.22 亿美元，同比小幅回落 1.77%，但仍保持着我国的主要出口市场地位，占比高达 80.77%。其次是欧

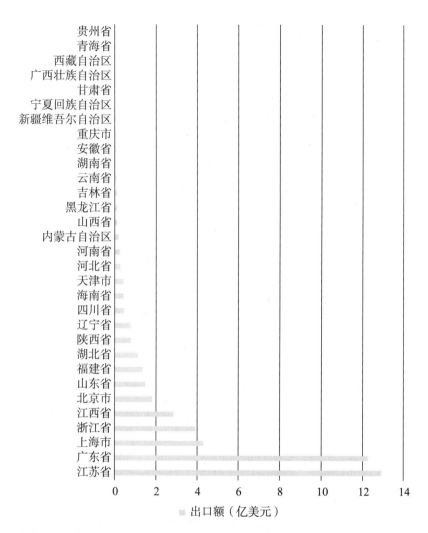

图 3.105　2012 年各省（自治区、直辖市）材料技术产品出口情况

资料来源：海关统计。

洲，出口到欧洲的材料技术产品为 3.89 亿美元，占比 8.44%，同比下降 16.17%。

从具体国家（地区）来看，中国香港是我国材料技术产品的第一大出口目的地，2012 年出口额 12.42 亿美元，同比增长 39.7%，占比 31.30%。我国材料技术产品开拓新兴市场较为成功，东盟为第二大出口目的区域，出口到东盟的材料技术产品呈增长态势，2012 年出口额 5.72 亿美元，同比增长 5.09%，占比 1.44%。2012 年，我国出口到欧盟的材料技术产品出现大幅下

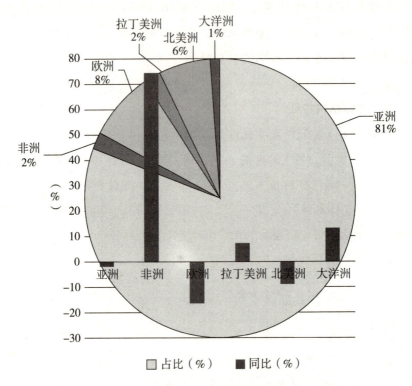

图 3.106　2012 年中国材料技术产品出口的全球分布

资料来源：海关统计。

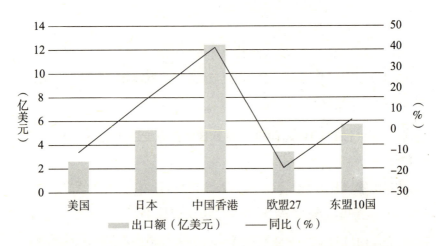

图 3.107　2012 年中国材料技术产品出口（重要贸易伙伴）

资料来源：海关统计。

滑,出口金额仅为 3.41 亿美元,同比下降 18.13%,虽然仍为第四大出口目的地,但占比仅为 0.86%。整体来看,我国材料技术产品出口市场较为集中,出口到中国香港、东盟、日本的材料技术产品为 23.39 亿美元,合计占我国该类产品出口的 50.76%。

(二)进口结构特征

一是未列名未装配的光学元件是我国材料技术进口的重点产品。根据海关统计,2012 年未列名未装配的光学元件(海关编码:9001909000)进口额 36.39 亿美元,位列材料技术产品进口额第一,占材料技术产品进口额的 60.19%。从进口额来看,排在第二、第三位的进口产品依次为直径 > 15.24cm 的单晶硅切片,光纤、光纤束及光缆,前三位合计进口额 50.86 亿美元,合计占该技术领域进口的 84.14%。

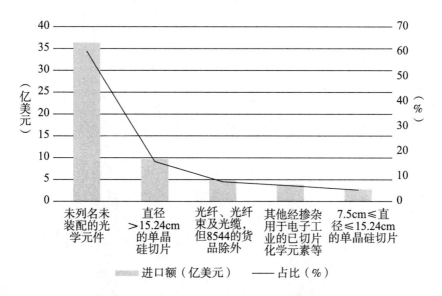

图 3.108　2012 年材料技术前五位进口产品

资料来源:海关统计。

二是进料加工贸易是主要进口贸易方式,来料加工装配贸易快速增长。2012 年,我国材料技术产品进口中大部分是以进料加工贸易方式进行的,进口额 31.52 亿美元,同比下降 7.81%,占比 52.13%,全部加工贸易方式进口额 39.70 亿美元,同比下降 0.79%,占比 65.66%。其次是一般贸易,进口额 14.54 亿美元,同比增长 2.35%,占比 24.04%。来料加工装配贸易快速增长，增幅高达 40.47%，较其他贸易、一般贸易增幅分别高出 9 个和 38 个百分点。

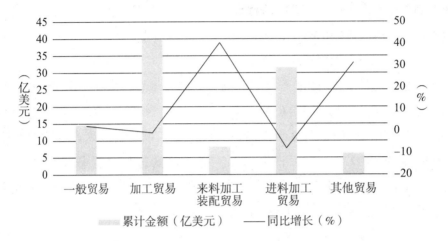

图 3.109　2012 年中国材料技术产品进口（按贸易方式）

资料来源：海关统计。

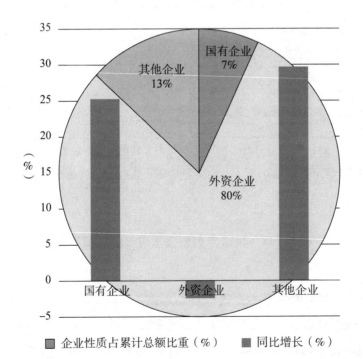

图 3.110　2012 年中国材料技术产品进口（按企业性质）

资料来源：海关统计。

三是外资企业是进口主体，其他企业进口快速增长。从企业性质来看，2012 年我国材料技术产品进口的主体仍是外资企业，进口额 48.33 亿美元，占全部进口额的 79.92%，国有企业进口额为 4.18 亿美元，仅占全部进口额的 6.91%。在各类企业中，以民营企业为主体的其他企业快速增长，进口额为 7.97 亿美元，占全部进口额的 13.18%，同比增长 29.62%，进口增速超过国有企业和外资企业。

四是亚洲是我国材料产品进口的主要市场，美国市场增长较快。2012 年，我国自亚洲进口的材料技术产品为 50.95 亿美元，同比增长 4.12%，占比 84.28%，为我国进口的主要市场。其次是欧洲市场，虽然受欧债危机影响，欧洲市场大幅萎缩，自欧洲市场进口 4.74 亿美元，同比下降 22.44%，但仍是我国材料产品进口第二大来源地，占比 7.85%。大洋洲市场进口增长较快，同比增长高达 117.8%。

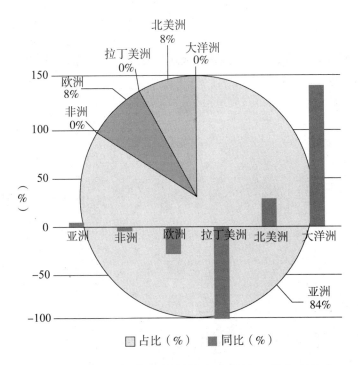

图 3.111　2012 年中国材料技术产品进口的全球分布

资料来源：海关统计。

从具体国家（地区）来看，韩国是我国材料技术产品的主要进口来源地，

2012 年我国自韩国进口 12.54 亿美元，同比小幅下降 1.72%，占比 20.74%，第二大进口来源地为中国台湾，进口额 11.67 亿美元，同比小幅下降 0.24%，占比 19.30%。自美国进口增长较快，进口额为 4.60 亿美元，同比增长高达 23.62%，占比 7.61%，已成为我国高新技术产品进口第三大来源地。

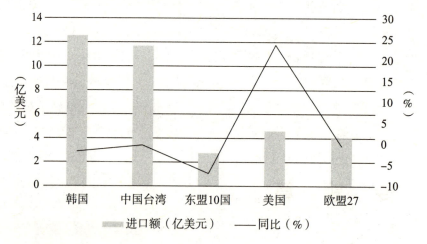

图 3.112　2012 年中国材料技术产品进口（重要贸易伙伴）

资料来源：海关统计。

（本部分由叶欣撰写）

专题篇

中美高新技术产品贸易现状、问题及建议

长期以来，美国一直在中国高新技术产品贸易中占有重要地位，当前已成为中国高新技术产品出口第二大市场，进口第四大来源地。正确认识中美高新技术产品贸易发展的现状与问题，制定合理的政策措施，对进一步挖掘中美高新技术产品贸易增长潜力、促进中美高新技术产品贸易健康发展具有重要意义。

一、中美高新技术产品贸易的发展现状

过去 10 年，中美高新技术产品贸易规模不断扩大，取得了一定的成绩，并在贸易规模、贸易地位、贸易结构等方面呈现出了一些新的变化和特点，具体来看：

（一）中美高新技术产品贸易规模变化

最近 10 年，中美高新技术产品贸易规模不断扩大，但增速低于全国高新技术产品贸易整体水平。2001—2011 年，中美高新技术产品进出口贸易总额从 171.1 亿美元增长到了 1 348.6 亿美元，年均增长 22.9%。其中，中国对美国高新技术产品出口额从 77.9 亿美元增长到了 1 058.8 亿美元，年均增长 29.8%；中国从美国进口高新技术产品由 93.2 亿美元增长到了 289.8 亿美元，年均增长 12.0%。尽管中美高新技术产品贸易增速较快，但低于中国高新技术产品贸易整体增速。2001—2011 年，中国对美国高新技术产品出口、进口增速分别低于中国高新技术产品出口、进口整体增速 1.4 个和 11.5 个百分点。

（二）中美高新技术产品贸易地位变化

从中国在美国高新技术产品贸易中的地位来看，中国已成为美国高新技

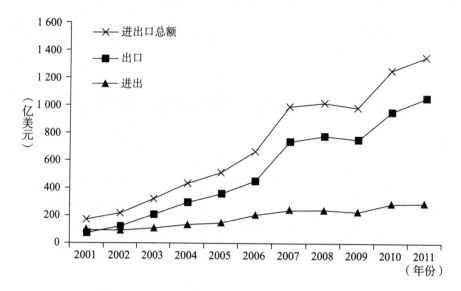

图 4.1　中国与美国高新技术产品贸易规模变化

资料来源：中国商务部。

术产品第三大出口市场，进口第一大来源地。2011 年，中国占美国高新技术产品出口总额的 6.1%，已成为美国高新技术产品出口的第三大市场。过去 10 年，中国在美国高新技术产品出口市场中的排名上升幅度较大，从 2001 年的第十名上升到了 2011 年的第三名，排名上升 7 位；中国占美国高新技术产品出口的比例也从 3.3% 上升到了 6.1%，提高了 2.8 个百分点。但从 2006 年至今，中国在美国高新技术产品出口中的排名和占比都没有明显变化，进入了一个上升瓶颈期。而早在 2003 年，中国就已成为美国高新技术产品进口的第一大来源地，并一直保持到现在。2001—2011 年，中国在美国高新技术产品进口中的比重也在逐年上升，从 7.0% 增长到了 28.9%。

表 4.1　中国在美高新技术产品进出口贸易中的占比及排名

	美高新技术产品对中国出口		美自中国高新技术产品进口	
	占比（%）	排名	占比（%）	排名
2001	3.3	10	7.0	4
2002	4.2	8	10.3	3
2003	4.2	8	13.7	1
2004	4.3	10	18.2	1

	美高新技术产品对中国出口		美自中国高新技术产品进口	
	占比（％）	排名	占比（％）	排名
2005	5.1	5	21.1	1
2006	6.3	4	23.0	1
2007	6.8	3	23.3	1
2008	6.1	4	23.5	1
2009	6.0	4	25.3	1
2010	6.9	3	27.7	1
2011	6.1	3	28.9	1

资料来源：根据 UN COMTRADE 数据库计算。

从美国在中国高新技术产品贸易中的地位来看，美国是中国高新技术产品出口的第二大市场，进口第四大来源地。2011 年，美国占中国高新技术产品出口、进口总额的比例分别为 20.0% 和 7.2%，在中国高新技术产品出口市场和进口来源地中位居第二位和第四位。在过去 10 年，美国在中国高新技术产品出口中的占比及排名呈现出了先升后降的特点。美国占中国高新技术产品出口的比重先从 2001 年的 20.9% 上升到了 2003 年的 24.3%，排名也由第二位上升到了第一位，但在经历了 3 年的相对稳定发展之后，占比和排名均出现下滑，2011 年，美国在中国高新技术产品出口中的比重下降到了 10 年来的最低点，即 20.0%，排名也一直保持在第二位。与此同时，美国在中国高新技术产品进口中的比重逐年下降，从 2001 年的 18.3% 下降到了 2011 年的 7.2%，下降了 11.1 个百分点。

表 4.2 美国在中国高新技术产品进出口贸易中的占比及排名

	中国对美高新技术产品出口		中国自美高新技术产品进口	
	占比（％）	排名	占比（％）	排名
2001	20.9	2	18.3	2
2002	23.2	2	13.5	2
2003	24.3	1	10.0	3
2004	24.3	1	9.1	3
2005	23.9	1	8.2	3

	中国对美高新技术产品出口		中国自美高新技术产品进口	
	占比（％）	排名	占比（％）	排名
2006	23.5	2	9.1	3
2007	21.1	2	8.5	3
2008	19.5	2	8.1	3
2009	20.7	2	8.5	3
2010	20.0	2	8.2	4
2011	20.0	2	7.2	4

资料来源：根据 UN COMTRADE 数据库计算。

（三）中美高新技术产品贸易行业结构

中国对美出口行业领域高度集中，而进口相对多元化。计算机与通信技术类产品在中国对美国高新技术产品出口中占据绝对主导地位。2011 年，中国对美出口计算机与通信技术类产品 914.2 亿美元，占中国对美国高新技术产品出口总额的 86.3%。位居中国对美高新技术产品出口第二、第三位的分别是电子技术和生命科学技术类产品，占中国对美高新技术产品出口总额的 5.8% 和 2.7%。与对美高新技术产品出口相比，中国自美国进口的高新技术产品技术领域相对多元化。2011 年，中国自美国进口高新技术产品中占比

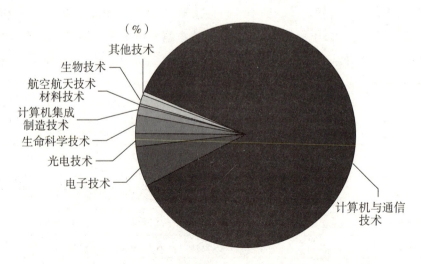

图 4.2 中国对美国高新技术出口的产品结构

资料来源：中国商务部。

超过 10% 的技术领域有 5 个，分别是电子技术、航空航天技术、计算机集成制造技术、计算机与通信技术和生命科学技术，该 5 大技术领域分别占中国自美国高新技术产品进口总额的 28.7%、27.9%、15.6%、11.2% 和 10.7%，进口贸易行业结构相对更显多元化。

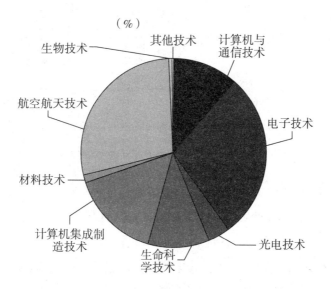

图 4.3　中国自美国高新技术进口的产品结构

资料来源：中国商务部。

（四）中美高新技术产品贸易地区结构

与全国高新技术产品贸易地区结构相似，东部地区也是中美高新技术产品贸易的主要地区。2011 年，中国东部地区与美高新技术产品贸易总额 1 202.6 亿美元，占中美高新技术产品贸易总额的 89.2%；而中部、西部地区与美国高新技术产品贸易总额分别为 43.4 亿美元和 102.6 亿美元，分别占中美高新技术产品贸易总额的 3.2% 和 7.6%。其中，中国东、中、西部地区对美高新技术产品出口总额分别为 962.8 亿美元、28.8 亿美元和 67.2 亿美元，占中国对美高新技术产品出口总额的比例分别为 90.9%、2.7% 和 6.3%；进口总额分别为 239.8 亿美元、14.6 亿美元和 35.4 亿美元，占比分别为 82.7%、5.0% 和 12.2%。

（五）中美高新技术产品贸易方式结构

中国对美国高新技术产品出口的主要方式是加工贸易，而进口是一般贸

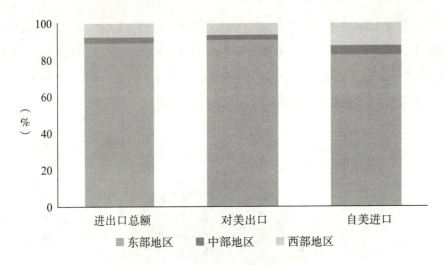

图4.4　中国与美国高新技术产品贸易地区结构

资料来源：中国商务部。

易。2011 年，在中国对美高新技术产品出口贸易中，加工贸易方式出口
930.1 亿美元，占中国对美高新技术产品贸易出口的 87.8%；一般贸易方式
出口 85.3 亿美元，占比 8.1%，其他贸易方式出口 43.4 亿美元，占比 4.1%。
而相比出口，一般贸易方式在中国自美高新技术产品进口中占比最高。2011
年，在中国自美高新技术产品进口贸易中，一般贸易方式进口 126.2 亿美元，

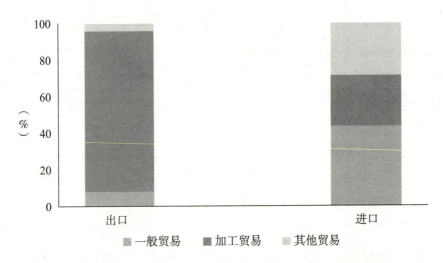

图4.5　中国与美国高新技术产品贸易方式结构

资料来源：中国商务部。

占中国自美高新技术产品贸易进口的 43.6%；而加工贸易方式进口 80.5 亿美元，占比仅为 27.8%，其他贸易方式进口 83.0 亿美元，占比 28.7%。

（六）中美高新技术产品贸易企业结构

与全国高新技术产品贸易企业结构相似，外资企业在中美高新技术产品贸易中占据主导地位。2011 年，外资企业对美高新技术产品出口 958.7 亿美元，占对美高新技术产品出口总额的 90.5%；外资企业自美高新技术产品进口 160.6 亿美元，占进口总额的 55.4%。

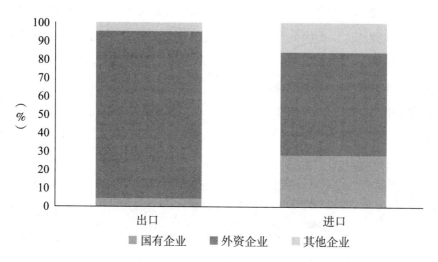

图 4.6　中国与美国高新技术产品贸易企业主体结构

资料来源：中国商务部。

二、中美高新技术产品贸易存在的问题

尽管中美高新技术产品贸易取得了一些成绩，但受制于美国出口管制、贸易保护主义等因素的制约，中美高新技术产品贸易现状与美国作为科技强国及技术输出大国、中国作为贸易大国的地位并不对等，中美高新技术产品贸易还存在诸多问题需要解决。

（一）美国出口管制制约高新技术产品对华出口

美国长期以来对中国采取的出口管制措施对两国贸易、尤其是高新技术产品贸易产生了严重不利影响，增加了贸易成本，并由此导致了大量贸易机会的丧失。美国对华出口管制已成为影响中美高新技术产品贸易健康发展的主要影响因素，严重制约了美国对华高新技术产品出口，这主要体现在以下四大方面：

（1）美国高新技术产品占对中国出口总额的比例明显偏低

最近10年，美国高新技术产品占对华出口总额的比例呈下降趋势，且占比明显偏低。2001—2011年，美国高新技术产品占对华出口总额的比例由41.8%下降到了15.0%，降低了26.8个百分点。同期，日本高新技术产品占对华出口总额的比例上升了0.4个百分点，欧盟下降了8.1个百分点。因此，与日本和欧盟相比，美国高新技术产品占对华出口总额的比例下降幅度明显偏大。不仅如此，这一比例也低于美国17.2%的平均水平，在美国所有高新技术产品出口市场中仅排名第76位，在美国前10大高新技术产品出口市场中排名倒数第二位，明显低于墨西哥、日本、韩国等国家。

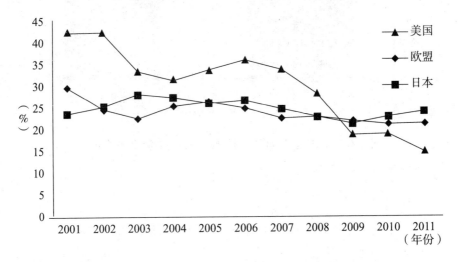

图4.7　美欧日高新技术产品占对华出口总额的比例

资料来源：根据 UN COMTRADE 数据库计算。

（2）美国在中国高新技术产品进口中所占的比例逐年下降

过去10年，美国占中国高新技术产品进口的比例逐年下降，且下降趋势明显。2001—2011年，美国占中国高新技术产品进口的比例从18.3%下降到了7.2%，下降幅度高达11.1个百分点。在中国高新技术产品进口来源地中，美国也由2001年的第二位跌到2011年的第四位。

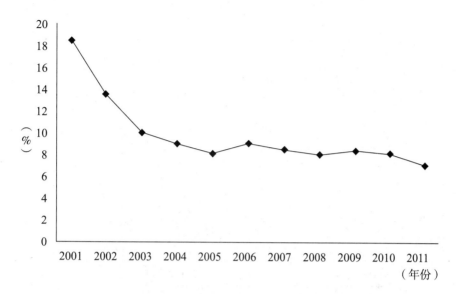

图 4.8　美国占中国高新技术产品进口总额的比例

资料来源：根据 UN COMTRADE 数据库计算。

（3）美国在中国大部分技术领域进口中的占比和排名出现下滑

过去 10 年，在中国高新技术产品进口的 9 大技术领域中，美国在计算机与通信技术、电子技术、光电技术、计算机集成制造技术和材料技术 5 大技术领域中的占比和排名出现了下滑，占比分别从 2001 年的 21.1%、9.0%、26.9%、14.8% 和 41.5% 下降到了 2011 年的 3.0%、3.9%、15.3%、9.5% 和 7.9%，分别下降了 18.1 个、5.2 个、11.6 个、5.3 个和 33.6 个百分点，排名也均出现下滑，分别下滑到了第六位、第四位、第三位、第三位和第三位。而上升较为明显的仅有生物技术一个领域，占比从 19.8% 上升到了 37.8%，上升 18.0 个百分点，排名也上升到了第一位。此外，美国在中国生命科学技术、航空航天技术及其他技术 3 大技术领域中的占比和排名没有明显变化。

表 4.3　2001—2011 年美在中国高新技术产品进口中的

比例和排名（按行业分）

	2001 年		2011 年	
	占比（%）	排名	占比（%）	排名
计算机与通信技术	21.1	1	3.0	6

续 表

	2001 年		2011 年	
	占比（%）	排名	占比（%）	排名
电子技术	9.0	2	3.9	4
光电技术	26.9	1	15.3	3
生命科学技术	21.3	1	21.7	1
计算机集成制造技术	14.8	2	9.5	3
材料技术	41.5	1	7.9	3
航空航天技术	43.0	1	43.1	1
生物技术	19.8	2	37.8	1
其他技术	6.4	5	7.6	4

资料来源：根据 UN COMTRADE 数据库计算。

（4）加剧了中美高新技术产品贸易不平衡

主要受美国出口管制的影响，中美高新技术产品进出口贸易不平衡问题更加突出，贸易顺差不断扩大。当前，美国已是中国高新技术产品贸易顺差的第二大来源地。2011 年，中美高新技术产品贸易差额 769.0 亿美元，占中国高新技术产品贸易差额的 89.6%。而且，在过去 10 年，中美高技术产品贸

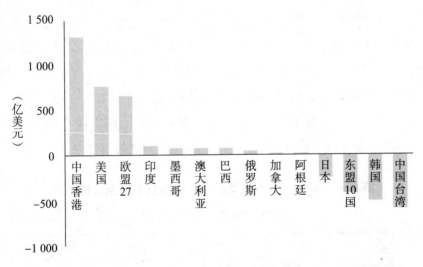

图 4.9　2011 年中国与主要国别（地区）高新技术产品贸易差额

资料来源：中国商务部。

易差额由逆差转为顺差，并呈逐年扩大之势。2001 年，中美高新技术产品贸易逆差 15.3 亿美元，2002 年由逆差转为顺差，顺差 23.6 亿美元，到 2011 年，中美高新技术产品贸易顺差已高达 769.0 亿美元，贸易顺差年均增速高达 47.3%。

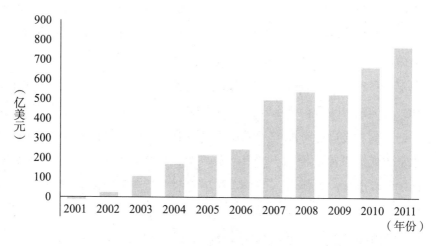

图 4.10　2001—2011 年中美高新技术产品贸易差额

资料来源：中国商务部。

（二）贸易摩擦阻碍中国对美高新技术产品出口

近年来，随着中国对美高新技术产品贸易顺差的逐年扩大及美贸易保护主义的不断升温，美贸易保护手段日趋多样化和复杂化，应用范围更加广泛，中美贸易摩擦形势日趋严峻。受中美贸易摩擦影响，中国对美国高新技术产品出口空间受阻，主要体现在以下三大方面：

（1）对部分行业领域可能带来毁灭性打击

近年来，我国企业遭遇美国反倾销、反补贴、各种保障措施及技术壁垒、绿色壁垒、知识产权保护、环境、劳工标准等贸易壁垒的限制日趋频繁，为我国高新技术产品出口美国设置了重重障碍，对部分行业、领域甚至可能带来毁灭性打击。以光伏产业为例，2012 年 3 月 19 日，美商务部作出对华太阳能电池反补贴调查初裁，认定强制应诉企业无锡尚德太阳能有限公司的补贴幅度为 2.9%，常州天合光能有限公司的补贴幅度为 4.73%，其他中国企业税率为 3.61%。2012 年 5 月 17 日，美国商务部作出对华太阳能电池反倾销调查初裁，对中国进口的光伏产品征收 31% 至 250% 的反倾销税。美国的立案调查极有可能引起欧盟和印度等国的连锁反应，一旦立案调查并实施征税措施，我国光伏产业将基本面临国际市场的全面封锁。

（2）美国在中国高新技术产品出口市场中的地位提升受阻

当前，美国在中国高新技术产品出口市场中排名第二位，这与美国作为中国出口第一大市场的地位还存在差距。而且，在 2003—2005 年的 3 年时间里，美国曾在中国高新技术产品出口市场中排名第一位，但从 2006 年开始，美国在中国高新技术产品出口市场中的排名就下降到了第二位，并一直保持到现在。美国在中国高新技术产品出口市场的地位提升受阻，是由多方面原因造成的，既有美贸易保护主义等方面的因素，也有中国高新技术产品贸易发展水平较低等方面的原因。但是，如果美国能够有效抑制贸易保护主义、减少中美贸易摩擦，无疑将会为中美高新技术产品贸易发展水平的进一步提升提供巨大空间。

（3）美国在中国大部分技术领域出口中的占比或排名出现下滑

2001—2011 年，在中国高新技术产品出口的 9 大技术领域中，美国在电子技术、光电技术、生命科学技术、计算机集成制造技术、材料技术和生物技术等 6 大技术领域中的占比出现下滑，占比下降最大的是材料技术，下降 34.3 个百分点，其次是生物技术，下降 29.8 个百分点，下降最少的是生命科学技术，下降 3.6 个百分点；从美国在上述 6 大技术领域的排名来看，材料技术和生物技术在中国高新技术产品出口中的排名由第一位下降到了第三位，电子技术排名上升一位，光电技术、生命科学技术及计算机集成制造技术 3 大领域排名没有发生变化。

表 4.4　2001—2011 年美国在中国高新技术产品出口中的
比例和排名（按行业分）

	2001 年		2011 年	
	占比（%）	排名	占比（%）	排名
计算机与通信技术	21.5	2	23.4	2
电子技术	11.3	4	7.0	3
光电技术	39.2	1	21.1	1

	2001 年		2011 年	
	占比（%）	排名	占比（%）	排名
生命科学技术	19.6	1	16.0	1
计算机集成制造技术	22.6	1	16.5	1
材料技术	40.5	1	6.2	3
航空航天技术	24.1	1	29.6	1
生物技术	37.6	1	7.8	3
其他技术	42.9	1	65.0	1

资料来源：根据 UN COMTRADE 数据库计算。

（三） 中国对美高新技术产品贸易竞争力明显偏低

除了出口管制和贸易摩擦以外，中国高新技术产品贸易自身发展水平较低，与美国相比出口产品国际竞争力明显偏低、自主创新能力明显偏弱、自主品牌比重明显偏低，中美贸易结构也更显不合理。

（1） 与美国相比，中国高新技术产品竞争力明显偏低

中国对美国高新技术产品贸易缺乏竞争力，主要表现在：一是在统计的206 种海关 HS 六位码高新技术产品中，美国显示性比较优势指数（Comparative Advantage Index，简称 RCA 指数）大于中国的有 147 种，占全部高新技术产品的 71.4%；在 RCA 指数大于 1 和大于 2 的产品中，美国分别有 118 种和 47 种，而中国仅有 56 种和 20 种，不及美国的 1/2。二是在大部分技术领域进出口贸易中，中国处于逆差。2011 年，在 9 大类高新技术产品中，中国对美国有 6 大类保持逆差，分别为电子技术、生命科学技术、计算机集成制造技术、材料技术、航空航天技术和生物技术类产品，而保持顺差的产品主要集中在计算机与通信技术类、光电技术、其他技术 3 类产品上。

（2） 自主创新能力明显偏弱，自主品牌比重明显偏低

自主创新能力不强、缺乏自主品牌，也一直是中国对美高新技术产品贸易的主要问题之一，主要表现在：一是我国国内发明专利拥有量偏少，每万人发明专利拥有量低。截至 2011 年年底，我国每万人发明专利拥有量为 2.4 件，而美国为 35.6 件[①]，我国创新能力和市场竞争力与美国相比存在较大差

---

① 国家知识产权局，《专利统计简报》2012 年第 17 期。

距。二是国内企业有效发明专利占有效专利比重持续处于较低水平。2011 年，国内企业有效发明专利所占比重仅为 15.1%，较 2006 年提高不足 2 个百分点[①]。三是长年有效发明专利维持率状况不佳。2011 年，国内企业有效发明专利维持 10 年以上的比率为 9.7%，而国外企业达到了 32.6%[②]。四是缺乏自主品牌，尤其是对美国高新技术产品出口中，以低附加值、低技术含量为主，外资企业和加工贸易占比分别高达 90.5% 和 87.8%，具有国际影响力的著名品牌十分缺乏。

表 4.5　中美高新技术产品显示性比较优势指数概况

	产品数量（HS6 位码统计）	占比（%）
美国 RCA > 中国 RCA	147	71.4
中国 RCA > 1	56	27.2
美国 RCA > 1	118	57.3
中国 RCA > 2	20	9.7
美国 RCA > 2	47	22.8

资料来源：根据 UN COMTRADE 数据库计算。

（3）中国对美高新技术产品出口贸易结构更显不合理

尽管中国对美国高新技术产品出口贸易与我国高新技术产品出口贸易的结构特征具有相似性，即出口产品集中度高、东部地区、加工贸易和外资企业占据主导地位，但相比全国，中国对美高新技术产品出口集中度更高、加工贸易和外资企业出口占比更大，对美出口贸易结构更显不合理。一是中国对美国高新技术产品出口集中度很高，计算机与通信技术占据绝对主导地位。2011 年，中国对美国出口计算机及通信技术类产品 914.2 亿美元，占中国对美高新技术产品出口的 86.3%，高出全国 14.7 个百分点；排名第二位的电子技术产品仅占 5.8%，低于全国 10.0 个百分点；其余 7 类产品占比均不超过3%。二是加工贸易出口占比更大。2011 年，中国对美国高新技术产品出口中，加工贸易占比 87.8%，高出全国 10.9 个百分点；而一般贸易出口占比仅为 8.1%，低于全国 8.3 个百分点。三是外资企业出口占比更大。2011 年，中

---

① 国家知识产权局，《专利统计简报》2012 年第 11 期。
② 国家知识产权局，《专利统计简报》2012 年第 11 期。

国对美国高新技术产品出口中，外资企业占比 90.5%，高出全国 8.0 个百分点；国有企业和其他企业占比分别为 4.5% 和 5.0%，均低于全国平均水平，分别低 1.3 个和 6.7 个百分点。

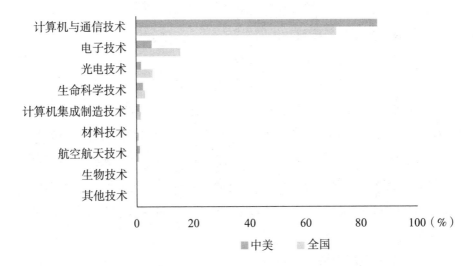

图 4.11　2011 年中美高新技术产品出口行业结构与全国对比

资料来源：中国商务部。

三、主要结论与建议

为推动中美高新技术产品贸易健康、可持续发展，需正确认识中美高新技术产品贸易的发展潜力，督促美尽快放松对华出口管制，妥善做好中美贸易摩擦预警与应对工作，并注重提升中国高新技术产品的国际竞争力。

（一）正确认识中美高新技术产品贸易发展潜力

长期以来，美方坚称对华出口管制不会对双边贸易产生负面影响，但通过上面的分析可以发现，不仅仅是出口管制，美国贸易保护主义及由此引发的贸易摩擦也在严重阻碍着中美贸易的健康发展，中美高新技术产品贸易发展现状与中美作为全球前两位的贸易大国地位极不相称，未来发展潜力很大。一方面，美国对华高新技术产品出口仍有增长空间，美国高新技术产品占对中国出口总额的比例、占中国高新技术产品进口的比例都有很大的提升空间，在计算机与通信技术、电子技术、光电技术、计算机集成制造技术和材料技术等大部分技术领域对中国的出口潜力巨大。另一方面，随着中国高新技术产品出口竞争力的提升，如果美国的贸易保护主义倾向能够得到有效抑制，中国对美高新技术产品出口，特别是在电子技术、光电技术、生命科学技术、计算机集成制造技术、材料技术和生物技术等领域同样存在较大潜力。

（二）督促美尽快放松对华出口管制

美国现行的出口管制政策已经过时，既不能有效维护其国家安全和地区稳定，还增加了贸易成本，丧失了贸易机会和就业岗位，已成为制约中美高新技术产品贸易健康、可持续发展的最主要因素之一。当前，在国际政治和经济形势的压力下，美国政府于2010年启动了出口管制体系改革。建议中国政府尽可能抓住这次改革带来的机遇，充分利用中美商贸联合委员会等各种形式的双边经贸合作机制，在各个层次就美对华出口管制问题进行交涉，继续督促美在出口管制改革中给予中国公平待遇，放宽对华高新技术出口管制，扩大中美高新技术产品贸易合作。

（三）做好贸易摩擦预警与应对工作

政府主导，积极发挥行业协会、产业联盟的作用，统筹做好贸易摩擦预警与应对。一方面，对美国市场情况及各种贸易壁垒做好研究和分析工作，加强贸易摩擦预警体系建设。另一方面，积极应对贸易摩擦，加强交涉和抗辩，对美保持压力，必要时派团交涉磋商；指导协助企业应对调查，争取较低税率，保住出口市场；推动业界交流与对话，争取通过业界合作化解摩擦，注意动员行业上下游配合应对工作。

（四）提升高新技术产品国际竞争力

按照建设创新型国家的总体要求，以创新提升我国高新技术产品国际竞争力。深入实施科技兴贸战略，大力支持科技兴贸创新基地建设，充分发挥创新基地的带动示范作用。支持研发创新活动，加大对共性、关键及应用技术研发支持力度，提升企业的知识产权运营水平，采用并购、引进消化吸收等方式，围绕核心知识产权做大做强。加强技术交流与合作，支持企业与国际领先企业共同制定国际标准、合作开展产品检测和认证工作。

（本部分由崔卫杰撰写）

欧债危机影响下中欧高新技术产品进出口形势、发展前景与政策建议

近期，欧债危机持续发酵，金融市场动荡加剧，主权债务危机逐渐深化并有进一步蔓延的风险，特别是 2012 年以来，欧元区经济再次陷入衰退，欧盟总体经济环境不容乐观。欧盟作为我国重要的高新技术产品贸易伙伴，在危机中双边经贸往来受到严重影响，随着欧盟经济下行风险加大，稳定高新技术产品外部需求难度加大，未来中欧高新技术产品贸易面临严峻挑战。

一、中欧高新技术产品进出口形势

（一）双边高新技术产品贸易额呈现较大波动

自 2000 年以来，中欧高新技术产品贸易经历了近 10 年的高速增长，其中 2002—2007 年间，中国对欧盟高新技术产品出口年均增速 54.4%，进口年均增速 26.0%，其中 2003 年我国对欧盟高新技术产品出口增幅达到 102.68% 的历史峰值，2008 年开始，受金融危机影响，中欧高新技术产品进出口增幅出现不同程度下滑，出口增速下降明显，从 2007 年的 78.6% 下降到 2008 年的 15.1%，累计下降近 64 个百分点，自欧盟进口高新技术产品增速下降 12 个百分点。2009 年中欧高新技术产品进出口首度陷入负增长，出口同比下降 18.0%，进口同比下降 3.1%。2010 年，伴随着全球经济复苏，中欧高新技术产品进出口呈现短暂的恢复性增长，出口同比增长达到 35.4%，进口同比增长 22.5%。2011 年，欧债危机对中欧高新技术产品出口影响初步显现，出口增幅显著收窄，同比增长为 10 年来新低，仅为 3.5%，但中国自欧盟进口高新技术产品增幅继续扩大，增速较上一年度有所提高。2012 年，欧债危机继续升级，中国出口欧盟高新技术产品再次出现 9.74% 的负增长。2010—

2012 年间，中国出口欧盟高新技术产品增幅波动 45 个百分点，自欧盟进口增幅波动 22 个百分点。

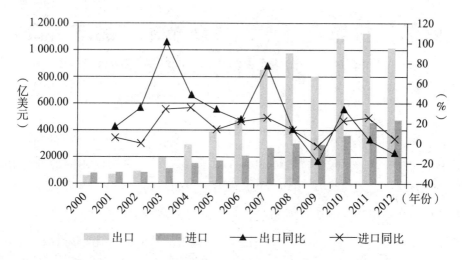

图 4.12　2000—2012 年中欧高新技术产品进出口情况

资料来源：海关统计。

（二）对欧高新技术产品进出口波动方向不一致

欧债危机中，重债国普遍紧缩财政，国内失业率高企，对外需求减弱，高新技术产品需求下降明显，中国对欧高新技术产品出口受到较大冲击，2010—2012 年间，对欧出口高新技术产品不断放缓。同期，由于欧元急剧贬值，荷兰等欧盟国家纷纷将扩大出口作为提振经济的重要手段，我国自欧盟进口高新技术产品在经历 2009 年的 3.08 的负增长后，在 2010 年实现了 22.5% 的两位数增长，2011 年增幅继续扩大，较上一年度提高近 4 个百分点，与同期对欧盟出口下降呈反向波动态势，2012 年，中欧双边进出口同比均有所下降，出口回落幅度较大，较 2010 年回落 45 个百分点，进口增幅较 2010 年回落约 18 个百分点。

从具体国家（地区）来看，选取 2010 年我国对欧盟出口额前 10 位国家，可以发现，我国与这 10 国高新技术产品近 3 年进出口增长率基本与中欧整体进出口增长率变动方向一致，其中，我国对荷兰、德国、法国、意大利、捷克、匈牙利等国在 2010—2012 年间出口增幅持续下降，同期我国自荷兰、德国、英国、捷克、芬兰等国进口增幅呈先升后降。

表4.6 我国与欧盟主要贸易伙伴进出口增长率（%）

	出口增长率			进口增长率		
	2010 年	2011 年	2012 年	2010 年	2011 年	2012 年
荷兰	46.65	17.49	0.12	12.19	65.93	−38.04
德国	40.05	−6.18	−11.19	21.11	30.08	3.08
英国	18.51	−0.51	3.5	18.06	32.76	15.94
法国	24.01	−8.34	−24.03	35.69	21.83	26.93
意大利	130.08	−6.38	−40.09	46.06	27.93	−6.88
捷克	54.99	4.16	−23.76	43.94	53.15	17.83
匈牙利	25.57	2.54	−18.16	45.35	1.33	16.27
西班牙	42.54	−20.04	−17.36	33.48	8.42	26.15
波兰	18.92	−6.56	6.65	23.07	−18	9.87
芬兰	5.28	11.73	17.61	−5.27	2.81	−25.47

资料来源：海关统计。

（三）欧盟市场在全球出口占比中呈下降态势

从全球市场来看，2012 年非洲、欧洲、大洋洲普遍出现萎缩态势，其中欧洲市场萎缩程度最高，我国对欧洲出口高新技术产品规模由 2011 年的第二位下滑到 2012 年的第三位，对欧出口累计 1 111.0 亿美元，同比下降 8.23%，低于全部高新技术产品出口增幅（9.55%）17.8 个百分点。

表4.7 我国高新技术产品出口的全球市场分布情况（亿美元，%）

	2011 年		2012 年	
	金额	同比	金额	同比
亚洲	2 744.98	14.37	3 269.08	19.09
非洲	67.31	2.44	66.39	−1.36
欧洲	1 210.68	4.41	1 111.00	−8.23
拉丁美洲	272.53	25.04	282.31	3.59
北美洲	1 104.03	9.91	1 196.37	8.36
大洋洲	88.35	16.25	86.81	−1.75
所有国家（地区）	5 487.88	11.46	6 011.96	9.55

资料来源：海关统计。

　　具体到欧盟市场来看，根据中国海关统计，我国对欧盟出口高新技术产品占比在2003—2011年保持在出口2成以上，出口额占比平均达到21.84%。2012年，欧债危机深化对我出口欧盟高新技术产品造成负面影响，欧盟市场在全球占比持续下降，占比16.89%，低于2002年17.8%，为13年来历史最低。我国自欧盟进口占比自2002年达到11.21%的历史峰值后，始终没有超过10%，2011年在欧债危机影响下，自欧盟进口占比提高，2012年有所回落，但基本维持在9.5%左右。

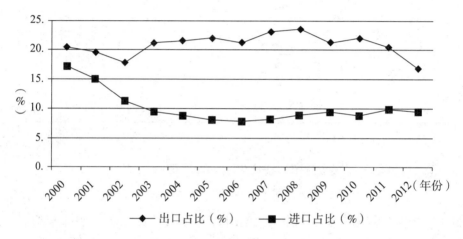

图4.13　2000—2012年中欧高新技术产品贸易占

我国高新技术产品贸易比重

资料来源：海关统计。

（四）危机对不同领域高新技术产品进出口影响不同

　　从高新技术产品9大领域来看，2011年，我国对欧盟电子技术、材料技术类产品出口同比分别下降1.86%、20.04%，同期我国电子技术、材料技术类产品整体出口同比分别增长11.8%、6.7%。2012年，受欧债危机深化影响，9大领域中6大领域产品对欧出口下降，作为对欧出口第二大规模的电子技术领域下滑严重，2012年该技术领域对欧盟出口130.81亿美元，同比下降41.55%，低于同期电子技术整体出口约59个百分点。

表 4.8　中国对欧盟高新技术产品出口情况（亿美元，%）

	2011 年		2012 年	
	金额	同比	金额	同比
生物技术	1.31	22.43	1.58	20.73′
生命科学技术	39.84	30.05	44.35	11.33
光电技术	45.33	1.25	45.29	−0.09
计算机与通信技术	782.02	4.01	761.39	−2.64
电子技术	223.79	−1.86	130.81	−41.55
计算机集成制造技术	16.23	13.71	16.20	−0.17
材料技术	4.15	−20.04	3.41	−17.73
航空航天技术	11.26	13.02	11.19	−0.62
其他技术	0.98	6.66	1.07	8.89

资料来源：海关统计。

从高新技术产品各领域进口来看，2011 年我国自欧盟多数领域高新技术产品出口同比保持增长，且在光电技术、材料技术、计算机集成制造技术、生命科学技术、计算机与通信技术、航空航天技术 6 大类领域分别超过该领域整体出口增幅 35.2 个、16.3 个、8.1 个、7.3 个、5.6 个、4.2 个百分点。2012 年 9 大领域中 6 大领域自欧盟进口出现增长，占 1/5 强的计算机集成制造技术进口降幅最大，同比下降 25.16%，计算机与通信技术同比下降 10 个百分点，同期我国自全球市场进口高新产品中计算机集成制造技术类同比下降 22.63%，其他技术类产品同比下降 22.7%。

表 4.9　中国自欧盟进口高新技术产品情况（亿美元，%）

	2011 年		2012 年	
	金额	同比	金额	同比
生物技术	2.33	−2.38	3.02	29.81
生命科学技术	80.82	42.63	101.03	25.01
光电技术	22.88	38.86	27.10	18.45
计算机与通信技术	42.43	9.31	38.04	−10.35
电子技术	78.65	7.52	85.82	9.11

续　表

	2011 年		2012 年	
	金额	同比	金额	同比
计算机集成制造技术	139.09	42.45	104.10	−25.16
材料技术	4.03	18.24	4.01	−0.47
航空航天技术	82.12	16.63	109.80	33.7
其他技术	4.09	58.76	4.80	17.51

资料来源：海关统计。

（五）危机影响下中欧高技术交流合作放缓

自 2000 年以来，中欧高新技术产品进出口稳步增长，带动双边贸易技术含量不断提升，中欧高新技术产品进出口占中欧双边进出口比重由 2000 年的 19.3% 提高到 2007 年的 31.39% 的历史高点，2008—2009 年金融危机对双边高新技术贸易的相对影响不大，高新技术产品进出口占双边贸易比重下降约 1 个百分点，2011 年，在欧债危机影响下，双边高新技术交流速度明显放慢，双边高新技术产品进出口占比 27.88%，较 2010 年下降 2.3 个百分点，2012 年，双边高新技术产业合作继续放缓，双边高新技术产品进出口在双边整体贸易中的比重继续下降，为 27.34%，基本相当于 2006 年水平。

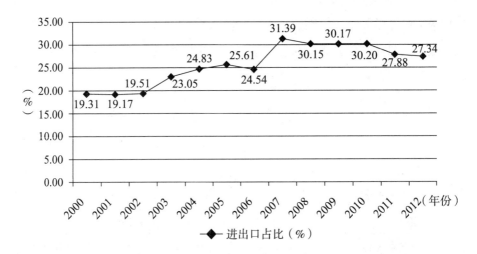

图 4.14　2000—2012 年中欧高新技术产品进出口占中欧进出口比重

资料来源：海关统计。

二、中欧高新技术产品进出口发展前景

当前，欧债危机的基本面没有改变，经济增长前景仍较悲观，中欧高新技术产品贸易面临的形势依然十分严峻，短期内较难有显著改善，但同时高新技术产品进口也面临难得的发展机遇。

（一）对欧盟高新技术产品出口增势明显减弱

欧盟自2005年上升为我国高新技术产品出口第二大市场以来，直至2011年保持在前两位水平，2012年受危机深化影响，需求受到抑制，对欧盟出口负增长，国家（地区）占比居中国香港、美国之后，滑落到第三位。据海关统计，2013年第一季度，对欧盟出口同比下降6.83%，低于同期高新技术产品出口28.28%的整体增幅，占比创13.98%的历史新低。其中，我国对希腊、西班牙、意大利等重债国出口高新技术产品同比下降分别为17.11%、14.21%、11.4%。根据欧盟统计局和欧盟委员会4月底最新公布的一系列最新经济数据显示，欧盟失业率持续攀升，通胀率持续下滑，主要国家经济前景黯淡，欧元区经济景气指数连续两个月下降。未来如欧债危机继续，势必进一步影响欧盟国家经济复苏，导致进口需求进一步下降，我国对欧盟出口高新技术产品将面临更大压力。

（二）欧盟对华贸易摩擦将呈上升趋势

由于欧洲经济持续低迷，欧盟内部经济发展遭遇挫折，企业发展受困，部分欧盟成员国贸易保护主义抬头。欧盟采用新的贸易救济手段，对我国出口高端产品设置种种限制，在新能源、新材料和电子通信等领域开展贸易救济调查。2012年以来，欧盟对华发起的贸易救济措施明显增多，涉案金额不断增加，2012年9月立案的对华光伏双反调查，涉案金额204亿美元，是迄今我国遭受的规模最大的贸易诉讼案件。可以预见，未来一段时期将是中欧贸易摩擦的高发期。

（三）欧盟放宽对高新技术产品出口限制的可能性增加

欧洲是中国重要的贸易伙伴之一。自从我国加入世贸组织以来，高新技术产品进出口迅速增长，中欧双边贸易的技术含量稳步提高，双边高新技术

产品贸易进出口占双边贸易总额由 2000 年的 19.31% 提高到 2012 年的 27.34%。但由于欧盟一直以来对华管制较为严格，包括 1996 年的《关于常规武器和两用物品及技术出口控制的瓦森纳安排》（简称《瓦森纳协定》），2000 年通过的"1334 号法令"实施的限制，以及欧盟成员国自行实施的高新技术产品出口管理法规，中欧双边高新技术产品贸易发展受到诸多制约，增长潜力未能得到充分发挥，中欧高新技术产品贸易失衡现象仍十分严重，中欧高新技术产品顺差额居高不下，2010 年达到 725 亿美元的历史峰值，2012 年略有缓解，达到 538 亿美元。对于中国目前发展中迫切需要的节能环保、绿色低碳等方面的高新技术，欧盟对我国出口都存在特殊限制。当前欧洲经济低迷情况下，欧洲国家普遍实施紧缩政策，国内消费和需求明显减弱，部分国家将合作重点转向亚洲市场，通过出口来复苏经济，从而有利于我国扩大自欧进口先进技术和装备，推动欧盟放宽对我国高新技术产品出口限制。

三、政策建议

（一）积极采取措施稳定欧盟市场份额

欧盟作为我国高新技术产品第三大出口市场和第五大进口来源地，同时也是主要技术来源地，是我国高新技术产品重要的贸易伙伴之一，在双边高技术贸易合作等方面具有不可替代作用，稳定对欧出口份额并推动自欧进口对我国高新技术产业长远发展具有重要意义。要采取措施稳定欧盟市场，一是通过中欧双边贸易政策对话机制，稳妥解决贸易摩擦，协助企业积极应对贸易摩擦；二是稳定进出口政策，实施积极的贸易融资、财税、出口信用保险等政策，强化企业出口信心，鼓励企业对欧出口；三是进一步鼓励跨境贸易人民币结算试点企业范围，减少进出口企业汇兑风险。

（二）推动欧盟放松高新技术产品出口管制

受欧债危机影响，许多欧洲国家积极寻求扩大出口渠道，并将我国作为海外市场拓展的重点之一，对于敏感性较低的技术和物项、或需要市场规模发展的产业领域，欧盟很可能适度放宽对我国高新技术管制。我国宜抓住机遇，一是加大对欧盟及成员国工作力度，推动欧盟放松对高新技术产品出口管制，推动高端装备制造、关键零部件、主要原辅材料领域的技术引进、吸收和消化能力，鼓励企业加强同欧方的研发创新合作，提升高新技术企业的技术创新能力；二是加强包括从美国等第三国市场引进高新技术，努力抵消欧盟对我国出口管制效果，推动欧盟放松对华出口管制。

（三）调整高新技术产品出口发展重点

利用欧盟经济体经济尚未复苏的时机，调整我国高新技术产品发展重点。一是要拓展海外营销渠道，尽快构建实现内外营销渠道互通的国际化商贸平台，积极发展新型合作模式，打造中国制造在海外市场的合力，促进对欧贸易平稳发展；二是推进高新技术产业国际竞争优势转变，使我国高新技术产品贸易真正从加工贸易向一般贸易转变，从主要依靠物质资源消耗向主要依靠技术投入、高附加值转变，更多地依靠自主知识产权和自主品牌参与国际市场竞争，提升产业国际竞争力；三是积极开拓新兴市场，在巩固欧美传统市场份额的同时，挖掘新兴市场潜力，鼓励企业向金砖国家及拉美等新兴市场国家出口高新技术产品。

（本部分由张丹撰写）

中国—东盟10年高新技术产品贸易：回顾与前瞻

2013 年是中国—东盟建立战略伙伴关系 10 周年，也是中国—东盟博览会举办 10 周年。10 年来，双边经贸领域发展成效显著，特别是高新技术产品贸易额逐年上升。截至 2012 年年底，东盟已成为中国第三大高新技术产品进口来源地和第一大高新技术产品贸易逆差来源地，是中国高新技术产品重要的贸易伙伴。

一、中国—东盟10年高新技术产品贸易的变与不变

2002—2012 年，中国—东盟高新技术产品贸易稳步推进，进出口保持两位数增长，在贸易结构主体保持不变的情况下也酝酿着一些深层次改变。

（一）中国—东盟高新技术产品贸易的不变

一是计算机与通信技术、电子技术类的优势地位不变。从高新技术产品 9 大领域来看，中国—东盟高新技术产品贸易仍以计算机与通信技术、电子技术类为主。2002 年，中国—东盟计算机与通信技术类进出口占双边高新技术产品进出口的 47.85%，电子技术类进出口占比 47.62%，二者合计占比 95.47%，在中国—东盟高新技术产品进出口 9 大领域中占有绝对优势，2012 年，上述两个领域占双边高新技术产品进出口比重略有下降，合计占比约 9 成，仍为双边贸易领域主体。具体来看，上述两个技术领域出口占双边高新技术产品出口比重由 2002 年的 9 成以上调整为 2012 年的近 8 成，两个技术领域的进口占双边高新技术产品进口比重由 2002 年的 97.02% 调整为 2012 年的 96.04%，累计下降不到 1 个百分点。

二是外资企业的优势地位不变。2002—2012 年，中国—东盟高新技术产

品贸易中外资企业占比呈现一定程度的波动，外资企业进出口占比由2002年的82.07%提高到2005年的88.54%的历史高点，后降到2012年的79.36%，上下波动在10个百分点内，外资企业优势地位没有改变。从出口来看，外资企业出口占中国—东盟高新技术产品出口比重由2002年的近9成回落到2012年的近8成，从进口来看，外资企业进口占中国—东盟高新技术产品进口比重从2002年的近8成经过2007年的87.02%的历史高点回落到2012年的79.85%。

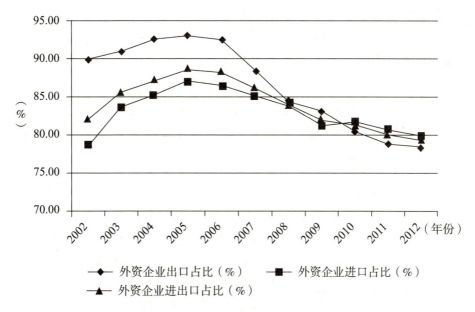

图4.15　中国—东盟高新技术产品贸易（外资企业）

资料来源：海关统计。

三是加工贸易方式的优势地位不变。在中国—东盟双边高新技术产品贸易中，加工贸易方式所占比重呈下降趋势，由2002年占比73.04%下降到2012年的51.36%，10年约下降20个百分点，但整体仍占5成以上，贸易主体地位没有改变。从出口来看，加工贸易方式贸易占全部高新产品出口的比重由2002年的约90%下降到2012年的70%，从进口来看，加工贸易方式贸易占全部高新技术产品的进口比重由2002年约50%下降到2012年的40%强。

四是东部地区的优势地位不变。从国内地区来看，东部省份为中国—东盟双边高新技术产品贸易的主体，2002年，东部10省市与东盟进出口占比98.67%，东部省份出口东盟高新技术产品52.83亿美元，占全国出口东盟高新技术产品的96.93%，自东盟进口的高新技术产品123.47亿美元，占全国进口额的98.9%。经过10年双边高新技术产品贸易的发展，到2012年，我国东部地区在中国—东盟高新技术产品贸易领域的主体地位没有改变，区域出口、进口分别占全国的88.07%、88.77%。从具体省份来看，广东、江苏、上海分列为双边贸易额前三位，出口合计占比由2002年的84.89%上升到2012年的89.23%，进口合计占比由2002年的83.51%上升到2012年的83.78%。

五是东盟老五国贸易的优势地位不变。中国与东盟的双边高新技术产品贸易主要在中国与东盟老五国（新加坡、马来西亚、泰国、印度尼西亚、菲律宾）之间进行，其贸易额10年来一直占双边高新技术产品贸易额的90%以上。其中，中马高新技术产品贸易所占比重位居第一，约占中国—东盟双边高新技术产品贸易额的30%，中新高新技术产品贸易占比次之，约占双边高新技术产品贸易额的20%。从出口来看，出口到东盟老五国高新技术产品占双边出口额的比重由2002年的98.19%下降到2012年的86.15%，出口到新加坡、马来西亚、泰国的高新技术产品占全部高新产品出口的比重分别由2002年的44.17%、33.98%、12.42%调整到2012年的30.49%、19.79%、19.24%。从进口来看，自东盟老五国进口的高新技术产品占双边高新产品进口额比重由2002年的99.97%下降到2012年的92.62%，自马来西亚、新加坡、泰国进口的高新技术产品占全部双边高新技术产品进口比重分别由2002年的38.85%、22.56%、13.87%调整为2012年的43.37%、14.11%、17.80%。

表4.10　中国—东盟老五国高新技术产品贸易占中国—东盟
高新技术产品贸易比重（%）

国别 年份	印度尼西亚	马来西亚	菲律宾	新加坡	泰国	合计
2002	4.11	37.37	15.39	29.13	13.43	99.43
2003	3.33	34.35	20.82	26.61	14.39	99.50
2004	3.46	32.36	22.04	27.69	13.97	99.53
2005	3.36	31.76	23.33	26.37	14.65	99.47

年份＼国别	印度尼西亚	马来西亚	菲律宾	新加坡	泰国	合计
2006	3.54	31.04	25.02	24.57	15.13	99.30
2007	3.82	29.09	24.73	24.03	16.53	98.22
2008	4.67	29.56	21.09	23.23	19.02	97.57
2009	4.38	32.67	13.56	24.66	20.88	96.14
2010	4.42	36.69	12.96	22.28	19.38	95.74
2011	4.87	38.05	11.50	20.55	19.35	94.32
2012	4.70	35.45	12.41	19.61	18.28	90.45

资料来源：海关统计。

（二）双边高新技术产品贸易的变化

一是技术领域之变。10 年来，中国—东盟双边高新技术产品进出口的技术领域发生变化，除了传统计算机与通信技术领域、电子技术外，非传统技术领域贸易快速增长，占双边高新技术产品贸易比重不断提升，特别是液晶显示板、未装配光学元件等产品的快速发展，拉动光电技术、材料技术等领域产品贸易迅猛增长。光电技术产品出口由 2002 年的 0.15 亿美元增长到 2012 年的 45.84 亿美元，年均增速达到 77.22%，超过中国出口东盟高新技术产品年均增速约 55 个百分点，占比由 2002 年的 0.27% 跃升到 10.91%，出口占比由 2002 年排名倒数第三提升到 2012 年的正数第三的位置，其中占光电技术 9 成以上的液晶显示板出口 10 年间年均增速达到 40.31%，超过中国出口东盟高新技术产品年均增速约 18 个百分点。双边贸易中另一类增长较快的是材料技术类产品，出口额由 2002 年的 0.19 亿美元增长到 2012 年的 5.72 亿美元，年均增速达到 40.56%，超过中国出口东盟高新技术产品年均增速约 18 个百分点。

二是贸易动力之变。吸收外商投资、开展加工贸易曾是中国—东盟双边高新技术产品贸易起步、发展的主要动力。2002—2012 年，外资企业高新技术产品出口增加值占双边高新技术产品出口增加值比重的 76.70%，加工贸易增加值占全部出口增加值比重的 66.19%。近年来，跨国公司对中国投资更加看重市场和软环境优势，外商投资中制造业比重下降了近一半，与此同时，国内民营企业异军突起，在高新技术产品贸易中发挥着日益重要的作用，加上国内海关特殊监管区域的发展，外资企业和传统加工贸易对中国—东盟双边高新技术产品贸易的增长作用不断减弱，以民营企业为主体的其他企业、以特殊监管区域物流货物为主体的其他贸易在中国—东盟双边高新技术产品贸易中增长迅猛。其他企业出口到东盟的高新技术产品由 2002 年的 1.17 亿美元上升到 2012 年的 45.89 亿美元，增长了 38 倍，占比由 2002 年的 1/50 提升到 2012 年的 1/9，其他贸易方式出口到东盟高新技术产品由 2002 年的 0.95 亿美元上升到 2012 年的 59.12 亿美元，增长了 61 倍，占比由 2002 年的 1.74% 提升到 2012 年的 14.07%，提高了 12 个百分点。

三是贸易主体之变。从中国—东盟双边高新技术产品的国内地区分布来看，东部省份贸易增速不断放缓，中西部省份对双边贸易贡献度不断扩大，特别是中西部的河南、四川、重庆出口实现快速增长。中部地区出口到东盟的高新技术产品由 2002 年的 0.35 亿美元增长到 2012 年的 13.19 亿美元，占比由 0.64% 提高到 3.14%，西部地区由 2002 年的 1.33 亿美元增长到 2012 年的 36.9 亿美元，占比由 2.43% 提高到 8.78%，中部地区的河南省出口由 2002 年的 300 万美元跃升到 2012 年的近 5 亿美元，与东盟贸易几乎实现了从无到快速增长的转变，西部地区的四川省和重庆市出口由 2002 年的 0.08 亿美元、0.96 亿美元分别增长到 2012 年的 14.75 亿美元、17.23 亿美元，年均增长 68.49%、33.48%，超过全国出口到东盟高新技术产品年均增速约 49 个和 11 个百分点。但中西部地区出口基数较小，尚难以从根本上改变中国—东盟高新技术产品贸易的整体走势。

四是市场格局之变。中国—东盟双边高新技术产品贸易的市场格局正在发生变化，东盟老五国仍是我国高新技术产品主要出口目的地和进口货源地，但其他新成员正在成为贸易快速增长的地区。我国同东盟新成员双边高新技术产品贸易占比由 2002 年的不到 1% 提升到 2012 年的近 10%，提升了 10 个百分点以上，其中我国同越南之间的高新技术产品贸易往来关系加深，双边贸易额由 2002 年的 0.76 亿美元增长到 2012 年的 110.68 亿美元，占中国—东盟 10 国高新技术产品贸易额比重由 2002 年的 0.42% 提升到 2012 年的 8.42%。

二、中国—东盟高新技术产品贸易的发展趋势

中国—东盟建立战略伙伴关系 10 年来，双边经贸关系发展良好，但双边高新技术产品贸易额占中国整体高新技术产品贸易额比重下降，贸易逆差呈增长趋势，高技术产业领域竞争、合作关系均呈现不断加强的态势。

（一）东盟市场占中国高新技术产品贸易比重下降

2002—2012 年，中国—东盟双边高新技术产品贸易额不断增长，进出口由 179. 36 亿美元增长到 1 251. 19 亿美元，年均增速 21. 44%，低于 23. 95% 的全部高新技术产品贸易增速，与东盟贸易占全部高新技术产品贸易比重呈逐年下降趋势，由 2002 年的 13. 85% 下降到 2012 年的 11. 28%，中国出口到东盟的高新技术产品由 2002 年的 54. 51 亿美元提高到 2012 年的 420. 41 亿美元，年均增速 22. 66%，低于 27. 15% 的全部高新技术产品出口年均增速，占比由 2002 年的 10% 下降到 2012 年的约 7%。

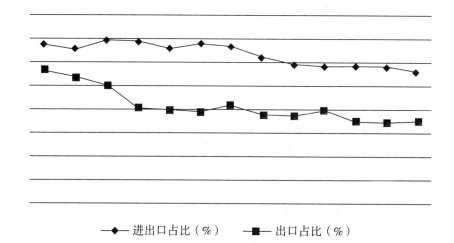

　　━━◆━━ 进出口占比（%）　　━━■━━ 出口占比（%）

图 4. 16　中国—东盟高新贸易占全部高新贸易比重

资料来源：海关统计。

（二）高新技术产品贸易逆差不断增长

我国对东盟的高新技术产品贸易逆差自 2002 年的 70. 34 亿美元增长到 2012 年的 410. 90 亿美元，以约 20% 的年均增幅扩大，10 年来始终是第一大

高新技术产品贸易逆差来源地，其中与马来西亚、菲律宾、泰国之间一直存在逆差，马来西亚是最大的高新技术产品贸易逆差国，2012 年逆差额达到277 亿美元，约占全部逆差的2/3，与菲律宾的逆差额在2012 年达到110.8 亿美元，约占全部逆差的1/4。近年来，随着新加坡加大对我国内陆投资力度，我国对新加坡高新技术产品贸易逆差下降，2002 年逆差4 亿美元，自2005 年转为顺差，到2012 年顺差10.84 亿美元。

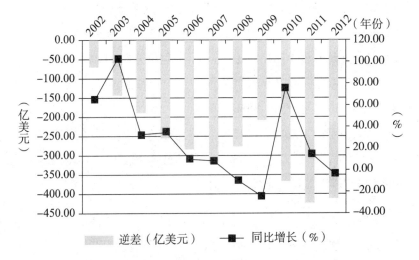

图 4.17　中国—东盟高新技术产品贸易逆差

资料来源：海关统计。

（三）高技术产业领域内合作不断加强

利用格鲁贝尔—劳埃德指数（GL 指数）计算中国—东盟之间产业内贸易可以发现，10 年来，中国—东盟之间高新技术产业贸易模式变化不大，整体上处于产业内贸易形态，表现为高新技术产业水平分工状态，产业内贸易指数呈上升趋势，由2002 年的0.61 提高到2012 年的0.67。

从东盟各个国家来看，除与文莱、柬埔寨、老挝 3 国之间的高新技术产业内贸易始终保持较低水平外，我国与其他东盟国家高新技术产业贸易水平的变动可以分为三种类型：第一种类型，从高新技术产业间贸易模式向产业内贸易模式转变，包括泰国、越南等国家；第二种类型，从高新技术产业内贸易向产业间贸易模式转变，包括马来西亚、印度尼西亚等国家；第三种类型，贸易模式未发生改变，包括与新加坡之间的产业内贸易，与菲律宾、缅甸之间的产业间贸易。

表4.11　中国与东盟各国高技术产业内贸易 GL 指数

国家 ＼ 年份	2002	2003	2004	2005	2006	2007	2008	2009	2010	2011	2012
文莱	0.04	0.38	—	—	0.00	0.00	0.00	—	0.00	0.00	0.00
缅甸	0.00	0.00	0.01	0.05	0.02	0.20	0.27	0.17	0.05	0.09	0.10
柬埔寨	0.00	0.00	0.01	0.03	0.00	0.00	0.00	0.00	0.00	0.00	0.00
印度尼西亚	0.51	0.54	0.61	0.66	0.63	0.98	0.73	0.65	0.48	0.44	0.38
老挝	0.00	—	—	—	0.00	0.00	0.00	0.00	0.01	0.00	0.00
马来西亚	0.55	0.46	0.44	0.49	0.56	0.62	0.60	0.51	0.40	0.35	0.37
菲律宾	0.17	0.21	0.25	0.17	0.17	0.18	0.25	0.36	0.33	0.29	0.29
新加坡	0.92	0.83	0.92	0.88	0.96	0.84	0.81	0.78	0.95	0.97	0.96
泰国	0.56	0.45	0.38	0.40	0.40	0.44	0.46	0.47	0.50	0.58	0.71
越南	0.11	0.33	0.40	0.54	0.47	0.33	0.40	0.35	0.58	0.78	0.90
东盟10国	0.61	0.51	0.53	0.52	0.57	0.65	0.69	0.74	0.65	0.64	0.67

资料来源：根据海关统计整理。

从高新技术产品 9 大技术领域来看，我国与东盟之间在计算机与通信技术、计算机集成制造技术、材料技术领域的贸易表现出较高的产业内贸易水平，10 年间贸易模式基本没有变化，其中，双边在计算机与通信技术领域产业内贸易水平最高。与东盟在光电技术、生命科学技术 GL 指数的变动较大，说明双边在这两类技术领域贸易 10 年间变化较大，特别是在光电技术领域变动较大，自 2005 年我国从光电技术产品净进口国转为净出口国，在该领域的比较优势逐渐凸显，我国与东盟在光电技术领域由水平分工转为垂直分工。与东盟在航空航天技术领域的 GL 指数 10 年间呈现波动，从 2002 年的 0.98 的高度水平分工，转变为 2008 年的 0.18，在 2012 年又回到 0.67 的分工状态。

表 4.12　中国与东盟高新技术 9 大领域产业内贸易 GL 指数

年份 类别	2002	2003	2004	2005	2006	2007	2008	2009	2010	2011	2012
生物技术	0.54	0.39	0.44	0.29	0.41	0.35	0.49	0.55	0.66	0.16	0.53
生命科学	0.65	0.65	0.64	0.56	0.54	0.44	0.33	0.31	0.29	0.22	0.23
光电技术	0.51	0.97	0.97	0.62	0.30	0.29	0.27	0.19	0.21	0.22	0.27
计算机与 通信技术	0.91	0.80	0.83	0.80	0.84	0.97	0.92	0.95	0.87	0.88	0.88
电子技术	0.34	0.26	0.30	0.26	0.31	0.31	0.36	0.41	0.34	0.30	0.33
计算机 集成技术	0.56	0.44	0.50	0.57	0.66	0.83	0.91	0.94	0.85	0.76	0.85
材料技术	0.66	0.86	0.72	0.80	0.89	0.83	0.96	0.65	0.56	0.70	0.65
航空航天	0.98	0.91	0.84	0.40	0.23	0.23	0.18	0.50	0.32	0.46	0.67
其他技术	0.28	0.91	0.34	0.42	0.90	0.80	0.68	0.36	0.17	0.19	0.15
高新技术	0.61	0.51	0.53	0.52	0.57	0.65	0.69	0.74	0.65	0.64	0.67

资料来源：根据海关统计整理。

（四）区域内高新技术产品竞争将长期存在

中国与东盟部分国家经济发展水平相近，在高新技术产品方面具有相似性。2002 年，在中国对东盟出口额和自东盟进口额排序前 10 位的高新技术产品中，其他单片集成电路、8471 所列其他机器的零附件、混合集成电路、0.18 <线宽≤0.35 微米的数字式单片集成电路、硬盘驱动器、大中小型计算机及其部件的零附件 6 种商品重合，重合率达到 60%，合计出口 31.83 亿美元、进口 69.25 亿美元，分别占出口的 58.39%、占进口的 55.47%；2012 年，在中国对东盟出口额和自东盟进口额排序前 10 位的高新技术产品中，处理器及控制器、硬盘驱动器、大中小型计算机及其部件的零附件、存储器、8471 所列其他机器的零附件 5 种商品重合，重合率达到 50%，合计出口 111.69 亿美元、进口 529.50 亿美元，分别占出口 26.56%、占进口 63.71%，区域内贸易竞争态势仍然非常明显。

表 4.13 中国—东盟高新技术产品贸易前 10 位的商品类别

	2002 年		2012 年	
	出口	进口	出口	进口
1	8471 所列其他机器的零附件	其他单片集成电路	处理器及控制器	处理器及控制器
2	大中小型计算机及其部件的零附件	线宽不超过 0.18 微米的数字式单片集成电路	便携数字式自动数据处理设备	硬盘驱动器
3	混合集成电路	8471 所列其他机器的零附件	液晶显示板	其他集成电路
4	激光视盘放像机	混合集成电路	手持式无线电话机	大中小型计算机及其部件的零附件
5	0.18 < 线宽 ≤ 0.35 微米的数字式单片集成电路	0.18 < 线宽 ≤ 0.35 微米的数字式单片集成电路	硬盘驱动器	存储器
6	其他单片集成电路	硬盘驱动器	大中小型计算机及其部件的零附件	非特种用途的其他类型电视摄影机
7	手持式无线电话机零件	线宽超过 0.35 微米的数字式单片集成电路	手持式无线电话机零件	8471 所列其他机器的零附件
8	显示器	大中小型计算机及其部件的零附件	8471 所列其他机器的零附件	放大器
9	硬盘驱动器	光盘驱动器	存储器	光盘驱动器
10	四层及以下印刷电路	耗散功率 < 1 瓦的晶体管	移动通信基站	品目 8443 所列设备用其他零附件

资料来源：海关统计。

三、推进中国—东盟高新技术产品贸易发展的对策

为促进中国与东盟之间的高技术领域经贸合作，在双边合作与竞争中促进高新技术产品贸易发展，现提出以下政策性建议。

（一）与东盟构建多层次协作交流关系

充分考虑东盟各国和中国区域发展的经济水平差异，依照东盟各国在生产要素、产业结构等方面的梯次结构，分重点、分层次发展双边高新技术领域的经贸合作，加强与东盟老五国之间的联系，推进双边在高新技术产品技术标准、政策法规、贸易摩擦、研究开发等方面的交流与合作，同时，积极推进中缅、中老双边高新技术产业贸易投资自由化，促进我国高新技术产品对东盟贸易实现平稳较快发展。

（二）积极推进中西部地区承接高新技术产业

充分发挥我国中西部地区、特别是西南省份与东盟之间的区位优势和平台作用，抓住国内深入实施西部大开发和新一轮对外开放的机遇，以中国—东盟博览会、中国—东盟经济园区等展会和项目为支撑，积极推进西南省份承接东盟高新技术产业转移，发展中国—东盟双边贸易，推动区域产业和贸易结构升级。

（三）加大对重点产业领域的扶持力度

在开展中国—东盟双边高新技术产业协作的同时，一方面对计算机技术、集成电路等双方存在广泛竞争的重点领域增强政策扶持力度，鼓励提高新技术引进、吸收和消化能力，鼓励高新技术企业建立自主品牌和营销渠道，形成对外贸易技术、服务优势，培育以"技术、质量、品牌和服务"为核心的高新技术产品出口竞争新优势，争取在产业内分工中掌握主动权，另一方面，加大对非传统领域产业的扶持力度，培养企业自主创新能力，推动生物医药、光电技术等领域开拓东盟市场，积极提高在东盟的出口份额，全面提升高新技术产业的国际竞争力。

（本部分由张丹撰写）

自贸区项下中国高新技术产品贸易现状、问题及对策

贯彻党的"十八大"报告"加快实施自由贸易区战略"的总体要求，2013 年以来，中国先后与冰岛、瑞士签订了自由贸易协定，中韩、中澳（澳大利亚）、中日韩、RCEP（区域全面经济合作伙伴关系）等自贸区谈判也在加快推进，中国自贸区进入了加快发展阶段。自贸区成员在中国高新技术产品进出口贸易中一直占据重要地位。2012 年，中国与自贸区成员①高新技术产品进出口贸易总额占中国高新技术产品进出口贸易总额的 36.7%，这一比例首次超过了欧盟、美国和日本在中国高新技术产品贸易中的比重之和（36.6%），由此可见自贸区成员在中国高新技术产品贸易中的重要地位。因此，把握中国与自贸区成员高新技术产品贸易现状与问题，并提出相应的对策建议，对推动我国高新技术产品贸易发展，加快对外贸易发展方式转变具有重要意义。

一、自贸区项下中国高新技术产品贸易发展现状

2012 年，随着中国自贸区战略的不断实施，自贸区项下中国高新技术产品进出口贸易快速增长，贸易顺差进一步扩大，在中国高新技术产品及中国与自贸区成员双边贸易中的地位明显上升。

（一）进出口贸易快速增长

2012 年，中国与自贸区成员高新技术产品进出口总额 3 591.9 亿美元，同

---

① 本书以已签署并生效的 10 个自由贸易协定为统计分析范围，分别是中国与东盟、新加坡、巴基斯坦、新西兰、智利、秘鲁、哥斯达黎加，内地与香港、澳门的更紧密经贸关系安排（CEPA），以及大陆与台湾的海峡两岸经济合作框架协议（ECFA），已签署但尚未生效（冰岛、瑞士）以及正在谈判中的自贸协定均不包括在本文统计分析范围之内。

比增长 17.2%，比全国高 5.3 个百分点。其中，出口 2 041.5 亿美元，同比增长 24.3%，比全国高 11.3 个百分点，进口 1 550.4 亿美元，同比增长 9.1%，低于全国 1.5 个百分点。在签订并生效的 10 个自由贸易协定中，中国与 5 个自贸区成员的高新技术产品进出口贸易增速远远超过了全国平均水平，这 5 个成员分别是哥斯达黎加、中国香港、巴基斯坦、新西兰和中国台湾，增速分别高达 36.8%、25.8%、25.2%、17.8% 和 17.7%；中国与东盟、智利、新加坡的高新技术产品进出口贸易增速较低，分别为 6.9%、1.6% 和 1.0%；中国与秘鲁、中国澳门的高新技术产品进出口贸易增速出现下降，分别下降 0.7% 和 21.9%。不过，由于秘鲁和中国澳门合计仅占中国与自贸区成员高新技术产品进出口贸易的 0.3%，对中国与自贸区成员高新技术产品贸易的快速增长影响相对有限。

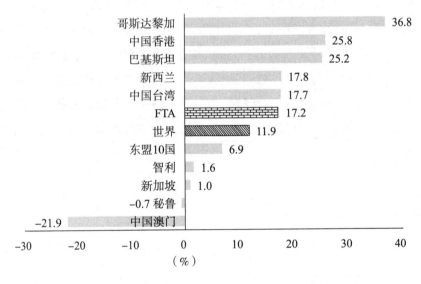

图 4. 18　中国与自贸区成员高新技术产品贸易增速

资料来源：根据 UN COMTRADE 数据库计算。

（二）贸易顺差进一步扩大

中国与自贸区成员高新技术产品贸易差额在 2006 年由负转正，贸易顺差总体呈快速增长之势。2012 年，中国与自贸区成员高新技术产品进出口贸易顺差 491.1 亿美元，同比增长 122.2%，占全国高新技术产品进出口贸易顺差的 52.5%，比上年上升了 22.8 个百分点。在签订并生效的 10 个自由贸易协定中，中国与7个自贸区成员高新技术产品贸易存在顺差，与3个自贸区成员存在贸易逆差。其中，贸易顺差主要来自中国香港，2012年中国与中国香港高新技术产品贸易顺差高达1 474.3亿美元，是中国高新技术产品贸易顺差的1.5倍，是中国与自贸区成员贸易顺差的3.0倍，而且呈快速增长之势，增速高达28.9%；中国与新加坡、智利、巴基斯坦、秘鲁、新西兰和中国澳门的高新技术产品贸易顺差较小，共计66.7亿美元。中国与中国台湾的高新技术产品贸易逆差最大，金额为530.2亿美元，比上年增长12.0%；其次是东盟，高新技术产品贸易逆差为445.0亿美元，比上年略有下降1.7%；中国与哥斯达黎加也存在贸易逆差，金额为50亿美元，比上年大幅上涨39.1%。

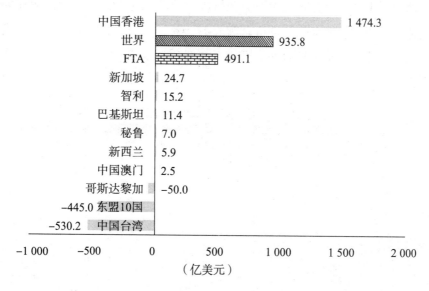

图4.19 中国与自贸区成员高新技术产品贸易差额

资料来源：根据UN COMTRADE数据库计算。

（三）在中国高新技术产品贸易中的地位上升

最近几年，自贸区项下高新技术产品贸易在中国高新技术产品贸易中的地位不断提升，占比总体保持增长态势。2012年，中国与自贸区成员高新技术产品贸易在全国高新技术产品贸易中的地位进一步上升，进出口贸易总额占全国的比例高达36.7%，比上年增长1.7个百分点，比2001年提高4.9个百分点，并首次超过了欧盟、美国和日本在中国高新技术产品贸易中的比重之和（36.6%）。在中国 10 个自由贸易协定涵盖的 20 个自贸区成员中，其中有 6 个位居中国高新技术产品出口市场前 20 位，比上年增加 1 个，分别是中国香港、中国台湾、新加坡、泰国、马来西亚和越南，分别位居第一、第六、第七、第十二、第十四和第二十位，占中国高新技术产品出口总额的比例分别为 27.9%、2.9%、2.2%、1.2%、1.1% 和 0.8%；而东盟作为一个整体占中国高新技术产品出口的 6.5%，高于日本在中国高新技术产品出口市场中的份额（6.2%）。同时，在中国 20 大高新技术产品进口来源地中，有 8 个是自贸区成员，分别是中国台湾、马来西亚、泰国、菲律宾、新加坡、越南、哥斯达黎加和中国香港，分别位居第一、第四、第七、第八、第九、第十二、第十四和第十九位，合计占中国高新技术产品进口的 34.7%；而东盟作为一个整体占中国高新技术产品进口总额的 17.9%，位居中国高新技术产品进口来源地第一位，高于中国台湾、欧盟、美国和日本等中国主要高新技术产品进口来源地。

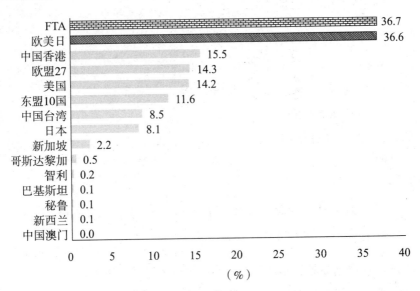

4.20 自贸区成员与欧美日在中国高新技术产品进出口贸易中的占比

资料来源：根据 UN COMTRADE 数据库计算。

（四）在中国与自贸区成员贸易中的比重上升

2012 年，高新技术产品在中国与自贸区成员双边贸易中的比例总体上仍保持增长态势，对提升自贸区内外贸发展质量发挥了积极作用。2012 年，高新技术产品占中国与自贸区成员进出口贸易总额的比重为 36.3%，比上年增长 1.4 个百分点，比 2001 年增长 10.6 个百分点。其中，高新技术产品占出口总额的比例为 34.1%，比上年增长 1.5 个百分点；高新技术产品占进口总额的比例为 39.8%，比上年增长 1.7 个百分点。在中国已签署并生效的 10 个自由贸易协定中，有 5 个自贸区的高新技术产品贸易在区域贸易中的比重上升，分别是中国台湾、哥斯达黎加、中国香港、巴基斯坦和新西兰，其中与中国台湾、哥斯达黎加、中国香港等地区高新技术产品进出口贸易比重上升较快，分别增长 5.1 个、3.9 个和 1.9 个百分点；尽管与东盟高新技术产品进出口贸易比重呈下降趋势，由 2011 年的 29.4% 下降到了 28.5%，下降 0.9 个百分点，但与越南、老挝、缅甸等国高新技术产品进出口贸易比重上升仍然较快，分别增长了 7.5 个、2.9 个和 1.8 个百分点。

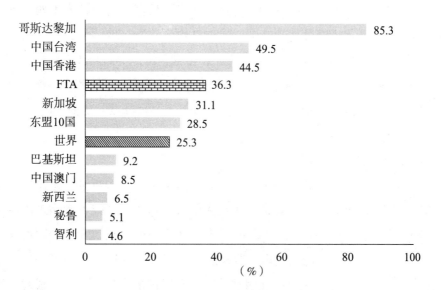

图 4.21　高新技术产品在中国与自贸区成员贸易总额中的比重

资料来源：根据 UN COMTRADE 数据库计算。

二、自贸区项下中国高新技术产品贸易存在的主要问题

自贸区建设对中国与自贸区成员之间开展高新技术产品贸易创造了有利环境，自贸区项下的中国高新技术产品贸易取得了一定的成绩，发展速度快，

且质量不断提高，在我国高新技术产品贸易及我国与自贸区成员贸易中的地位不断提升。尽管如此，中国与自贸区成员高新技术产品贸易仍然存在行业集中度过高、国别集中度过高、自贸区政策利用率不高等方面的问题。

（一）行业集中度过高

一是从出口的主要技术领域来看，出口产品主要集中在计算机与通信技术、电子技术两大类产品。计算机与通信技术、电子技术两大类产品位居中国对自贸区成员高新技术产品出口的前两位。2012 年，中国对自贸区成员出口计算机与通信技术产品 1 275.3 亿美元，占自贸区成员高新技术产品出口总额的 62.8%，出口电子技术产品 664.7 亿美元，占比 32.6%。上述两类产品出口占比合计 95.0%，比上年增长 0.9 个百分点，比全国高 2.9 个百分点，集中度明显偏高。二是从进口的主要技术领域看，电子技术、计算机与通信技术进口占比大，集中度明显偏高。电子技术、计算机与通信技术两大类产品位居中国从自贸区成员高新技术产品进口的前两位。2012 年，中国从自贸区成员进口电子技术产品 1 129.8 亿美元，占自贸区成员高新技术产品进口总额的 72.9%，进口计算机与通信技术产品 346.8 亿美元，占比 22.4%。上述两类产品进口占比合计 95.2%，比上年上升 1.1 个百分点，比全国高 16.4 个百分点。

（二）国别集中度过高

我国与自贸区成员高新技术产品贸易主要集中在中国香港、东盟和中国台湾。2012 年，我国与中国香港、东盟和中国台湾的高新技术产品进出口贸易总额分别为 1 519.1 亿美元、1 141.2 亿美元和 836.6 亿美元，分别占我国与自贸区成员高新技术产品进出口贸易总额的 42.3%、31.8% 和 23.3%，三者合计高达 97.4%，国别集中度明显偏高。国别集中度过高在一定程度上也说明中国与大部分自贸区成员之间的对外贸易多以技术含量不高的中低端产品为主，区域内贸易发展的质量与效益不高。例如，我国与智利、中国澳门、新西兰、巴基斯坦、秘鲁等自贸区成员之间进出口贸易中的高新技术产品占比很小，分别为 4.6%、8.5%、6.5%、9.2% 和 5.1%，均在 10% 以下，远低于全国平均水平。

（三）自贸区政策利用率不高

我国大部分高新技术出口企业对自贸区成员贸易政策研究不够，信息资源相对较为缺乏，尤其是对零关税的相关政策缺乏了解，自贸区政策的利用率不高。以东盟市场为例，正常产品与敏感产品、老东盟成员国与新成员国所对应的零关税政策不同，执行情况不同，对我国高新技术出口企业利用好该项政策促进出口造成了较大的困难。此外，信息资源及数据库的建立也较为滞后，不能提供全面的信息咨询服务，从而导致企业对自贸区成员市场的情况缺乏了解，加大了企业拓展自贸区市场的难度。

（四）贸易壁垒仍然存在

高新技术产业是各国普遍重视和发展的重点产业，且大部分自贸区成员均是发展中国家，经济发展水平与我国相近，产业结构、贸易结构与我国具有一定的相似性，竞争态势明显，各种形式的贸易壁垒仍然存在。仍以东盟为例，由于东盟国家在高新技术产品制造方面普遍相对落后，各国都采取措施减小自贸区对本国产业带来的冲击。缅甸、老挝等国要到2015年前后才会全面放开市场，实行零关税政策；越南等国对有底盘产品需要东盟认可的原产地证；印度尼西亚政府为防止零关税政策对本国产业的危害，向东盟秘书处申请推迟中国—东盟自由贸易协议的实施，将部分产品零关税延期两年实施。

三、自贸区项下中国高新技术产品贸易发展对策

为深入实施国家科技兴贸战略、加快外贸转型升级、推进贸易强国进程，紧紧抓住国家加快实施自贸区战略的重大机遇，不断巩固自贸区项下中国高新技术产品贸易所取得的重大成绩，努力克服存在的各种问题，进一步推动自贸区项下中国高新技术产品贸易加快发展，具体来看：

（一）加大政策支持力度

加大对自贸区项下的高新技术产品贸易支持力度。一方面，把国家在科技兴贸及战略性新兴产业国际化发展方面的财政税收、金融保险等支持政策向自贸区倾斜，支持与自贸区成员国家和地区建设高新技术产业国际合作园区或战略性新兴产业国际合作试验区（或示范区）。另一方面，利用国家重大开放政策推动自贸区项下高新技术产品贸易发展。例如，扩大高技术产业特

别是高新技术服务业对外开放；支持有助于推动与自贸区成员高新技术产品贸易的综合保税区、保税港区、跨境工业区等海关特殊监管区建设；在符合条件的地区积极探索建立自由贸易试验区（或自由港区），如借鉴中国（上海）自由贸易试验区模式，整合北海铁山港（及北海国家科技兴贸创新基地）、钦州保税港区及凭祥综保区等资源，设立中国（北部湾）自由贸易试验区，推动中国与东盟高新技术产品贸易加快发展。

（二）拓展高新技术产品贸易的行业技术领域

在 9 大高新技术产品技术领域中，中国自贸区项下的高新技术产品贸易主要集中在计算机与通信技术、电子技术等两大技术领域，两者合计占比高达 95% 以上，其他 7 大技术领域占比不足 5%。因此，要注重发挥中国与自贸区成员之间的资源、技术互补性，发挥各自优势，在巩固和扩大计算机与电子通信技术、电子技术等高新技术产品贸易的基础上，有针对性地扩大其他 7 大技术领域的高新技术产品贸易。以东盟为例，近年来，东盟大力发展电子、生物、医药、材料等高新技术产业，因此，要充分发挥中国与东盟在上述技术领域的互补性，加强投资和技术合作，逐步扩大在上述领域的高新技术产品贸易规模。

（三）加大对自贸区成员市场的开拓力度

一方面在巩固高新技术产品传统优势的基础上，积极培育新优势。支持和引导高新技术企业提升技术创新能力，加强品牌建设，在自贸区市场建立和完善自主营销网络，提升产品的技术性，强化差异性，努力提高产品的质量和档次，提升高新技术企业在自贸区成员市场上的国际竞争力，推动更多产品开拓自贸区市场。另一方面，在巩固和扩大同中国香港、东盟和中国台湾高新技术产品贸易的基础上，加大对智利、秘鲁、新西兰、中国澳门、巴基斯坦等自贸区成员市场的拓展力度，不断扩大双边高新技术产品贸易规模，加快提升高新技术产品在双边贸易中的比例。

（四）加强与自贸区成员合作，减少贸易壁垒

不断加强与自贸区成员的对话、互信、交流与合作，加快推进自贸区建设进程，加速自贸区各项政策的实施和落实，促进双边贸易与投资自由化，消除各种形式的贸易壁垒，妥善应对贸易摩擦，扫除高新技术产品贸易障碍。

按照各成员关税逐步放开时间表，重点加强已获零关税政策的高新技术产品生产企业之间的合作，加大对已执行零关税政策市场的出口力度。同时，注重解决对方重点关注，进一步扩大从自贸区成员的高新技术产品进口。

（五）加强公共信息服务，为企业开拓市场提供信息支持

针对目前企业对自贸区成员市场、法律法规缺乏了解的现状，充分利用重点企业联系制度，设立专门的信息服务平台，在整合国内外的相关信息资源的同时，加强同海关、进出口检验检疫等相关部门的合作，在市场信息、零关税政策、原产地证书等方面建立信息咨询机制，为高新技术企业开拓自贸区市场提供全面、准确的信息咨询服务。各级政府主管部门要积极组织企业到自贸区成员地区参加博览会、商品展览和实地考察等双边贸易与投资促进活动，以加深对自贸区市场的了解。

（本部分由崔卫杰撰写）

数据篇

中国及世界高新技术产品贸易
发展的有关数据

一、全球高新技术产品贸易发展的有关数据

附表 1　2012 年世界各国高新技术产品进出口贸易额及增长速度

国别（地区）	出口额 （万美元）	出口增速 （％）	进口额 （万美元）	进口增速 （％）
阿富汗	—	—	933.3	−88.1
阿尔巴尼亚	961.7	−23.1	29 662.5	−14.8
阿尔及利亚	286.4	−15.2	463 842.3	−4.8
安提瓜和巴布达	392.9	−1.0	2 250.5	−0.4
阿根廷	187 895.4	4.1	1 031 149.2	0.1
亚美尼亚	7 398.1	94.0	28 728.4	−8.5
阿鲁巴	181.6	100.7	7 331.6	−7.7
澳大利亚	977 384.0	3.7	3 898 138.5	0.5
奥地利	1 882 268.5	−3.7	1 863 387.0	−1.7
阿塞拜疆	12 524.8	82.2	130 615.7	−26.2
巴哈马	8 385.3	1.1	19 658.6	24.8
巴巴多斯岛	9 386.6	8.8	13 864.8	−15.8
白俄罗斯	68 192.4	27.3	248 010.6	34.4
比利时	6 914 251.1	−3.2	6 756 509.9	−3.5
伯利兹	0.1	−100.0	3 707.7	25.0
百慕大群岛	—	—	5 426.0	10.3
玻利维亚	133.5	−20.3	57 398.7	−6.2
波黑	6 137.6	−1.7	61 351.6	−1.2

续　表

国别（地区）	出口额 （万美元）	出口增速 （%）	进口额 （万美元）	进口增速 （%）
博茨瓦纳	5 472.6	13.3	38 755.7	1.8
巴西	916 790.5	12.2	3 892 090.9	3.7
保加利亚	148 260.2	2.8	345 708.4	13.1
布隆迪	65.9	−39.9	7 584.7	1.1
柬埔寨	1 787.3	88.2	25 200.7	5.8
喀麦隆	1 074.9	−55.1	36 734.2	17.0
加拿大	3 405 504.0	−0.3	6 292 418.8	−3.2
佛得角	27.4	−31.2	9 867.3	118.2
智利	44 220.1	6.4	909 248.0	25.4
中国	53 669 561.9	12.9	44 311 921.9	10.6
哥伦比亚	47 931.9	−47.3	932 303.6	−4.9
哥斯达黎加	317 345.0	6.5	423 528.1	5.0
克罗地亚	89 882.2	0.6	193 591.4	−6.4
塞浦路斯	45 787.8	−12.0	62 532.4	−30.0
捷克	2 755 672.2	−6.4	2 661 486.2	−11.1
丹麦	1 159 572.3	−7.3	1 273 990.8	−1.0
多米尼加	75 004.2	8.0	127 454.3	1.4
厄瓜多尔	4 407.8	−15.1	260 472.2	6.9
埃及	39 546.5	−5.9	458 854.3	11.6
萨尔瓦多	9 077.2	4.8	79 261.4	2.8
爱沙尼亚	166 134.9	−12.6	257 329.2	−4.1
欧盟 27	44 265 794.1	10.7	40 111 349.6	−1.1
斐济	5 303.7	98.8	12 784.0	−17.2
芬兰	766 690.9	−12.2	894 562.6	−6.8
法国	13 495 731.3	2.8	12 400 154.7	1.1
法属波利尼西亚	386.0	−80.6	18 004.7	−5.3
格鲁吉亚	7 419.2	−10.1	67 536.9	10.5
德国	24 757 511.8	−0.6	19 401 642.2	−8.0
加纳	4 587.3	143.5	92 238.4	5.6

国别（地区）	出口额 （万美元）	出口增速 （%）	进口额 （万美元）	进口增速 （%）
希腊	173 286.8	1.0	709 785.0	− 6.8
危地马拉	25 223.2	7.9	147 815.9	3.9
圭亚那	364.6	− 23.9	13 128.5	43.0
中国香港	19 687 482.9	7.8	22 331 941.8	9.9
匈牙利	2 390 335.0	− 21.0	1 997 867.8	− 10.5
冰岛	21 700.9	− 21.8	61 493.6	12.4
印度	1 738 526.9	− 0.9	3 435 853.7	1.6
印度尼西亚	793 517.5	15.4	2 079 659.0	14.0
爱尔兰	5 937 913.8	− 10.6	1 632 564.9	− 6.6
以色列	1 605 842.3	− 1.6	1 211 479.0	− 0.6
牙买加	1 275.6	− 56.5	29 358.4	− 5.8
日本	14 898 554.9	− 5.4	13 830 382.3	7.8
哈萨克斯坦	70 752.1	170.0	503 753.3	14.9
基里巴斯	—	—	269.6	37.6
韩国	11 077 254.1	− 3.1	8 370 700.6	− 4.6
朝鲜	—		33 340.8	9.1
吉尔吉斯斯坦	1 982.4	103.5	—	—
拉脱维亚	118 960.8	6.2	158 157.4	− 1.6
黎巴嫩	7 337.8	− 20.3	148 741.2	2.2
立陶宛	157 947.4	13.7	220 440.3	− 0.6
卢森堡	93 872.7	− 20.9	367 151.0	18.9
马其顿	16 687.8	0.9	40 613.9	− 10.3
马达加斯加	599.5	− 90.7	13 824.7	− 7.3
马来西亚	6 735 012.7	− 3.0	5 595 264.0	− 3.1
马尔代夫	—	—	10 137.4	− 21.1
马里	276.5	− 31.2	22 712.3	35.2
马耳他	181 825.9	0.9	145 598.5	− 12.3
毛里塔尼亚	—	—	6 266.0	25.2
毛里求斯	7 590.4	1.7	41 402.5	17.5

国别（地区）	出口额 （万美元）	出口增速 （%）	进口额 （万美元）	进口增速 （%）
墨西哥	6 872 122.5	4.5	7 250 732.3	3.9
摩尔多瓦	11 496.8	11.6	41 127.7	4.7
黑山共和国	1 241.5	18.3	13 521.3	-11.9
摩洛哥	115 081.3	5.7	280 098.8	-25.8
莫桑比克	661.2	-91.4	31 404.9	8.7
纳米比亚	7 315.3	32.0	42 320.6	-11.9
荷兰	9 275 482.2	-5.4	8 353 715.7	2.0
新喀里多尼亚	740.0	-79.5	22 536.8	-14.3
新西兰	123 134.7	-0.4	529 207.7	-3.5
尼加拉瓜	632.7	4.4	54 392.7	10.4
尼日尔	310.3	-42.6	12 559.6	-19.8
尼日利亚	3 908.3	-62.5	236 472.6	-25.5
挪威	541 000.4	-10.2	1 188 669.0	0.4
阿曼	15 284.0	-9.7	164 948.1	10.2
其他亚洲国家	10 646 166.3	-4.0	7 078 931.4	-5.9
巴基斯坦	40 249.8	0.8	260 335.5	-4.0
巴布亚新几内亚	2 087.5	-70.4	51 169.3	20.4
巴拉圭	4 271.1	-21.0	182 023.0	-7.9
秘鲁	10 783.2	5.9	415 164.7	16.8
菲律宾	2 030 619.8	54.0	1 980 749.4	78.4
波兰	1 854 979.6	0.2	2 431 135.1	0.0
葡萄牙	258 230.8	5.1	758 990.1	-3.9
罗马尼亚	494 471.5	-23.3	870 520.1	-13.3
俄罗斯	768 329.4	38.4	4 824 313.2	21.6
卢旺达	261.9	-36.7	22 093.2	16.1
萨摩亚群岛	7.7	1.5	1 405.2	0.2
圣多美和普林西比	11.6	2 193.1	426.9	-17.7
塞内加尔	3 115.5	73.0	31 174.1	-16.5
新加坡	15 184 563.9	2.2	11 244 087.5	3.3

续 表

国别（地区）	出口额（万美元）	出口增速（%）	进口额（万美元）	进口增速（%）
斯洛伐克	1 430 078.4	5.6	1 317 924.6	9.6
斯洛文尼亚	320 460.9	2.1	258 193.9	-6.4
南非	193 855.8	12.3	1 257 678.3	-4.5
西班牙	2 323 896.2	-2.8	3 833 642.8	-7.2
斯里兰卡	12 357.1	45.6	107 109.6	-17.0
圣文森特和格林纳丁斯	95.3	110.9	1 639.8	1.9
瑞典	2 522 163.3	-17.0	2 529 529.8	-9.5
瑞士	8 294 114.4	-2.6	4 307 790.9	0.7
坦桑尼亚	7 868.1	108.8	61 801.3	-22.3
泰国	3 704 391.9	4.9	4 199 662.7	14.5
多哥	2 131.4	220.0	11 707.0	41.9
汤加	22.6	959.3	685.9	-14.7
土耳其	485 717.6	18.5	2 115 687.9	-1.2
特克斯与凯科斯群岛	16.2	15.7	818.7	12.8
乌干达	17 517.9	11.3	70 864.7	5.0
乌克兰	322 216.9	43.0	790 513.1	23.7
英国	8 113 809.7	-3.1	9 945 397.6	2.7
美国	26 149 984.0	2.6	44 556 865.6	3.3
乌拉圭	11 029.5	15.2	101 633.0	18.4
也门	1 953.2	-25.3	43 073.8	28.8
南斯拉夫	53 925.5	33.7	150 616.6	-5.4
津巴布韦	1 850.0	179.5	38 538.7	11.4

资料来源：根据 UN COMTRADE 数据库整理计算。

附表 2　2012 年全球高新技术产品贸易增速与全球整体贸易增速

	出口额（亿美元）	出口增速（%）	进口额（亿美元）	进口增速（%）
世界贸易	159 794.3	-7.7	166 889.2	-5.0
高新技术产品贸易	28 002.2	-0.6	29 755.9	-1.3

资料来源：根据 UN COMTRADE 数据库整理计算。

附表3　2012年全球高新技术产品出口贸易前10位的国家和地区

序号	国别（地区）	高新技术产品出口额（亿美元）	占比（%）
1	中国	5 367	19.20
2	美国	2 615	9.30
3	德国	2 475.8	8.80
4	中国香港	1 968.7	7.00
5	新加坡	1 518.5	5.40
6	日本	1 489.9	5.30
7	法国	1 349.6	4.80
8	韩国	1 107.7	4.00
9	荷兰	927.5	3.30
10	瑞士	829.4	3.00

资料来源：根据 UN COMTRADE 数据库整理计算。

附表4　2012年全球高新技术产品进口贸易前10位的国家和地区

序号	国别（地区）	高新技术产品进口额（亿美元）	占比（%）
1	美国	4 455.7	15.0
2	中国	4 431.2	14.9
3	中国香港	2 233.2	7.5
4	德国	1 940.2	6.5
5	日本	1 383	4.6
6	法国	1 240	4.2
7	新加坡	1 124.4	3.8
8	英国	994.5	3.3
9	韩国	837.1	2.8
10	荷兰	835.4	2.8

资料来源：根据 UN COMTRADE 数据库整理计算。

附表5　2012年全球高新技术产品出口贸易增速前10位的国家和地区

序号	国别（地区）	高新技术产品出口额（万美元）	增速（%）
1	圣多美和普林西比	11.6	2 193.1
2	汤加	22.6	959.3

序号	国别（地区）	高新技术产品出口额（万美元）	增速（%）
3	多哥	2 131.4	220.0
4	津巴布韦	1 850.0	179.5
5	哈萨克斯坦	70 752.1	170.0
6	加纳	4 587.3	143.5
7	圣文森特和格林纳丁斯	95.3	110.9
8	坦桑尼亚	7 868.1	108.8
9	吉尔吉斯斯坦	1 982.4	103.5
10	阿鲁巴	181.6	100.7

资料来源：根据 UN COMTRADE 数据库整理计算。

附表6　2012 年全球高新技术产品进口贸易增速前 10 位的国家和地区

序号	国别（地区）	高新技术产品进口额（万美元）	增速（%）
1	佛得角	9 867.3	118.2
2	菲律宾	1 980 749.4	78.4
3	圭亚那	13 128.5	43.0
4	多哥	11 707.0	41.9
5	基里巴斯	269.6	37.6
6	马里	22 712.3	35.2
7	白俄罗斯	248 010.6	34.4
8	也门	43 073.8	28.8
9	智利	909 248.0	25.4
10	毛里塔尼亚	6 266.0	25.2

资料来源：根据 UN COMTRADE 数据库整理计算。

附表7　2012 年全球高新技术产品出口产品结构（技术领域）

序号	产品类别	出口额（亿美元）	占比（%）
1	计算机与通信技术产品	10 331.1	36.9
2	电子技术产品	6 837.5	24.4
3	生命科学技术产品	5 088.3	18.2
4	航空航天技术产品	2 705.3	9.7
5	计算机集成制造技术产品	1 818.6	6.5

序号	产品类别	进口额（亿美元）	占比（%）
6	光电技术产品	491.0	1.8
7	生物技术产品	306.9	1.1
8	材料技术产品	265.5	0.9
9	其他技术产品	157.9	0.6

资料来源：根据 UN COMTRADE 数据库整理计算。

附表8　2012 年全球高新技术产品进口产品结构（技术领域）

序号	产品类别	进口额（亿美元）	占比（%）
1	计算机与通信技术产品	10 687.4	35.9
2	电子技术产品	7 746.3	26.0
3	生命科学技术产品	5 237.2	17.6
4	航空航天技术产品	2 934.5	9.9
5	计算机集成制造技术产品	1 854.3	6.2
6	光电技术产品	513.1	1.7
7	生物技术产品	314.6	1.1
8	材料技术产品	274.6	0.9
9	其他技术产品	193.9	0.7

资料来源：根据 UN COMTRADE 数据库整理计算。

附表9　2012 年全球航空航天技术产品贸易增速与全球整体贸易增速

	出口额（亿美元）	出口增速（%）	进口额（亿美元）	进口增速（%）
高新技术产品贸易	28 002.2	−0.6	29 755.9	−1.3
航空航天技术产品贸易	2 705.3	5.1	2 934.5	5.7

资料来源：根据 UN COMTRADE 数据库整理计算。

附表10　2012 年全球航空航天技术产品出口贸易前 10 位的国家和地区

序号	国别（地区）	航空航天技术产品出口额（亿美元）	占比（%）
1	法国	673.9	24.9
2	德国	576.3	21.3
3	美国	258.5	9.6

序号	国别（地区）	航空航天技术产品出口额（亿美元）	占比（%）
4	英国	221.8	8.2
5	加拿大	156.1	5.8
6	新加坡	96.8	3.6
7	日本	95.8	3.5
8	巴西	56.1	2.1
9	西班牙	54.0	2.0
10	荷兰	49.0	1.8

资料来源：根据 UN COMTRADE 数据库整理计算。

附表 11　2012 年全球航空航天技术产品进口贸易前 10 位的国家和地区

序号	国别（地区）	航空航天技术产品进口额（亿美元）	占比（%）
1	美国	474.6	16.2
2	法国	398.1	13.6
3	德国	334.6	11.4
4	中国	242.1	8.2
5	英国	165.1	5.6
6	日本	128.3	4.4
7	新加坡	123.5	4.2
8	加拿大	108.7	3.7
9	中国香港	76.6	2.6
10	巴西	52.9	1.8

资料来源：根据 UN COMTRADE 数据库整理计算。

附表 12　2012 年全球航空航天技术产品出口贸易增速前 10 位的国家和地区

序号	国别（地区）	航空航天技术产品出口额（万美元）	增速（%）
1	斯里兰卡	4 161.6	3 639.4
2	塞内加尔	796.7	2 633.6
3	阿鲁巴	15.0	1 053.7
4	阿塞拜疆	3 881.4	785.3
5	圭亚那	70.0	722.7
6	多哥	1 741.8	579.7

续表

序号	国别（地区）	航空航天技术产品出口额（亿美元）	占比（%）
7	菲律宾	9 660.8	502.3
8	加纳	2 053.0	463.5
9	纳米比亚	3 156.4	435.2
10	吉尔吉斯斯坦	1 640.8	379.6

资料来源：根据 UN COMTRADE 数据库整理计算。

附表 13　2012 年全球航空航天技术产品进口贸易增速前 10 位的国家和地区

序号	国别（地区）	航空航天技术产品进口额（万美元）	增速（%）
1	多哥	1 759.9	4 453.4
2	佛得角	6 012.2	1 432.9
3	布隆迪	192.1	1 102.3
4	白俄罗斯	14 548.8	260.0
5	俄罗斯	514 786.7	243.4
6	黎巴嫩	5 879.6	213.0
7	柬埔寨	1 091.8	147.3
8	菲律宾	142 773.0	142.8
9	巴哈马	3 131.1	121.9
10	智利	237 282.7	110.9

资料来源：根据 UN COMTRADE 数据库整理计算。

附表 14　2012 年全球生物技术产品贸易增速与全球整体贸易增速

	出口额（亿美元）	出口增速（%）	进口额（亿美元）	进口增速（%）
高新技术产品贸易	28 002.2	-0.6	29 755.9	-1.3
生物技术产品贸易	306.9	4.5	314.6	1.9

资料来源：根据 UN COMTRADE 数据库整理计算。

附表 15　2012 年全球生物技术产品出口贸易前 10 位的国家和地区

序号	国别（地区）	生物技术产品出口额（亿美元）	占比（%）
1	比利时	83.0	27.0
2	法国	45.1	14.7

序号	国别（地区）	生物技术产品出口额（亿美元）	占比（%）
3	美国	43.3	14.1
4	爱尔兰	41.1	13.4
5	英国	19.5	6.4
6	德国	17.3	5.6
7	荷兰	7.1	2.3
8	瑞典	6.7	2.2
9	加拿大	5.5	1.8
10	西班牙	4.5	1.5

资料来源：根据 UN COMTRADE 数据库整理计算。

附表16　2012年全球生物技术产品进口贸易前10位的国家和地区

序号	国别（地区）	生物技术产品进口额（亿美元）	占比（%）
1	比利时	69.5	22.1
2	美国	53.0	16.8
3	英国	21.3	6.8
4	法国	19.3	6.1
5	德国	17.6	5.6
6	日本	10.9	3.5
7	巴西	8.9	2.8
8	墨西哥	6.0	1.9
9	荷兰	6.0	1.9
10	俄罗斯	5.9	1.9

资料来源：根据 UN COMTRADE 数据库整理计算。

附表17　2012年全球生物技术产品出口贸易增速前10位的国家和地区

序号	国别（地区）	生物技术产品出口额（万美元）	增速（%）
1	斯里兰卡	9.389	323 641.4
2	阿鲁巴	5.193	1 175.4
3	柬埔寨	0.034	1 043.3
4	冰岛	4.796	918.0
5	菲律宾	594.862	790.5

续 表

序号	国别（地区）	生物技术产品出口额（万美元）	增速（%）
6	巴布亚新几内亚	0.006	600.0
7	土耳其	3 036.052	276.4
8	乌干达	70.451	243.6
9	坦桑尼亚	19.203	213.8
10	格鲁吉亚	73.405	189.2

资料来源：根据 UN COMTRADE 数据库整理计算。

附表 18　2012 年全球生物技术产品进口贸易增速前 10 位的国家和地区

序号	国别（地区）	生物技术产品进口额（万美元）	增速（%）
1	加纳	6 589.8	293.7
2	比利时	695 172.8	213.6
3	喀麦隆	762.9	191.1
4	津巴布韦	1 890.0	118.8
5	尼日尔	934.3	113.5
6	斐济	400.3	98.2
7	智利	19 599.3	65.9
8	博茨瓦纳	1 212.9	54.6
9	格鲁吉亚	666.7	53.3
10	荷兰	59 520.0	49.8

资料来源：根据 UN COMTRADE 数据库整理计算。

附表 19　2012 年全球计算机集成制造技术产品贸易增速与全球整体贸易增速

	出口额（亿美元）	出口增速（%）	进口额（亿美元）	进口增速（%）
高新技术产品贸易	28 002.2	−0.6	29 755.9	−1.3
计算机集成制造技术产品贸易	1 818.6	−13.8	1 854.3	−13.7

资料来源：根据 UN COMTRADE 数据库整理计算。

附表 20　2012 年全球计算机集成制造技术产品出口贸易前 10 位的国家和地区

序号	国别（地区）	计算机集成制造技术产品出口额（亿美元）	占比（%）
1	日本	383.8	21.1

序号	国别（地区）	计算机集成制造技术产品出口额（亿美元）	占比（%）
2	德国	291.3	16.0
3	美国	246.8	13.6
4	韩国	91.7	5.0
5	荷兰	85.9	4.7
6	中国	84.9	4.7
7	新加坡	66.1	3.6
8	瑞士	45.7	2.5
9	法国	39.9	2.2
10	英国	38.8	2.1

资料来源：根据 UN COMTRADE 数据库整理计算。

附表 21　2012 年全球计算机集成制造技术产品进口贸易前 10 位的国家和地区

序号	国别（地区）	计算机集成制造技术产品进口额（亿美元）	占比（%）
1	中国	323.4	17.4
2	美国	256.8	13.8
3	韩国	129.7	7.0
4	德国	106.5	5.7
5	新加坡	50.6	2.7
6	泰国	50.3	2.7
7	日本	48.0	2.6
8	俄罗斯	45.6	2.5
9	墨西哥	45.5	2.5
10	法国	44.9	2.4

资料来源：根据 UN COMTRADE 数据库整理计算。

附表 22　2012 年全球计算机集成制造技术产品出口贸易
增速前 10 位的国家和地区

序号	国别（地区）	计算机集成制造技术产品出口额（万美元）	增速（%）
1	菲律宾	132 072.0	1 091.1
2	特克斯与凯科斯群岛	4.0	781.4

续　表

序号	国别（地区）	计算机集成制造技术产品出口额（万美元）	增速（%）
3	圭亚那	4.0	667.7
4	莫桑比克	304.3	402.1
5	阿鲁巴	21.1	394.0
6	斐济	92.5	332.7
7	安提瓜和巴布达	27.0	186.2
8	加纳	1 088.4	170.3
9	坦桑尼亚	638.3	162.2
10	萨尔瓦多	470.9	148.9

资料来源：根据 UN COMTRADE 数据库整理计算。

附表 23　2012 年全球计算机集成制造技术产品进口贸易增速前 10 位的国家和地区

序号	国别（地区）	计算机集成制造技术产品进口额（万美元）	增速（%）
1	莫桑比克	10 824.8	283.4
2	多哥	665.4	146.3
3	也门	2 533.7	121.6
4	圣文森特和格林纳丁斯	106.6	115.7
5	圭亚那	582.7	97.6
6	泰国	503 429.2	56.8
7	巴哈马	1 006.6	56.8
8	巴布亚新几内亚	8 559.1	54.4
9	阿塞拜疆	14 282.3	44.7
10	乌干达	3 035.0	44.2

资料来源：根据 UN COMTRADE 数据库整理计算。

附表 24　2012 年全球计算机与通信技术产品贸易增速与全球整体贸易增速

	出口额（亿美元）	出口增速（%）	进口额（亿美元）	进口增速（%）
高新技术产品贸易	28 002.2	−0.6	29 755.9	−1.3
计算机与通信技术产品贸易	10 331.1	1.5	10 687.4	1.5

资料来源：根据 UN COMTRADE 数据库整理计算。

附表 25 2012 年全球计算机与通信技术产品出口贸易前 10 位的国家和地区

序号	国别（地区）	计算机与通信技术产品出口额（亿美元）	占比（%）
1	中国	3 936.6	38.1
2	中国香港	1 049.5	10.2
3	美国	747.0	7.2
4	墨西哥	509.6	4.9
5	荷兰	403.0	3.9
6	韩国	396.4	3.8
7	德国	383.6	3.7
8	新加坡	304.7	2.9
9	日本	260.1	2.5
10	泰国	250.5	2.4

资料来源：根据 UN COMTRADE 数据库整理计算。

附表 26 2012 年全球计算机与通信技术产品进口贸易前 10 位的国家和地区

序号	国别（地区）	计算机与通信技术产品进口额（亿美元）	占比（%）
1	美国	2 106.5	19.7
2	中国香港	1 125.4	10.5
3	中国	1 113.5	10.4
4	德国	575.4	5.4
5	日本	547.6	5.1
6	荷兰	431.3	4.0
7	英国	391.6	3.7
8	墨西哥	389.9	3.6
9	法国	291.3	2.7
10	新加坡	253.7	2.4

资料来源：根据 UN COMTRADE 数据库整理计算。

附表 27 2012 年全球计算机与通信技术产品出口贸易增速前 10 位的国家和地区

序号	国别（地区）	计算机与通信技术产品出口额（万美元）	增速（%）
1	尼日利亚	1 828.3	538.7
2	布隆迪	92.9	306.9

序号	国别（地区）	计算机与通信技术产品出口额 （万美元）	增速（%）
3	巴拉圭	1 939.1	254.3
4	圭亚那	284.5	230.2
5	马达加斯加	271.7	215.3
6	阿尔及利亚	103.0	214.0
7	特克斯与凯科斯群岛	13.5	208.4
8	摩尔多瓦	852.5	167.4
9	尼日尔	217.9	142.5
10	巴布亚新几内亚	71.7	125.2

资料来源：根据 UN COMTRADE 数据库整理计算。

附表 28　2012 年全球计算机与通信技术产品进口贸易增速前 10 位的国家和地区

序号	国别（地区）	计算机与通信技术产品进口额 （万美元）	增速（%）
1	圭亚那	7 479.8	75.9
2	白俄罗斯	87 997.0	58.1
3	莫桑比克	11 432.0	49.7
4	菲律宾	498 938.4	48.1
5	阿尔及利亚	145 090.3	39.3
6	巴哈马	9 942.3	35.3
7	柬埔寨	8 637.8	33.0
8	斐济	6 086.3	31.6
9	哈萨克斯坦	218 686.1	26.9
10	卢旺达	9 750.9	26.1

资料来源：根据 UN COMTRADE 数据库整理计算。

附表 29　2012 年全球电子技术产品贸易增速与全球整体贸易增速

	出口额 （亿美元）	出口增速 （%）	进口额 （亿美元）	进口增速 （%）
高新技术产品贸易	28 002.2	-0.6	29 755.9	-1.3
电子技术产品贸易	6 837.5	0.2	7 746.3	-1.1

资料来源：根据 UN COMTRADE 数据库整理计算。

附表 30　2012 年全球电子技术产品出口贸易前 10 位的国家和地区

序号	国别（地区）	电子技术产品出口额（亿美元）	占比（%）
1	中国	1 005.6	14.7
2	新加坡	857.1	12.5
3	中国香港	789.3	11.5
4	美国	629.0	9.2
5	韩国	531.2	7.8
6	日本	503.7	7.4
7	马来西亚	379.6	5.6
8	德国	340.9	5.0
9	菲律宾	129.2	1.9
10	法国	123.9	1.8

资料来源：根据 UN COMTRADE 数据库整理计算。

附表 31　2012 年全球电子技术产品进口贸易前 10 位的国家和地区

序号	国别（地区）	电子技术产品进口额（亿美元）	占比（%）
1	中国	2 378.8	30.7
2	中国香港	936.2	12.1
3	新加坡	616.2	8.0
4	美国	595.6	7.7
5	韩国	373.5	4.8
6	马来西亚	324.8	4.2
7	德国	297.2	3.8
8	日本	267.4	3.5
9	墨西哥	184.5	2.4
10	泰国	135.2	1.7

资料来源：根据 UN COMTRADE 数据库整理计算。

附表 32　2012 年全球电子技术产品出口贸易增速前 10 位的国家和地区

序号	国别（地区）	电子技术产品出口额（万美元）	增速（%）
1	巴布亚新几内亚	73.4	1 42 430.7
2	尼日尔	20.8	1 029.3
3	津巴布韦	16.9	916.2

续 表

序号	国别（地区）	电子技术产品出口额（万美元）	增速（%）
4	巴巴多斯岛	1 099.5	597.1
5	冰岛	402.3	357.7
6	博茨瓦纳	125.3	272.2
7	尼日利亚	406.6	185.6
8	圭亚那	5.3	161.6
9	卢旺达	38.8	112.8
10	秘鲁	890.5	109.7

资料来源：根据 UN COMTRADE 数据库整理计算。

附表33　2012 年全球电子技术产品进口贸易增速前 10 位的国家和地区

序号	国别（地区）	电子技术产品进口额（万美元）	增速（%）
1	伯利兹	516.8	301.6
2	巴哈马	2 342.5	211.3
3	乌克兰	152 368.2	181.3
4	菲律宾	1 121 934.3	123.6
5	吉尔吉斯斯坦	2 308.5	116.6
6	基里巴斯	13.6	101.7
7	巴布亚新几内亚	4 292.0	100.2
8	萨摩亚群岛	84.2	79.9
9	毛里求斯	3 225.3	75.4
10	秘鲁	40 849.7	53.2

资料来源：根据 UN COMTRADE 数据库整理计算。

附表34　2012 年全球生命科学技术产品贸易增速与全球整体贸易增速

	出口额（亿美元）	出口增速（%）	进口额（亿美元）	进口增速（%）
高新技术产品贸易	28 002.2	-0.6	29 755.9	-1.3
生命科学技术产品贸易	5 088.3	-3.3	5 237.2	-5.8

资料来源：根据 UN COMTRADE 数据库整理计算。

附表35　2012年全球生命科学技术产品出口贸易前10位的国家和地区

序号	国别（地区）	生命科学技术产品出口额（亿美元）	占比（%）
1	德国	732.0	14.4
2	瑞士	660.0	13.0
3	美国	566.0	11.1
4	比利时	452.4	8.9
5	爱尔兰	450.2	8.8
6	英国	313.4	6.2
7	法国	307.5	6.0
8	荷兰	256.9	5.0
9	中国	206.7	4.1
10	新加坡	156.9	3.1

资料来源：根据 UN COMTRADE 数据库整理计算。

附表36　2012年全球生命科学技术产品进口贸易前10位的国家和地区

序号	国别（地区）	生命科学技术产品进口额（亿美元）	占比（%）
1	美国	825.1	15.8
2	德国	543.7	10.4
3	比利时	406.0	7.8
4	法国	325.5	6.2
5	日本	325.4	6.2
6	英国	270.6	5.2
7	瑞士	255.9	4.9
8	荷兰	209.7	4.0
9	中国	194.1	3.7
10	西班牙	171.1	3.3

资料来源：根据 UN COMTRADE 数据库整理计算。

附表37　2012年全球生命科学技术产品出口贸易增速前10位的国家和地区

序号	国别（地区）	生命科学技术产品出口额（万美元）	增速（%）
1	斯里兰卡	335.8	167.1
2	阿曼	3 686.2	152.7

续 表

序号	国别（地区）	生命科学技术产品出口额 （万美元）	增速 （%）
3	津巴布韦	172.4	78.0
4	也门	362.0	57.3
5	博茨瓦纳	204.1	56.5
6	阿尔及利亚	164.1	54.2
7	喀麦隆	64.4	51.8
8	乌干达	405.3	50.0
9	摩洛哥	7 050.5	50.0
10	俄罗斯	64 666.6	49.9

资料来源：根据 UN COMTRADE 数据库整理计算。

附表 38　2012 年全球生命科学技术产品进口贸易增速前 10 位的国家和地区

序号	国别（地区）	生命科学技术产品进口额 （万美元）	增速 （%）
1	百慕大群岛	2 893.0	64.6
2	津巴布韦	12 272.8	61.1
3	马里	13 102.8	59.8
4	巴布亚新几内亚	3 258.4	54.9
5	加纳	17 686.3	54.1
6	也门	21 041.0	51.5
7	卢旺达	5 372.5	49.3
8	多哥	6 790.3	36.7
9	乌拉圭	31 160.0	26.1
10	埃及	185 200.7	24.9

资料来源：根据 UN COMTRADE 数据库整理计算。

附表 39　2012 年全球材料技术产品贸易增速与全球整体贸易增速

	出口额 （亿美元）	出口增速 （%）	进口额 （亿美元）	进口增速 （%）
高新技术产品贸易	28 002.2	-0.6	29 755.9	-1.3
材料技术产品贸易	265.5	-9.9	274.6	-8.6

资料来源：根据 UN COMTRADE 数据库整理计算。

附表 40 2012 年全球材料技术产品出口贸易前 10 位的国家和地区

序号	国别（地区）	材料技术产品出口额（亿美元）	占比（%）
1	日本	54.6	20.6
2	中国	46.1	17.3
3	美国	31.3	11.8
4	韩国	28.0	10.5
5	德国	17.0	6.4
6	新加坡	16.7	6.3
7	中国香港	12.8	4.8
8	法国	6.1	2.3
9	墨西哥	4.2	1.6
10	英国	3.9	1.5

资料来源：根据 UN COMTRADE 数据库整理计算。

附表 41 2012 年全球材料技术产品进口贸易前 10 位的国家和地区

序号	国别（地区）	材料技术产品进口额（亿美元）	占比（%）
1	中国	60.7	22.1
2	美国	25.9	9.4
3	韩国	22.5	8.2
4	新加坡	21.6	7.8
5	日本	20.5	7.5
6	中国香港	13.0	4.7
7	德国	12.5	4.6
8	以色列	6.6	2.4
9	法国	5.3	1.9
10	泰国	4.9	1.8

资料来源：根据 UN COMTRADE 数据库整理计算。

附表 42 2012 年全球材料技术产品出口贸易增速前 10 位的国家和地区

序号	国别（地区）	材料技术产品出口额（万美元）	增速（%）
1	加纳	7.85	48 364.2

续 表

序号	国别（地区）	材料技术产品出口额（万美元）	增速（%）
2	马达加斯加	9.54	19 404.1
3	圭亚那	0.04	5 187.5
4	斯里兰卡	5.43	4 122.0
5	喀麦隆	0.86	2 637.9
6	卢旺达	0.31	2 080.4
7	尼日尔	1.80	1 757.7
8	厄瓜多尔	28.34	1 329.5
9	秘鲁	35.41	1 217.5
10	黑山共和国	0.33	1 071.6

资料来源：根据 UN COMTRADE 数据库整理计算。

附表43　2012 年全球材料技术产品进口贸易增速前 10 位的国家和地区

序号	国别（地区）	材料技术产品进口额（万美元）	增速（%）
1	布隆迪	220.1	2 482.3
2	汤加	2.3	620.6
3	萨摩亚群岛	58.7	402.7
4	毛里求斯	583.4	228.2
5	坦桑尼亚	2 174	220.5
6	黑山共和国	195.3	193.5
7	安提瓜和巴布达	15.5	165.9
8	尼日尔	141.6	154.3
9	圭亚那	246.3	151.9
10	尼日利亚	3 249.9	147.5

资料来源：根据 UN COMTRADE 数据库整理计算。

附表44　2012 年全球光电技术产品贸易增速与全球整体贸易增速

	出口额（亿美元）	出口增速（%）	进口额（亿美元）	进口增速（%）
高新技术产品贸易	28 002.2	−0.6	29 755.9	−1.3
光电技术产品贸易	491.0	6.3	513.1	8.5

资料来源：根据 UN COMTRADE 数据库整理计算。

附表 45　2012 年全球光电技术产品出口贸易前 10 位的国家和地区

序号	国别（地区）	光电技术产品出口额（亿美元）	占比（%）
1	德国	93.4	19.0
2	日本	74.6	15.2
3	美国	69.2	14.1
4	中国	35.8	7.3
5	瑞士	22.4	4.6
6	中国香港	19.6	4.0
7	英国	18.8	3.8
8	新加坡	18.6	3.8
9	韩国	17.1	3.5
10	以色列	10.7	2.2

资料来源：根据 UN COMTRADE 数据库整理计算。

附表 46　2012 年全球光电技术产品进口贸易前 10 位的国家和地区

序号	国别（地区）	光电技术产品进口额（亿美元）	占比（%）
1	中国	104.1	20.3
2	美国	68.4	13.3
3	德国	41.8	8.1
4	韩国	34.0	6.6
5	日本	22.4	4.4
6	中国香港	17.7	3.4
7	英国	15.0	2.9
8	荷兰	14.9	2.9
9	法国	14.9	2.9
10	墨西哥	13.3	2.6

资料来源：根据 UN COMTRADE 数据库整理计算。

附表 47　2012 年全球光电技术产品出口贸易增速前 10 位的国家和地区

序号	国别（地区）	光电技术产品出口额（万美元）	增速（%）
1	多米尼加	1 785.7	70 823.2
2	汤加	12.4	65 825.0
3	特克斯与凯科斯群岛	6.4	6 342.5

序号	国别（地区）	光电技术产品出口额（万美元）	增速（%）
4	巴拉圭	24.0	6 174.8
5	菲律宾	19 222.4	859.9
6	阿尔巴尼亚	4.1	530.6
7	尼加拉瓜	12.3	465.9
8	加纳	223.7	250.0
9	牙买加	6.1	244.5
10	哈萨克斯坦	1 087.9	231.1

资料来源：根据 UN COMTRADE 数据库整理计算。

附表 48　2012 年全球光电技术产品进口贸易增速前 10 位的国家和地区

序号	国别（地区）	光电技术产品进口额（万美元）	增速（%）
1	多哥	211.6	1 412.0
2	汤加	61.3	299.4
3	尼日尔	363.2	240.7
4	马耳他	1 834.7	172.2
5	特克斯与凯科斯群岛	24.7	169.9
6	格鲁吉亚	2 040.5	167.6
7	乌干达	693.9	143.4
8	巴哈马	250.6	113.0
9	加纳	2 105.7	85.4
10	卢旺达	210.7	71.7

资料来源：根据 UN COMTRADE 数据库整理计算。

附表 49　2012 年全球其他技术产品贸易增速与全球整体贸易增速

	出口额（亿美元）	出口增速（%）	进口额（亿美元）	进口增速（%）
高新技术产品贸易	28 002.2	− 0.6	29 755.9	− 1.3
其他技术产品贸易	157.9	− 7.4	193.9	− 6.9

资料来源：根据 UN COMTRADE 数据库整理计算。

附表 50　2012 年全球其他技术产品出口贸易前 10 位的国家和地区

序号	国别（地区）	其他技术产品出口额（亿美元）	占比（%）
1	德国	24.0	15.2

序号	国别（地区）	其他技术产品出口额（亿美元）	占比（%）
2	美国	23.9	15.2
3	法国	23.2	14.7
4	荷兰	22.4	14.2
5	俄罗斯	13.2	8.4
6	瑞典	11.3	7.2
7	中国	5.9	3.8
8	日本	5.2	3.3
9	西班牙	4.4	2.8
10	英国	4.1	2.6

资料来源：根据 UN COMTRADE 数据库整理计算。

附表 51　2012 年全球其他技术产品进口贸易前 10 位的国家和地区

序号	国别（地区）	其他技术产品进口额（亿美元）	占比（%）
1	美国	49.8	25.7
2	法国	26.1	13.4
3	英国	13.2	6.8
4	日本	12.6	6.5
5	德国	10.9	5.6
6	瑞士	10.2	5.3
7	中国	10.0	5.1
8	韩国	8.2	4.2
9	西班牙	7.1	3.7
10	乌克兰	6.5	3.4

资料来源：根据 UN COMTRADE 数据库整理计算。

附表 52　2012 年全球其他技术产品出口贸易增速前 10 位的国家和地区

序号	国别（地区）	其他技术产品出口额（万美元）	增速（%）
1	巴布亚新几内亚	41.2	38 953.0
2	黑山共和国	0.3	36 414.3
3	巴巴多斯岛	5.7	15 590.4
4	马其顿	1.1	5 173.8

续　表

序号	国别（地区）	其他技术产品出口额（万美元）	增速（%）
5	黎巴嫩	1.8	3 237.6
6	阿曼	14.2	2 780.6
7	摩洛哥	123.7	2 614.7
8	塞内加尔	0.3	2 323.3
9	阿尔及利亚	33.5	1 685.4
10	波利尼西亚	6.0	1 213.9

资料来源：根据 UN COMTRADE 数据库整理计算。

附表53　2012 年全球其他技术产品进口贸易增速前 10 位的国家和地区

序号	国别（地区）	其他技术产品进口额（万美元）	增速（%）
1	亚美尼亚	2 409.7	3 605.2
2	阿塞拜疆	1 475.8	1 392.0
3	喀麦隆	209.2	546.8
4	马其顿	181.9	497.6
5	马耳他	75.8	278.6
6	吉尔吉斯斯坦	47.4	230.9
7	博茨瓦纳	354.7	181.1
8	坦桑尼亚	197.9	150.9
9	印度尼西亚	5 678.4	131.9
10	摩尔多瓦	80.2	129.7

资料来源：根据 UN COMTRADE 数据库整理计算。

（本部分由林梦整理）

二、2012 年中国高新技术产品贸易数据

附表54　2012 年中国计算机与通信技术产品出口（按贸易方式）

	累计金额（亿美元）	同比增长（%）	贸易方式占累计总额比重（%）
一般贸易	502.82	8.35	11.99

	累计金额 （亿美元）	同比增长 （%）	贸易方式占累计 总额比重（%）
加工贸易	3 428.23	3.84	81.76
来料加工装配贸易	173.50	-17.18	4.14
进料加工贸易	3 254.73	5.26	77.62
其他贸易	262.09	59.96	6.25

资料来源：海关统计。

附表 55　2012 年中国计算机与通信技术产品出口（按企业性质）

企业性质	累计金额 （亿美元）	同比增长 （%）	企业性质占累计 总额比重（%）
国有企业	180.21	0.45	4.30
外资企业	3 565.45	5.44	85.03
其他企业	447.46	21.49	10.67

资料来源：海关统计。

附表 56　2012 年中国计算机与通信技术产品出口（按国内区域）

国内区域	累计金额 （亿美元）	同比增长 （%）	占累计总额 比重（%）
东部地区	3 647.44	-0.74	86.99
中部地区	244.64	129.68	5.83
西部地区	301.05	103.01	7.18

资料来源：海关统计。

附表 57　2012 年各省（自治区、直辖市）计算机与通信技术产品出口情况

金额排序	省　份	金额（亿美元）	同比（%）	省市占比（%）
1	广东省	1 743.65	4.26	41.58
2	江苏省	740.39	-8.70	17.66
3	上海市	661.33	-3.27	15.77
4	河南省	159.26	210.94	3.80
5	重庆市	143.51	158.39	3.42
6	天津市	136.11	11.46	3.25

续 表

金额排序	省　份	金额（亿美元）	同比（%）	省市占比（%）
7	四川省	134.82	69.71	3.22
8	山东省	106.55	-8.14	2.54
9	福建省	87.13	-2.78	2.08
10	北京市	85.51	-3.42	2.04
11	浙江省	49.64	5.97	1.18
12	湖北省	34.03	18.14	0.81
13	辽宁省	29.32	-18.85	0.70
14	江西省	19.98	33.47	0.48
15	山西省	18.50	285.88	0.44
16	广西壮族自治区	13.16	74.08	0.31
17	湖南省	9.90	112.58	0.24
18	河北省	7.81	-4.88	0.19
19	陕西省	7.38	73.61	0.18
20	安徽省	1.86	53.55	0.04
21	新疆维吾尔自治区	0.77	3.31	0.02
22	云南省	0.72	49.32	0.02
23	黑龙江省	0.48	15.07	0.01
24	吉林省	0.42	0.97	0.01
25	贵州省	0.22	204.70	0.01
26	海南省	0.20	946.93	0.00
27	西藏自治区	0.18	84.15	0.00
28	内蒙古自治区	0.15	58.72	0.00
29	甘肃省	0.12	1 125.84	0.00
30	青海省	0.01	1 162.33	0.00
31	宁夏回族自治区	0.00	92.75	0.00

资料来源：海关统计。

附表 58　2012 年中国计算机与通信技术产品出口的全球分布

	金额（亿美元）	同比（%）	占比（%）
亚洲	2 023.16	10.83	48.25
非洲	47.72	-8.58	1.14

续　表

	金额（亿美元）	同比（%）	占比（%）
欧洲	833.83	-1.48	19.89
拉丁美洲	187.03	-1.33	4.46
北美洲	1 037.25	9.08	24.74
大洋洲	64.14	-1.13	1.53
所有国家（地区）	4 193.13	6.71	100.00

资料来源：海关统计。

附表 59　2012 年中国计算机与通信技术产品出口（重要贸易伙伴）

	金额（亿美元）	同比（%）	占比（%）
美国	992.07	8.52	23.66
日本	261.92	7.02	6.25
中国香港	1 028.54	8.33	24.53
欧盟 27	761.49	-2.63	18.16
东盟 10 国	238.55	9.50	5.69

资料来源：海关统计。

附表 60　2012 年中国计算机与通信技术产品进口（按贸易方式）

	累计金额（亿美元）	同比增长（%）	贸易方式占累计总额比重（%）
一般贸易	270.79	5.23	22.13
加工贸易	620.15	14.46	50.67
来料加工装配贸易	49.39	0.84	4.04
进料加工贸易	570.76	15.81	46.63
其他贸易	332.96	29.42	27.20

资料来源：海关统计。

附表 61　2012 年中国计算机与通信技术产品进口（按企业性质）

企业性质	累计金额（亿美元）	同比增长（%）	企业性质占累计总额比重（%）
国有企业	107.12	3.41	8.75
外资企业	910.39	12.86	74.38
其他企业	206.39	41.16	16.86

资料来源：海关统计。

附表 62　2012 年中国计算机与通信技术产品进口的全球分布

	金额（亿美元）	同比（%）	占比（%）
亚洲	1 139.76	17.64	93.13
非洲	0.07	−14.63	0.01
欧洲	41.83	−6.09	3.42
拉丁美洲	6.93	−11.52	0.57
北美洲	34.45	0.93	2.81
大洋洲	0.86	−10.86	0.07
所有国家（地区）	1 223.90	15.85	100.00

资料来源：海关统计。

附表 63　2012 年中国计算机与通信技术产品进口（重要贸易伙伴）

	金额（亿美元）	同比（%）	占比（%）
韩国	155.63	30.34	12.72
中国台湾	65.00	15.05	5.31
东盟 10 国	303.55	10.26	24.80
美国	32.63	1.09	2.67
欧盟 27	38.10	−10.22	3.11

资料来源：海关统计。

附表 64　2012 年中国电子技术产品出口（按贸易方式）

	累计金额（亿美元）	同比增长（%）	贸易方式占累计总额比重（%）
一般贸易	173.97	−10.61	17.13
加工贸易	470.49	−13.14	46.32
来料加工装配贸易	68.02	−9.47	6.70
进料加工贸易	402.47	−13.73	39.63
其他贸易	371.20	186.92	36.55

资料来源：海关统计。

附表 65　2012 年中国电子技术产品出口（按企业性质）

企业性质	累计金额（亿美元）	同比增长（%）	企业性质占累计总额比重（%）
国有企业	69.88	49.26	6.88
外资企业	642.74	−7.02	63.28
其他企业	303.05	137.55	29.84

资料来源：海关统计。

附表66 2012年中国电子技术产品出口（按国内区域）

国内区域	累计金额 （亿美元）	同比增长 （％）	占累计总额比重 （％）
东部地区	950.10	19.55	93.54
中部地区	22.89	-30.75	2.25
西部地区	42.68	12.72	4.20

资料来源：海关统计。

附表67 2012年各省（自治区、直辖市）电子技术产品出口情况

金额排序	省份	金额（亿美元）	同比（％）	省市占比（％）
1	江苏省	354.10	23.15	34.86
2	广东省	317.04	58.04	31.22
3	上海市	160.41	-3.47	15.79
4	天津市	34.00	5.56	3.35
5	四川省	26.83	1.48	2.64
6	浙江省	23.03	-40.19	2.27
7	北京市	21.93	5.00	2.16
8	河北省	15.14	-32.93	1.49
9	陕西省	12.62	41.74	1.24
10	山东省	11.52	-2.84	1.13
11	江西省	7.32	-57.54	0.72
12	辽宁省	7.21	-14.83	0.71
13	湖北省	5.84	16.00	0.58
14	福建省	5.73	-3.20	0.56
15	安徽省	2.75	62.45	0.27
16	海南省	2.66	-1.91	0.26
17	河南省	1.60	-52.49	0.16
18	重庆市	1.49	89.88	0.15
19	湖南省	1.44	-1.27	0.14
20	吉林省	1.06	5.23	0.10
21	甘肃省	0.95	-4.85	0.09
22	云南省	0.25	-34.80	0.02

金额排序	省 份	金额（亿美元）	同比（%）	省市占比（%）
23	新疆维吾尔自治区	0.21	41.08	0.02
24	青海省	0.13	206.52	0.01
25	山西省	0.11	−33.56	0.01
26	黑龙江省	0.11	−71.36	0.01
27	广西壮族自治区	0.10	64.15	0.01
28	宁夏回族自治区	0.05	115.26	0.00
29	内蒙古自治区	0.03	−52.26	0.00
30	贵州省	0.01	−24.79	0.00
31	西藏自治区	0.01	441.78	0.00

资料来源：海关统计。

附表68 2012年中国电子技术产品出口的全球分布

	金额（亿美元）	同比（%）	占比（%）
亚洲	791.20	46.35	77.90
非洲	4.07	−7.29	0.40
欧洲	136.97	−40.06	13.49
拉丁美洲	17.44	13.22	1.72
北美洲	57.04	−11.71	5.62
大洋洲	8.95	−26.07	0.88
所有国家（地区）	1 015.67	17.33	100.00

资料来源：海关统计。

附表69 2012年中国电子技术产品出口（重要贸易伙伴）

	金额（亿美元）	同比（%）	占比（%）
美国	55.02	−9.94	13.88
日本	50.62	17.64	12.77
中国香港	491.50	73.3	124.03
欧盟27	130.89	−41.51	33.03
东盟10国	96.48	10.93	24.35

资料来源：海关统计。

附表 70　2012 年中国电子技术产品进口（按贸易方式）

	累计金额 （亿美元）	同比增长 （%）	贸易方式占累计 总额比重（%）
一般贸易	386.70	6.12	16.22
加工贸易	1 296.37	0.05	54.36
来料加工装配贸易	165.91	−13.29	6.96
进料加工贸易	1 130.46	2.36	47.40
其他贸易	701.71	46.32	29.42

资料来源：海关统计。

附表 71　2012 年中国电子技术产品进口（按企业性质）

企业性质	累计金额 （亿美元）	同比增长 （%）	企业性质占累计 总额比重（%）
国有企业	126.33	8.82	5.30
外资企业	1 810.57	2.61	75.92
其他企业	447.88	72.81	18.78

资料来源：海关统计。

附表 72　2012 年中国电子技术产品进口（按国内区域）

国内区域	累计金额 （亿美元）	同比增长 （%）	占累计总额比重 （%）
东部地区	2 116.26	7.74	95.04
中部地区	110.37	84.63	4.96
西部地区	0.19	71.82	0.01

资料来源：海关统计。

附表 73　2012 年各省（自治区、直辖市）电子技术产品进口情况

金额排序	省　份	金额（亿美元）	同比（%）	省市占比（%）
1	广东省	933.53	9.24	41.75
2	江苏省	462.61	13.17	20.69
3	上海市	431.00	5.80	19.27
4	天津市	97.07	13.60	4.34

金额排序	省　份	金额（亿美元）	同比（%）	省市占比（%）
5	河南省	70.37	219.19	3.15
6	山东省	63.67	-6.09	2.85
7	北京市	51.49	-23.06	2.30
8	福建省	34.41	18.66	1.54
9	浙江省	25.00	0.14	1.12
10	湖北省	18.33	11.76	0.82
11	辽宁省	14.34	-8.69	0.64
12	江西省	10.43	9.15	0.47
13	安徽省	3.52	25.27	0.16
14	湖南省	3.29	82.10	0.15
15	吉林省	3.20	-5.79	0.14
16	河北省	3.13	-16.77	0.14
17	广西壮族自治区	2.63	46.68	0.12
18	重庆市	2.37	24.75	0.11
19	云南省	1.60	23.61	0.07
20	四川省	1.34	26.50	0.06
21	山西省	0.93	-72.85	0.04
22	青海省	0.82	168.62	0.04
23	陕西省	0.43	-65.26	0.02
24	黑龙江省	0.22	-8.69	0.01
25	甘肃省	0.15	12.81	0.01
26	内蒙古自治区	0.11	127.22	0.00
27	海南省	0.09	-20.02	0.00
28	新疆维吾尔自治区	0.04	325.76	0.00
29	宁夏回族自治区	0.01	-45.40	0.00
30	西藏自治区	0.01	-30.94	0.00
31	贵州省	—	—	—

资料来源：海关统计。

附表 74　2012 年中国电子技术产品进口的全球分布

	金额（亿美元）	同比（%）	占比（%）
亚洲	2 128.56	11.44	89.26
非洲	1.89	−12.43	0.08
欧洲	90.45	9.75	3.79
拉丁美洲	63.76	27.67	2.67
北美洲	99.69	5.26	4.18
大洋洲	0.42	−2.49	0.02
所有国家（地区）	2 384.78	11.45	100.00

资料来源：海关统计。

附表 75　2012 年中国电子技术产品进口（重要贸易伙伴）

	金额（亿美元）	同比（%）	占比（%）
韩国	460.38	17.60	19.30
中国台湾	576.77	18.06	24.19
东盟 10 国	494.63	−0.33	20.74
美国	90.91	9.26	3.81
欧盟 27	87.45	11.28	3.67

资料来源：海关统计。

附表 76　2012 年中国计算机集成制造技术产品出口（按贸易方式）

	累计金额 （亿美元）	同比增长 （%）	贸易方式占累计 总额比重（%）
一般贸易	52.30	18.56	52.85
加工贸易	36.52	−2.17	36.90
来料加工装配贸易	1.27	−11.46	1.28
进料加工贸易	35.25	−1.80	35.62
其他贸易	10.15	31.01	10.26

资料来源：海关统计。

附表 77 2012 年中国计算机集成制造技术产品出口（按企业性质）

企业性质	累计金额（亿美元）	同比增长（%）	企业性质占累计总额比重（%）
国有企业	11. 99	13. 62	12. 11
外资企业	56. 88	9. 51	57. 47
其他企业	30. 10	12. 74	30. 42

资料来源：海关统计。

附表 78 2012 年中国计算机集成制造技术产品出口（按国内区域）

国内区域	累计金额（亿美元）	同比增长（%）	占累计总额比重（%）
东部地区	91. 93	9. 72	92. 89
中部地区	4. 83	36. 8	4. 88
西部地区	2. 21	17. 72	2. 23

资料来源：海关统计。

附表 79 2012 年各省（自治区、直辖市）计算机集成制造技术产品出口情况

金额排序	省 份	金额（亿美元）	同比（%）	省市占比（%）
1	天津市	25. 30	18. 74	25. 56
2	北京市	19. 11	7. 91	19. 31
3	重庆市	16. 73	2. 85	16. 90
4	四川省	11. 26	2. 10	11. 37
5	福建省	5. 07	45. 67	5. 12
6	江苏省	4. 20	− 8. 11	4. 24
7	河南省	4. 04	2. 34	4. 08
8	广东省	2. 93	7. 21	2. 96
9	山东省	2. 24	58. 57	2. 26
10	湖南省	1. 07	38. 84	1. 08
11	上海市	1. 06	− 20. 68	1. 07
12	江西省	1. 00	53. 76	1. 01
13	广西壮族自治区	0. 93	66. 30	0. 94
14	黑龙江省	0. 83	22. 91	0. 84
15	湖北省	0. 72	4. 14	0. 72

金额排序	省 份	金额（亿美元）	同比（%）	省市占比（%）
16	西藏自治区	0.45	−5.82	0.45
17	辽宁省	0.43	118.98	0.43
18	云南省	0.41	58.24	0.42
19	浙江省	0.35	−14.29	0.35
20	河北省	0.22	21.39	0.22
21	贵州省	0.14	39.84	0.14
22	宁夏回族自治区	0.13	−7.71	0.13
23	山西省	0.11	41.21	0.11
24	吉林省	0.09	50.18	0.09
25	新疆维吾尔自治区	0.09	32.56	0.09
26	内蒙古自治区	0.03	−52.90	0.03
27	安徽省	0.03	−12.59	0.03
28	青海省	0.01	165.55	0.01
29	陕西省	0.01	516.22	0.01
30	海南省	0.01	130.51	0.01
31	甘肃省	0.00	89.81	0.00

资料来源：海关统计。

附表80　2012 年中国计算机集成制造技术产品出口的全球分布

	金额（亿美元）	同比（%）	占比（%）
亚洲	51.25	14.43	51.79
非洲	3.20	34.79	3.23
欧洲	20.98	4.46	21.20
拉丁美洲	5.24	2.40	5.30
北美洲	15.90	8.93	16.06
大洋洲	2.40	7.60	2.43
所有国家（地区）	98.97	10.96	100.00

资料来源：海关统计。

附表81　2012 年中国计算机集成制造技术产品出口（重要贸易伙伴）

	金额（亿美元）	同比（%）	占比（%）
美国	14.84	8.52	14.99

	金额（亿美元）	同比（%）	占比（%）
日本	8.27	12.69	8.35
中国香港	8.93	9.41	9.02
欧盟 27	16.31	0.48	16.48
东盟 10 国	14.36	23.86	14.51

资料来源：海关统计。

附表 82　2012 年中国计算机集成制造技术产品进口（按贸易方式）

	累计金额（亿美元）	同比增长（%）	贸易方式占累计总额比重（%）
一般贸易	237.58	-23.92	65.19
加工贸易	9.55	-16.79	2.62
来料加工装配贸易	0.16	-29.32	0.04
进料加工贸易	9.39	-16.54	2.58
其他贸易	117.32	-19.37	32.19

资料来源：海关统计。

附表 83　2012 年中国计算机集成制造技术产品进口（按企业性质）

企业性质	累计金额（亿美元）	同比增长（%）	企业性质占累计总额比重（%）
国有企业	63.59	-39.91	17.45
外资企业	242.86	-9.57	66.64
其他企业	57.99	-38.85	15.91

资料来源：海关统计。

附表 84　2012 年中国计算机集成制造技术产品进口（按国内区域）

国内区域	累计金额（亿美元）	同比增长（%）	占累计总额比重（%）
东部地区	52.30	18.56	52.85
中部地区	36.52	-2.17	36.90
西部地区	1.27	-11.46	1.28

资料来源：海关统计。

附表85 2012年各省（自治区、直辖市）计算机集成制造技术产品进口情况

金额排序	省　份	金额（亿美元）	同比（%）	省市占比（%）
1	广东省	67.14	-9.60	17.52
2	江苏省	66.47	-42.04	17.34
3	上海市	55.18	-9.17	14.39
4	重庆市	28.06	203.29	7.32
5	河南省	25.65	122.51	6.69
6	北京市	20.81	-52.83	5.43
7	山东省	14.78	-13.78	3.86
8	天津市	12.14	-0.72	3.17
9	福建省	11.69	41.97	3.05
10	辽宁省	11.63	-21.56	3.03
11	浙江省	10.62	-52.63	2.77
12	吉林省	10.31	33.83	2.69
13	山西省	6.79	8.16	1.77
14	安徽省	6.50	-43.83	1.70
15	湖北省	5.94	-20.80	1.55
16	广西壮族自治区	5.66	112.77	1.48
17	四川省	4.93	-14.01	1.29
18	河北省	3.90	-61.95	1.02
19	西藏自治区	3.49	36.60	0.91
20	湖南省	3.30	-25.10	0.86
21	甘肃省	2.47	9.21	0.65
22	江西省	2.15	-66.80	0.56
23	黑龙江省	1.27	-19.56	0.33
24	内蒙古自治区	0.89	44.06	0.23
25	宁夏回族自治区	0.54	5 522.33	0.14
26	贵州省	0.36	6.01	0.09
27	海南省	0.35	-78.56	0.09
28	新疆维吾尔自治区	0.28	-16.62	0.07
29	陕西省	0.00	1 610.87	0.00
30	青海省	0.00	-9.34	0.00
31	云南省	0.00	227.32	0.00

资料来源：海关统计。

附表 86　2012 年中国计算机集成制造技术产品进口的全球分布

	金额（亿美元）	同比（%）	占比（%）
亚洲	208.55	−19.11	57.22
非洲	0.03	−2.05	0.01
欧洲	114.89	−30.12	31.53
拉丁美洲	0.58	52.76	0.16
北美洲	39.80	−13.04	10.92
大洋洲	0.58	−27.74	0.16
所有国家（地区）	364.44	−22.33	100.00

资料来源：海关统计。

附表 87　2012 年中国计算机集成制造技术产品进口（重要贸易伙伴）

	金额（亿美元）	同比（%）	占比（%）
韩国	29.34	−22.4	8.05
中国台湾	27.17	−14.9	7.46
东盟 10 国	19.60	3.67	5.38
美国	38.53	−14.34	10.57
欧盟 27	104.97	−24.52	28.80

资料来源：海关统计。

附表 88　2012 年中国生命科学技术产品出口（按贸易方式）

	累计金额（亿美元）	同比增长（%）	贸易方式占累计总额比重（%）
一般贸易	157.36	16.27	75.02
加工贸易	37.49	6.83	17.87
来料加工装配贸易	5.41	−26.87	2.58
进料加工贸易	32.08	15.84	15.29
其他贸易	14.90	95.30	7.10

资料来源：海关统计。

附表 89　2012 年中国生命科学技术产品出口（按企业性质）

企业性质	累计金额（亿美元）	同比增长（%）	企业性质占累计总额比重（%）
国有企业	37.63	10.69	17.94
外资企业	64.35	10.05	30.68
其他企业	107.76	25.90	51.38

资料来源：海关统计。

附表90 2012年中国生命科学技术产品出口（按国内区域）

国内区域	累计金额 （亿美元）	同比增长 （％）	占累计总额比重 （％）
东部地区	180.8	17.02	86.22
中部地区	17.43	13.74	8.31
西部地区	11.47	39.93	5.47

资料来源：海关统计。

附表91 2012年各省（自治区、直辖市）生命科学技术产品出口情况

金额排序	省　份	金额（亿美元）	同比（％）	省市占比（％）
1	江苏省	58.62	16.24	27.95
2	浙江省	36.64	12.01	17.47
3	上海市	25.05	30.31	11.94
4	广东省	15.95	9.76	7.60
5	山东省	13.31	14.79	6.34
6	北京市	8.58	10.78	4.09
7	福建省	7.59	20.68	3.62
8	河北省	6.32	18.37	3.01
9	湖北省	5.65	5.72	2.69
10	辽宁省	5.00	16.99	2.38
11	安徽省	3.95	3.53	1.88
12	天津市	3.80	57.30	1.81
13	四川省	3.74	78.38	1.78
14	江西省	2.55	32.71	1.22
15	重庆市	2.23	17.54	1.06
16	湖南省	2.21	46.06	1.05
17	河南省	2.14	10.27	1.02
18	内蒙古自治区	1.59	59.55	0.76
19	陕西省	1.55	0.35	0.74
20	云南省	0.72	83.19	0.34
21	广西壮族自治区	0.72	18.54	0.34
22	宁夏回族自治区	0.67	52.14	0.32

金额排序	省　份	金额（亿美元）	同比（%）	省市占比（%）
23	山西省	0.40	29.83	0.19
24	吉林省	0.33	41.18	0.16
25	黑龙江省	0.17	−16.06	0.08
26	甘肃省	0.13	4.61	0.06
27	贵州省	0.06	17.20	0.03
28	新疆维吾尔自治区	0.05	16.66	0.02
29	海南省	0.04	−21.28	0.02
30	西藏自治区	0.01	238.12	0.00
31	青海省	0.00	42.42	0.00

资料来源：海关统计。

附表 92　2012 年中国生命科学技术产品出口的全球分布

	金额（亿美元）	同比（%）	占比（%）
亚洲	80.73	15.56	38.49
非洲	6.62	10.15	3.16
欧洲	50.62	11.10	24.13
拉丁美洲	24.31	31.98	11.59
北美洲	37.16	24.09	17.72
大洋洲	10.30	24.76	4.91
所有国家（地区）	209.74	17.79	100.00

资料来源：海关统计。

附表 93　2012 年中国生命科学技术产品出口（重要贸易伙伴）

	金额（亿美元）	同比（%）	占比（%）
美国	35.23	25.06	16.80
日本	13.88	14.55	6.62
中国香港	6.18	52.17	2.95
欧盟 27	44.33	11.43	21.14
东盟 10 国	16.34	10.13	7.79

资料来源：海关统计。

附表 94　2012 年中国生命科学技术产品进口（按贸易方式）

	累计金额 （亿美元）	同比增长 （%）	贸易方式占累计 总额比重（%）
一般贸易	114.54	17.81	59.15
加工贸易	17.29	4.19	8.93
来料加工装配贸易	12.26	5.39	6.33
进料加工贸易	5.03	1.36	2.60
其他贸易	61.80	39.79	31.92

资料来源：海关统计。

附表 95　2012 年中国生命科学技术产品进口（按企业性质）

企业性质	累计金额 （亿美元）	同比增长 （%）	企业性质占累计 总额比重（%）
国有企业	36.63	14.83	18.92
外资企业	107.28	25.45	55.41
其他企业	49.71	22.44	25.67

资料来源：海关统计。

附表 96　2012 年中国生命科学技术产品进口（按国内区域）

国内区域	累计金额 （亿美元）	同比增长 （%）	占累计总额比重 （%）
东部地区	175.78	23.91	94.93
中部地区	8.62	22.23	4.66
西部地区	0.77	−24.29	0.42

资料来源：海关统计。

附表 97　2012 年各省（自治区、直辖市）生命科学产品进口情况

金额排序	省　份	金额（亿美元）	同比（%）	省市占比（%）
1	上海市	64.63	32.27	31.27
2	北京市	33.98	23.36	16.44
3	江苏省	25.92	15.72	12.54
4	广东省	19.15	13.72	9.26
5	浙江省	12.88	26.18	6.23

续 表

金额排序	省 份	金额（亿美元）	同比（%）	省市占比（%）
6	重庆市	11.81	60.22	5.71
7	贵州省	8.10	−22.31	3.92
8	辽宁省	7.99	40.59	3.86
9	天津市	4.84	20.81	2.34
10	山东省	3.77	5.78	1.82
11	河南省	1.74	35.43	0.84
12	湖北省	1.69	17.68	0.82
13	福建省	1.58	−4.32	0.77
14	甘肃省	1.41	31.16	0.68
15	黑龙江省	1.06	70.81	0.51
16	河北省	1.04	−5.83	0.50
17	吉林省	1.02	41.47	0.50
18	安徽省	0.89	−8.43	0.43
19	湖南省	0.76	52.27	0.37
20	海南省	0.63	22.85	0.31
21	江西省	0.47	2.59	0.23
22	内蒙古自治区	0.39	5.89	0.19
23	山西省	0.36	−34.49	0.17
24	西藏自治区	0.33	−47.21	0.16
25	宁夏回族自治区	0.12	−43.63	0.06
26	青海省	0.11	70.10	0.05
27	四川省	0.01	−47.03	0.00
28	云南省	0.00	−82.24	0.00
29	广西壮族自治区	0.00	0.13	0.00
30	陕西省	—	—	—
31	新疆维吾尔自治区	—	—	—

资料来源：海关统计。

附表98　2012年中国生命科学技术产品进口的全球分布

	金额（亿美元）	同比（%）	占比（%）
亚洲	30.42	13.81	15.71
非洲	0.43	143.35	0.22

	金额（亿美元）	同比（%）	占比（%）
欧洲	118.06	24.89	60.98
拉丁美洲	4.13	10.05	2.13
北美洲	38.80	22.49	20.04
大洋洲	1.79	54.22	0.93
所有国家（地区）	193.63	22.53	100.00

资料来源：海关统计。

附表 99　2012 年中国生命科学技术产品进口（重要贸易伙伴）

	金额（亿美元）	同比（%）	占比（%）
韩国	3.06	49.78	1.58
中国台湾	1.67	10.81	0.86
东盟 10 国	2.13	15.06	1.10
美国	37.85	21.54	19.55
欧盟 27	101.06	25.07	52.19

资料来源：海关统计。

附表 100　2012 年中国生物技术产品出口（按贸易方式）

	累计金额（亿美元）	同比增长（%）	贸易方式占累计总额比重（%）
一般贸易	4.70	14.51	99.69
加工贸易	0.00	−77.30	0.09
来料加工装配贸易	—	—	—
进料加工贸易	0.00	−73.79	0.09
其他贸易	0.01	−26.22	0.22

资料来源：海关统计。

附表 101　2012 年中国生物技术产品出口（按企业性质）

企业性质	累计金额（亿美元）	同比增长（%）	企业性质占累计总额比重（%）
国有企业	0.93	9.86	19.62
外资企业	1.35	13.81	28.68
其他企业	2.44	15.71	51.70

资料来源：海关统计。

附表 102　2012 年中国生物技术产品出口（按国内区域）

国内区域	累计金额 （亿美元）	同比增长 （%）	占累计总额比重 （%）
东部地区	3.59	8.44	31.83
中部地区	7.3	44.58	64.72
西部地区	0.39	22.78	3.46

资料来源：海关统计。

附表 103　2012 年各省（自治区、直辖市）生物技术产品出口情况

金额排序	省　份	金额（亿美元）	同比（%）	省市占比（%）
1	浙江省	1.27	10.43	26.82
2	江苏省	0.97	5.91	20.63
3	上海市	0.40	14.65	8.53
4	山东省	0.40	0.66	8.39
5	北京市	0.33	20.63	7.05
6	湖北省	0.27	69.53	5.77
7	湖南省	0.23	22.07	4.86
8	陕西省	0.20	55.76	4.24
9	吉林省	0.14	51.78	2.94
10	四川省	0.09	44.79	1.80
11	辽宁省	0.08	15.38	1.65
12	广东省	0.07	-6.35	1.47
13	天津市	0.05	4.17	1.09
14	江西省	0.05	253.60	1.06
15	新疆维吾尔自治区	0.04	5.81	0.87
16	甘肃省	0.04	-32.52	0.83
17	广西壮族自治区	0.02	144.81	0.49
18	河南省	0.02	0.27	0.46
19	河北省	0.02	-38.08	0.45
20	黑龙江省	0.02	-38.39	0.38
21	重庆市	0.01	-53.61	0.16
22	内蒙古自治区	0.00	-100.00	0.03
23	云南省	0.00	-96.03	0.01

金额排序	省　份	金额（亿美元）	同比（%）	省市占比（%）
24	福建省	0.00	-2.73	0.01
25	安徽省	0.00	-67.22	0.00
26	海南省	0.00	-75.76	0.00
27	山西省	—	—	—
28	贵州省	—	—	—
29	西藏自治区	—	—	—
30	青海省	—	—	—
31	宁夏回族自治区	—	—	—

资料来源：海关统计。

附表 104　2012 年中国生物技术产品出口的全球分布

	金额（亿美元）	同比（%）	占比（%）
亚洲	1.72	5.64	36.44
非洲	0.14	64.65	2.97
欧洲	1.88	17.68	39.83
拉丁美洲	0.41	12.23	8.69
北美洲	0.54	22.37	11.44
大洋洲	0.03	28.43	0.64
所有国家（地区）	4.72	13.97	100.00

资料来源：海关统计。

附表 105　2012 年中国生物技术产品出口（重要贸易伙伴）

	金额（亿美元）	同比（%）	占比（%）
美国	0.51	30.31	10.81
日本	0.38	-4.72	8.05
中国香港	0.06	-28.16	1.27
欧盟 27	1.58	20.64	33.49
东盟 10 国	0.28	15.1	5.94

资料来源：海关统计。

附表 106   2012 年中国生物技术产品进口（按贸易方式）

	累计金额 （亿美元）	同比增长 （%）	贸易方式占累计 总额比重（%）
一般贸易	3.58	21.17	74.68
加工贸易	0.06	16.12	1.18
来料加工装配贸易	0.01	−76.19	0.12
进料加工贸易	0.05	110.45	1.06
其他贸易	1.16	−21.86	24.14

资料来源：海关统计。

附表 107   2012 年中国计算机与通信技术产品进口（按企业性质）

企业性质	累计金额 （亿美元）	同比增长 （%）	企业性质占累计 总额比重（%）
国有企业	1.73	38.15	36.17
外资企业	2.02	15.73	42.11
其他企业	1.04	−29.87	21.72

资料来源：海关统计。

附表 108   2012 年中国生物技术产品进口（按国内区域）

国内区域	累计金额 （亿美元）	同比增长 （%）	占累计总额比重 （%）
东部地区	4.71	7.06	98.33
中部地区	0.08	−1.43	1.67
西部地区	—	—	—

资料来源：海关统计。

附表 109   2012 年各省（自治区、直辖市）生物技术产品进口情况

金额排序	省　份	金额（亿美元）	同比（%）	省市占比（%）
1	甘肃省	2.36	37.90	18.72
2	广西壮族自治区	2.04	45.09	16.16
3	北京市	1.85	−14.97	14.69
4	上海市	1.39	18.92	11.07
5	四川省	1.24	−8.27	9.81

金额排序	省　份	金额（亿美元）	同比（％）	省市占比（％）
6	广东省	0.94	30.86	7.46
7	新疆维吾尔自治区	0.73	143.95	5.83
8	云南省	0.69	159.35	5.44
9	青海省	0.35	13.61	2.80
10	贵州省	0.32	− 0.99	2.52
11	天津市	0.21	446.53	1.66
12	江苏省	0.18	− 13.47	1.42
13	山东省	0.08	179.87	0.67
14	西藏自治区	0.06	− 12.59	0.51
15	河南省	0.06	− 0.92	0.47
16	浙江省	0.03	33.71	0.25
17	重庆市	0.01	248.54	0.10
18	黑龙江省	0.01	− 0.37	0.09
19	河北省	0.01	− 16.04	0.09
20	辽宁省	0.01	− 36.39	0.08
21	湖北省	0.01	− 17.80	0.07
22	安徽省	0.00	2 018.77	0.03
23	福建省	0.00	− 59.79	0.03
24	陕西省	0.00	7 694.79	0.02
25	吉林省	0.00	− 97.26	0.00
26	江西省	0.00	10.88	0.00
27	内蒙古自治区	—	—	—
28	宁夏回族自治区	—	—	—
29	山西省	—	—	—
30	湖南省	—	—	—
31	海南省	—	—	—

资料来源：海关统计。

附表 110　2012 年中国生物技术产品进口的全球分布

	金额（亿美元）	同比（％）	占比（％）
亚洲	0.34	5.75	7.10
非洲	0.012	592.25	0.13

续 表

	金额（亿美元）	同比（%）	占比（%）
欧洲	3.03	22.92	63.29
拉丁美洲	0.00	-47.74	0.03
北美洲	1.40	-16.08	29.24
大洋洲	0.01	-43.78	0.21
所有国家（地区）	4.80	6.9	100.00

资料来源：海关统计。

附表 111　2012 年中国生物技术产品进口（重要贸易伙伴）

	金额（亿美元）	同比（%）	占比（%）
韩国	0.03	8.87	0.56
中国台湾	0.01	47.41	0.30
东盟 10 国	0.10	386.5	2.09
美国	1.38	-16.7	28.78
欧盟 27	3.02	29.79	62.92

资料来源：海关统计。

附表 112　2012 年光电技术产品出口（按贸易方式）

	累计金额（亿美元）	同比增长（%）	贸易方式占累计总额比重（%）
一般贸易	24.06	32.99	6.07
加工贸易	298.08	14.04	75.22
来料加工装配贸易	81.47	-16.25	20.56
进料加工贸易	216.62	31.98	54.66
其他贸易	74.13	78.35	18.71

资料来源：海关统计。

附表 113　2012 年中国光电技术产品出口（按企业性质）

企业性质	累计金额（亿美元）	同比增长（%）	企业性质占累计总额比重（%）
国有企业	19.51	-3.16	4.92
外资企业	318.60	13.12	80.40
其他企业	58.16	201.99	14.68

资料来源：海关统计。

附表 114　2012 年中国光电技术产品出口（按国内区域）

国内区域	累计金额 （亿美元）	同比增长 （%）	占累计总额比重 （%）
东部地区	387.58	23.31	97.81
中部地区	5.45	41.03	1.38
西部地区	3.24	13.38	0.82

资料来源：海关统计。

附表 115　2012 年各省（自治区、直辖市）光电技术产品出口情况

金额排序	省　份	金额（亿美元）	同比（%）	省市占比（%）
1	广东省	153.17	48.52	38.65
2	江苏省	129.85	17.15	32.77
3	福建省	30.26	18.74	7.64
4	上海市	26.99	-25.45	6.81
5	浙江省	21.41	12.10	5.40
6	天津市	9.97	23.19	2.52
7	山东省	7.74	-4.74	1.95
8	北京市	6.40	168.63	1.61
9	安徽省	3.15	57.78	0.80
10	四川省	2.43	19.60	0.61
11	湖北省	1.06	-19.91	0.27
12	辽宁省	0.95	34.21	0.24
13	河北省	0.83	238.27	0.21
14	江西省	0.80	264.09	0.20
15	重庆市	0.26	200.56	0.07
16	云南省	0.24	15.53	0.06
17	广西壮族自治区	0.19	-53.94	0.05
18	吉林省	0.15	204.06	0.04
19	河南省	0.10	90.61	0.03
20	湖南省	0.10	-15.45	0.02
21	陕西省	0.07	7.58	0.02
22	黑龙江省	0.06	-21.56	0.02

续　表

金额排序	省　份	金额（亿美元）	同比（%）	省市占比（%）
23	新疆维吾尔自治区	0.02	−45.39	0.00
24	山西省	0.02	−1.23	0.00
25	贵州省	0.02	106.54	0.00
26	西藏自治区	0.00	21 633.33	0.00
27	宁夏回族自治区	0.00	−61.62	0.00
28	青海省	0.00	106.42	0.00
29	甘肃省	0.00	−38.16	0.00
30	内蒙古自治区	0.00	−35.53	0.00
31	海南省	0.00	−92.67	0.00

资料来源：海关统计。

附表 116　2012 年中国光电技术产品出口的全球分布

	金额（亿美元）	同比（%）	占比（%）
亚洲	269.17	30.86	67.93
非洲	1.51	80.62	0.38
欧洲	49.71	−2.72	12.54
拉丁美洲	46.48	10.18	11.73
北美洲	28.89	38.81	7.29
大洋洲	0.50	21.35	0.13
所有国家（地区）	396.27	23.43	100.00

资料来源：海关统计。

附表 117　2012 年中国光电技术产品出口（重要贸易伙伴）

	金额（亿美元）	同比（%）	占比（%）
美国	28.17	39.9	7.11
日本	23.34	20.08	5.89
中国香港	149.05	50.99	37.61
欧盟 27	45.29	−0.11	11.43
东盟 10 国	45.84	22.05	11.57

资料来源：海关统计。

附表 118　2012 年中国光电技术产品进口（按贸易方式）

	累计金额（亿美元）	同比增长（%）	贸易方式占累计总额比重（%）
一般贸易	101.66	10.88	17.31
加工贸易	361.77	−5.69	61.61
来料加工装配贸易	96.59	−33.45	16.45
进料加工贸易	265.18	11.21	45.16
其他贸易	123.79	84.54	21.08

资料来源：海关统计。

附表 119　2012 年中国光电技术产品进口（按企业性质）

企业性质	累计金额（亿美元）	同比增长（%）	企业性质占累计总额比重（%）
国有企业	31.78	−16.05	5.41
外资企业	460.10	2.11	78.35
其他企业	95.34	76.83	16.24

资料来源：海关统计。

附表 120　2012 年中国光电技术产品进口（按国内区域）

国内区域	累计金额（亿美元）	同比增长（%）	占累计总额比重（%）
东部地区	566.48	8.17	98.36
中部地区	9.42	15.87	1.64
西部地区	0.00	72.22	0.00

资料来源：海关统计。

附表 121　2012 年各省（自治区、直辖市）光电技术产品进口情况

金额排序	省份	金额（亿美元）	同比（%）	省市占比（%）
1	广东省	241.98	27.93	35.43
2	江苏省	153.09	−8.59	22.41
3	四川省	83.37	111.68	12.21
4	福建省	44.46	−9.42	6.51
5	上海市	37.26	19.76	5.46

续　表

金额排序	省　份	金额（亿美元）	同比（%）	省市占比（%）
6	山东省	31.30	7.27	4.58
7	浙江省	30.83	7.14	4.51
8	甘肃省	22.01	12.81	3.22
9	天津市	14.12	12.03	2.07
10	北京市	7.32	−20.64	1.07
11	辽宁省	5.56	−11.77	0.81
12	吉林省	1.98	32.47	0.29
13	湖北省	1.65	−24.51	0.24
14	安徽省	1.52	13.63	0.22
15	河南省	1.38	151.35	0.20
16	湖南省	1.30	7.32	0.19
17	广西壮族自治区	0.74	158.04	0.11
18	江西省	0.67	20.75	0.10
19	河北省	0.56	−30.65	0.08
20	山西省	0.49	61.43	0.07
21	云南省	0.44	−11.35	0.06
22	黑龙江省	0.35	−8.07	0.05
23	内蒙古自治区	0.23	101.88	0.03
24	贵州省	0.15	−0.12	0.02
25	新疆维吾尔自治区	0.10	−21.20	0.01
26	海南省	0.08	−27.92	0.01
27	青海省	0.04	89.67	0.01
28	西藏自治区	0.03	−83.55	0.00
29	宁夏回族自治区	0.01	−59.18	0.00
30	陕西省	0.00	−93.32	0.00
31	重庆市	0.00	−100.00	0.00

资料来源：海关统计。

附表122　2012年中国光电技术产品进口的全球分布

	金额（亿美元）	同比（%）	占比（%）
亚洲	543.57	7.65	92.57
非洲	0.04	376.84	0.01

续 表

	金额（亿美元）	同比（%）	占比（%）
欧洲	29.10	15.51	4.96
拉丁美洲	0.43	337.24	0.07
北美洲	13.66	16.8	2.33
大洋洲	0.42	-0.79	0.07
所有国家（地区）	587.22	8.27	100.00

资料来源：海关统计。

附表 123　2012 年中国光电技术产品进口（重要贸易伙伴）

	金额（亿美元）	同比（%）	占比（%）
韩国	195.23	-4.50	33.25
中国台湾	161.99	10.56	27.59
东盟 10 国	7.03	48.77	1.20
美国	12.68	16.43	2.16
欧盟 27	27.07	18.30	4.61

资料来源：海关统计。

附表 124　2012 年中国航空航天技术产品出口（按贸易方式）

	累计金额（亿美元）	同比增长（%）	贸易方式占累计总额比重（%）
一般贸易	9.16	-34.88	20.64
加工贸易	21.82	8.73	49.14
来料加工装配贸易	4.51	108.54	10.15
进料加工贸易	17.31	-3.32	38.99
其他贸易	13.41	13.24	30.22

资料来源：海关统计。

附表 125　2012 年中国航空航天技术产品出口（按企业性质）

企业性质	累计金额（亿美元）	同比增长（%）	企业性质占累计总额比重（%）
国有企业	17.41	2.49	39.21
外资企业	23.38	-9.29	52.66
其他企业	3.61	11.83	8.13

资料来源：海关统计。

附表 126　2012 年中国航空航天技术产品出口（按国内区域）

国内区域	累计金额（亿美元）	同比增长（%）	占累计总额比重（%）
东部地区	32.88	− 1.40	74.07
中部地区	2.69	44.94	6.07
西部地区	8.82	− 18.17	19.87

资料来源：海关统计。

附表 127　2012 年各省（自治区、直辖市）航空航天技术产品出口情况

金额排序	省　份	金额（亿美元）	同比（%）	省市占比（%）
1	江苏省	7.35	18.72	16.55
2	北京市	5.81	4.09	13.09
3	上海市	5.20	40.09	11.72
4	陕西省	4.85	− 1.36	10.92
5	福建省	3.96	− 12.77	8.93
6	四川省	3.23	28.32	7.28
7	广东省	3.10	− 9.02	6.98
8	辽宁省	2.65	− 28.29	5.98
9	天津市	1.64	− 53.84	3.69
10	浙江省	1.16	20.08	2.62
11	黑龙江省	1.14	521.68	2.57
12	山东省	1.10	33.59	2.47
13	河北省	0.90	3.55	2.04
14	湖北省	0.62	− 10.06	1.40
15	贵州省	0.51	11.31	1.15
16	湖南省	0.50	10.77	1.13
17	海南省	0.22	30 502.47	0.50
18	宁夏回族自治区	0.12	− 37.51	0.27
19	江西省	0.09	− 68.45	0.21
20	河南省	0.08	− 56.86	0.19
21	内蒙古自治区	0.06	− 97.53	0.13
22	重庆市	0.04	− 4.13	0.08

金额排序	省 份	金额（亿美元）	同比（%）	省市占比（%）
23	山西省	0.01	29.70	0.03
24	新疆维吾尔自治区	0.01	−96.88	0.02
25	安徽省	0.01	−70.64	0.02
26	吉林省	0.00	728.98	0.01
27	甘肃省	0.00	−65.33	0.00
28	云南省	0.00	91.81	0.00
29	广西壮族自治区	0.00	−36.02	0.00
30	青海省	0.00	−35.95	0.00
31	西藏自治区	0.00	−18.58	0.00

资料来源：海关统计。

附表 128　2012 年中国航空航天技术产品出口的全球分布

	金额（亿美元）	同比（%）	占比（%）
亚洲	14.33	−19.99	32.27
非洲	2.02	161.61	4.56
欧洲	11.82	1.90	26.62
拉丁美洲	0.51	−3.92	1.15
北美洲	15.46	2.94	34.83
大洋洲	0.26	65.79	0.58
所有国家（地区）	44.40	−3.46	100.00

资料来源：海关统计。

附表 129　2012 年中国航空航天技术产品出口（重要贸易伙伴）

	金额（亿美元）	同比（%）	占比（%）
美国	13.99	2.84	31.52
日本	2.37	−10.14	5.33
中国香港	4.91	−30.38	11.06
欧盟 27	11.19	−0.69	25.20
东盟 10 国	2.47	−15.93	5.56

资料来源：海关统计。

附表 130　2012 年中国航空航天技术产品进口（按贸易方式）

	累计金额 （亿美元）	同比增长 （%）	贸易方式占累计 总额比重（%）
一般贸易	100.82	30.49	41.45
加工贸易	15.33	60.57	6.30
来料加工装配贸易	7.30	160.1	3.00
进料加工贸易	8.04	19.15	3.30
其他贸易	127.10	26.01	52.25

资料来源：海关统计。

附表 131　2012 年中国航空航天技术产品进口（按企业性质）

企业性质	累计金额 （亿美元）	同比增长 （%）	企业性质占累计 总额比重（%）
国有企业	133.04	32.07	54.69
外资企业	73.01	24.05	30.01
其他企业	37.21	32.43	15.30

资料来源：海关统计。

附表 132　2012 年中国航空航天技术产品进口（按国内区域）

国内区域	累计金额 （亿美元）	同比增长 （%）	占累计总额比重 （%）
东部地区	209.63	38.79	91.99
中部地区	17.98	-8.74	7.89
西部地区	0.28	-81.95	0.12

资料来源：海关统计。

附表 133　2012 年各省（自治区、直辖市）航空航天技术产品进口情况

金额排序	省　份	金额（亿美元）	同比（%）	省市占比（%）
1	四川省	86.59	19.80	24.26
2	北京市	51.47	47.65	14.42
3	上海市	50.20	77.52	14.07
4	天津市	40.58	46.33	11.37
5	广东省	39.71	5.52	11.12

金额排序	省　份	金额（亿美元）	同比（%）	省市占比（%）
6	甘肃省	34.78	-0.82	9.74
7	海南省	13.99	-14.72	3.92
8	福建省	10.30	-3.64	2.89
9	重庆市	7.54	41.93	2.11
10	江苏省	5.38	17.36	1.51
11	山东省	4.84	23.81	1.36
12	辽宁省	2.97	28.84	0.83
13	河北省	2.70	613.54	0.76
14	浙江省	1.47	118.71	0.41
15	黑龙江省	1.42	167.44	0.40
16	湖北省	0.98	18.61	0.28
17	河南省	0.58	-2.64	0.16
18	湖南省	0.32	-55.83	0.09
19	山西省	0.25	51.19	0.07
20	云南省	0.22	18.75	0.06
21	安徽省	0.19	0.25	0.05
22	江西省	0.14	-14.45	0.04
23	吉林省	0.09	16.83	0.03
24	内蒙古自治区	0.08	14.62	0.02
25	西藏自治区	0.04	224.11	0.01
26	贵州省	0.03	-40.91	0.01
27	宁夏回族自治区	0.02	114.22	0.01
28	广西壮族自治区	0.02	32.53	0.01
29	青海省	0.01	46.21	0.00
30	陕西省	0.00	-100.00	0.00
31	新疆维吾尔自治区	0.00	-83.61	0.00

资料来源：海关统计。

附表134　2012年中国航空航天技术产品进口的全球分布

	金额（亿美元）	同比（%）	占比（%）
亚洲	10.11	20.07	4.16
非洲	0.01	144.2	0.00

续 表

	金额（亿美元）	同比（%）	占比（%）
欧洲	112.32	34.32	46.18
拉丁美洲	9.55	25.44	3.92
北美洲	111.09	26.4	45.68
大洋洲	0.14	11.85	0.06
所有国家（地区）	243.25	29.61	100.00

资料来源：海关统计。

附表 135　2012 年中国航空航天技术产品进口（重要贸易伙伴）

	金额（亿美元）	同比（%）	占比（%）
韩国	0.37	-4.41	0.15
中国台湾	0.19	59.89	0.08
东盟 10 国	1.24	43.21	0.51
美国	105.23	30.03	43.26
欧盟 27	110.84	34.96	45.57

资料来源：海关统计。

附表 136　2012 年中国材料技术产品出口（按贸易方式）

	累计金额（亿美元）	同比增长（%）	贸易方式占累计总额比重（%）
一般贸易	18.01	-2.55	39.10
加工贸易	23.56	3.94	51.13
来料加工装配贸易	4.82	32.67	10.45
进料加工贸易	18.74	-1.54	40.68
其他贸易	4.50	-25.86	9.77

资料来源：海关统计。

附表 137　2012 年中国材料技术产品出口（按企业性质）

企业性质	累计金额（亿美元）	同比增长（%）	企业性质占累计总额比重（%）
国有企业	2.93	-49.83	6.36
外资企业	32.00	-4.38	69.45
其他企业	11.15	40.72	24.19

资料来源：海关统计。

附表 138　2012 年中国材料技术产品出口（按国内区域）

国内区域	累计金额（亿美元）	同比增长（%）	占累计总额比重（%）
东部地区	39.50	0.82	85.74
中部地区	5.00	− 21.86	10.85
西部地区	1.57	− 4.38	3.42

资料来源：海关统计。

附表 139　2012 年各省（自治区、直辖市）材料技术产品出口情况

金额排序	省　份	金额（亿美元）	同比（%）	省市占比（%）
1	江苏省	12.91	− 8.09	28.02
2	广东省	12.27	38.27	26.63
3	上海市	4.30	− 6.49	9.33
4	浙江省	3.91	− 12.23	8.49
5	江西省	2.86	− 38.38	6.20
6	北京市	1.82	− 7.20	3.95
7	山东省	1.47	− 43.45	3.19
8	福建省	1.36	27.49	2.96
9	湖北省	1.10	16.54	2.38
10	陕西省	0.80	25.84	1.75
11	辽宁省	0.76	− 24.56	1.66
12	四川省	0.46	15.09	1.00
13	海南省	0.43	32.26	0.94
14	天津市	0.43	− 7.34	0.92
15	河北省	0.27	162.58	0.58
16	河南省	0.23	37.80	0.50
17	内蒙古自治区	0.19	− 58.04	0.42
18	山西省	0.12	− 22.90	0.26
19	黑龙江省	0.10	101.74	0.22
20	吉林省	0.10	9.57	0.21
21	云南省	0.05	− 55.51	0.11
22	湖南省	0.03	226.47	0.07

续 表

金额排序	省 份	金额（亿美元）	同比（%）	省市占比（%）
23	安徽省	0.03	24.00	0.07
24	重庆市	0.03	86.76	0.07
25	新疆维吾尔自治区	0.02	48.74	0.04
26	宁夏回族自治区	0.01	298.85	0.01
27	甘肃省	0.01	93 519.46	0.01
28	广西壮族自治区	0.00	859.96	0.01
29	西藏自治区	0.00	−100.00	0.00
30	青海省	0.00	−100.00	0.00
31	贵州省	0.00	−100.00	0.00

资料来源：海关统计。

附表 140　2012 年中国材料技术产品出口的全球分布

	金额（亿美元）	同比（%）	占比（%）
亚洲	37.22	−1.77	80.77
非洲	1.05	74.26	2.28
欧洲	3.89	−16.17	8.44
拉丁美洲	0.86	7.36	1.87
北美洲	2.79	−8.73	6.05
大洋洲	0.27	13.28	0.59
所有国家（地区）	46.08	−2.43	100.00

资料来源：海关统计。

附表 141　2012 年中国材料技术产品出口（重要贸易伙伴）

	金额（亿美元）	同比（%）	占比（%）
美国	2.63	−10.59	0.66
日本	5.25	14.81	1.32
中国香港	12.42	39.7	3.13
欧盟 27	3.41	−18.13	0.86
东盟 10 国	5.72	5.09	1.44

资料来源：海关统计。

附表 142　2012 年中国材料技术产品进口（按贸易方式）

	累计金额 （亿美元）	同比增长 （%）	贸易方式占累计 总额比重（%）
一般贸易	14.54	2.35	24.04
加工贸易	39.70	-0.79	65.66
来料加工装配贸易	8.18	40.47	13.53
进料加工贸易	31.52	-7.81	52.13
其他贸易	6.23	31.41	10.30

资料来源：海关统计。

附表 143　2012 年中国材料技术产品进口（按企业性质）

企业性质	累计金额 （亿美元）	同比增长 （%）	企业性质占累计 总额比重（%）
国有企业	4.18	25.34	6.91
外资企业	48.33	-2.34	79.92
其他企业	7.97	29.62	13.18

资料来源：海关统计。

附表 144　2012 年中国材料技术产品进口（按国内区域）

国内区域	累计金额 （亿美元）	同比增长 （%）	占累计总额比重 （%）
东部地区	57.44	1.84	95.85
中部地区	2.42	35.16	4.04
西部地区	0.07	-47.17	0.12

资料来源：海关统计。

附表 145　2012 年各省（自治区、直辖市）材料技术产品进口情况

金额排序	省　份	金额（亿美元）	同比（%）	省市占比（%）
1	重庆市	42.77	113.27	36.35
2	广东省	23.29	14.02	19.79
3	江苏省	17.84	-12.49	15.16
4	四川省	11.84	200.28	10.06
5	上海市	5.73	11.56	4.87

金额排序	省 份	金额（亿美元）	同比（%）	省市占比（%）
6	福建省	3.23	15.11	2.74
7	天津市	3.16	− 0.44	2.68
8	广西壮族自治区	1.65	− 12.69	1.40
9	浙江省	1.37	− 15.66	1.16
10	北京市	1.13	7.70	0.96
11	湖北省	0.91	28.04	0.77
12	辽宁省	0.79	− 3.08	0.68
13	山东省	0.70	− 8.17	0.60
14	河南省	0.62	169.54	0.52
15	云南省	0.52	− 14.67	0.44
16	陕西省	0.47	− 63.66	0.40
17	湖南省	0.30	34.06	0.25
18	新疆维吾尔自治区	0.25	− 45.99	0.21
19	河北省	0.19	− 10.07	0.16
20	吉林省	0.18	− 36.43	0.15
21	安徽省	0.15	− 16.70	0.12
22	青海省	0.14	117.32	0.12
23	海南省	0.12	2 071.74	0.10
24	山西省	0.11	15.53	0.10
25	贵州省	0.07	− 14.57	0.06
26	甘肃省	0.06	13.85	0.05
27	内蒙古自治区	0.05	− 36.63	0.04
28	江西省	0.04	− 42.52	0.04
29	黑龙江省	0.01	176.66	0.00
30	西藏自治区	0.00	− 100.00	0.00
31	宁夏回族自治区	0.00	− 100.00	0.00

资料来源：海关统计。

附表 146　2012 年中国材料技术产品进口的全球分布

	金额（亿美元）	同比（%）	占比（%）
亚洲	50.95	4.12	84.28
非洲	0.00	−3.15	0.00
欧洲	4.74	−22.44	7.85
拉丁美洲	0.02	−76.48	0.03
北美洲	4.73	23.65	7.82
大洋洲	0.02	117.8	0.03
所有国家（地区）	60.47	2.56	100.00

资料来源：海关统计。

附表 147　2012 年中国材料技术产品进口（重要贸易伙伴）

	金额（亿美元）	同比（%）	占比（%）
韩国	12.54	−1.72	20.74
中国台湾	11.67	−0.24	19.30
东盟 10 国	2.75	−7.01	4.55
美国	4.60	23.62	7.61
欧盟 27	4.01	−0.46	6.62

资料来源：海关统计。

（本部分由张丹整理）

参考文献

（1）蔡茂森．论技术性贸易壁垒的抑制效应与中国出口行业的对策．国际贸易问题，2003 年第 5 期

（2）陈燕和，李新忠．美中反倾销预警模型分析．边疆经济与文化，2005 年

（3）冯涛．贸易中的知识产权壁垒与应对战略．江苏大学学报（社会科学版），2007 年第 2 期

（4）冯宗宪，柯大钢．开放经济下的国际贸易壁垒——变动效应、影响分析、政策研究．北京：经济科学出版社，2001

（5）冯远．中国高新技术产品出口的理论与实证研究．中国社会科学院研究生院，2003 年

（6）蒋德恩．反倾销的滥用及其贸易保护主义效应．国际贸易问题，2007 年第 3 期

（7）刘重力，邵敏．印度对华反倾销的贸易转移效应：基于产品角度的经验分析．国际经贸探索，2009 年第 9 期：48～53

（8）刘文华．WTO 与中国知识产权制度的冲突与规避．中国城市出版社，2001

（9）鲁锡锋．浅议 WTO 贸易报复制度．中国政法大学出版社，2008

（10）彭雪玲，赵银德．我国进出口贸易应对知识产权壁垒探讨．商业时代，2009 年

（11）孙敬水．实施标准化战略——中国应对技术壁垒的有效途径．国际贸易问题，2004 年第 2 期

（12）帅建林．中美贸易摩擦治理研究．西南财经大学出版社，2010

（13）谭潇寒．中国遭遇反补贴调查动因分析及对策研究．西南财经大学

出版社，2012

（14）王春利．高新技术产业发展对劳动就业的影响研究．西南政法大学出版社，2007

（15）王领．中美贸易摩擦的理论研究与实证分析．复旦大学出版社，2006

（16）徐元．知识产权贸易壁垒研究．东北财经大学出版社，2010

（17）邢宝华，姚忠福．中国企业反倾销机制分析．财经问题研究，2004年第 3 期：64~67．

（18）杨仕辉．国际反倾销趋势、特点、成因与我国对策研究．管理世界，2002 年第 3 期

（19）杨红强，聂影．国外对华反倾销措施效果评价的实证研究．国际贸易问题，2007 年第 11 期

（20）闫克远．中国对外贸易摩擦问题研究．东北师范大学出版社，2012

（21）张锡嘏．外国技术性贸易壁垒及其应对．对外经济贸易大学出版社，2004

（22）郑秉秀．国际贸易中的知识产权壁垒．国际贸易问题，2002 年第5 期

（23）中国商务部．国别贸易投资环境报告．人民出版社，2003

（24）朱玉荣．自由贸易的新障碍：知识产权壁垒．国际经贸探索，2005年第 3 期

（25）卓俊，胡丹婷，单晓菁．发达国家对中国反倾销预警系统的警兆指针探讨．统计研究，2002 年

（26）Bown，C.，2007，China's WTO Entry：Antidumping, Safeguards, and Dispute Settlement，NBER Working Paper 13349

（27）Bown，C.，2007，The WTO and Antidumping in Developing Countries, mimeo，Brandeis University

（28）Feinberg，R.，2005. U. S. antidumping enforcement and macroeconomic indicators revisited：do petitioners learn Weltwirtschaftliches Archiv 141 (4), 612 –622.

（29）Neil Gandal，OzShy, Standardization policy and international trade.

Journal of International Economics, 2001,

(30) OECD, An assessment of the costs for international trade in meeting regulatory requirements, TD/TC/WP (99) 8/Final, 1999.

(31) Peter Swann, Paul Temple, Standards and trade performance the UK experience, Economic Journal 1996 (106)

(32) Prusa, T. Antidumping : A Growing Problem in International Trade.

(33) Prusa, T., Skeath, S., 2002. The economic and strategic motives for antidumping filings. Weltwirtschaftliches Archiv 138, 389 – 413.

(34) Prusa, Thomas A., "On the Spread and Impact of Antidumping," Canadian Journal of Economics, August 2001, Vol. 34 (3), pp. 591 – 611.

(35) Prusa, Thomas A. and Susan Skeath, "Modern Commercial Policy: Managed Trade or Retaliation?" The Handbook of International Trade vol II: Economic and Legal Analysis of Trade Policy and Institutions, ed. by E. K. Choi and J. C. Hartigan, London, Blackwell, 2004.

(36) Gbakou, P. M., Sadni – Jallab, M., Sandretto, R. Antidumping Procedures and Macroeconomics Factors: A comparison between the United States and the European Union.

(37) Staiger, R., Wolak, F., 1996. Differences in uses and effects of antidumping law across import sources. In: Krueger, A. (Ed.), The Political Economy of American Trade Policy. University of Chicago Press/NBER, Chicago, pp. 385 – 415.

(38) Staiger, R., Wolak, F., 1994. Measuring industry – specific protection: antidumping in the US. Brookings Papers on Economic Activity. Microeconomics, 51 – 118.

(39) U. S. Congressional Budget Office, "Antidumping Action in the United States and Around theWorld: An Analysis of International Data," CBO Paper, June 1998.

(40) Veugelers, R., Vandenbussche, H., 1999, European Antidumping Policy and the Profitability of National and International Collusion, European Economic Review 43, 1 – 28